Martin Heidegger / Karl Jaspers
Briefwechsel 1920–1963

SERIE PIPER
Band 1260

Zu diesem Buch

Bei einer Geburtstagsfeier im Haus von Edmund Husserl in Freiburg lernten sich die beiden Philosophen Martin Heidegger und Karl Jaspers 1920 kennen. Von 1920 bis 1936 und dann wieder von 1949 bis 1963 führen sie einen Briefwechsel, dessen 155 erhaltene Stücke in diesem Band ungekürzt veröffentlicht werden. Im Anhang haben die beiden Herausgeber die Briefe mit den nötigen Erklärungen versehen und sie durch weitere Dokumente ergänzt.

In den frühen Jahren wird aus der Korrespondenz die Hoffnung beider Denker deutlich, im jeweils anderen einen Freund und Kampfgefährten zu finden, der an der Neugestaltung des Philosophierens und an der Umgestaltung der Universität teilhat. Je klarer jedoch die Konturen und Inhalte des jeweils eigenen Denkens werden, desto deutlicher treten die Differenzen zwischen Fundamentalontologie und Existenzerhellung einerseits und zwischen unterschiedlichen Konzepten zur Universitätsreform andererseits hervor. Die Entfremdung zwischen Heidegger und Jaspers festigt sich in den unterschiedlichen Positionen angesichts des politischen Geschehens, führt aber nicht zum radikalen Bruch.

Dieser Briefwechsel ist ein Zeitdokument. Für die Bewertung der Beziehung zwischen zwei herausragenden deutschen Philosophen dieses Jahrhunderts ist er unentbehrlich.

Martin Heidegger (1889–1976) war Professor für Philosophie in Marburg und Freiburg.
Karl Jaspers (1883–1969) war Professor für Philosophie in Heidelberg und Basel.
Walter Biemel, geboren 1918, war Professor für Philosophie in Aachen und Düsseldorf.
Hans Saner, geboren 1934, Dozent an mehreren Universitäten, betreut den Nachlaß von Karl Jaspers.

Martin Heidegger / Karl Jaspers

Briefwechsel
1920–1963

Herausgegeben von
Walter Biemel und Hans Saner

Mit 4 Abbildungen
auf Tafeln

Piper · München
Vittorio Klostermann · Frankfurt am Main

Von und über Karl Jaspers liegen in der Serie Piper außerdem vor:
Einführung in die Philosophie (13)
Kleine Schule des philosopohischen Denkens (54)
Vernunft und Existenz (57)
Der philosophische Glaube (69)
Die maßgebenden Menschen (126)
Augustin (143)
Philosophische Autobiographie (150)
Spinoza (172)
Die Atombombe und die Zukunft des Menschen (237)
Wahrheit und Bewährung (268)
Vom Ursprung und Ziel der Geschichte (298)
Schelling (341)
Denkwege (385)
Der Arzt im technischen Zeitalter (441)
Nikolaus Cusanus (660)
Die Schuldfrage (698)
Max Weber (799)
Wohin treibt die Bundesrepublik? (849)
Von der Wahrheit (1001)
Die großen Philosophen (1002)
Notizen zu Martin Heidegger (1048)
Freiheit und Wiedervereinigung (1110)
Die Sprache / Über das Tragische (1129)
Vernunft und Widervernunft in unserer Zeit (1199)
Was ist Erziehung? (1513)

Jeanne Hersch: Karl Jaspers (195)
Karl Jaspers – Arzt, Philosoph, politischer Denker (679)
Karl Jaspers – Zur Aktualität seines Denkens (1359)

ISBN 3-492-11260-9
September 1992
© der Martin Heidegger Briefe:
Vittorio Klostermann GmbH, Frankfurt am Main 1990
© der Karl Jaspers Briefe:
R. Piper GmbH & Co. KG, München 1990
Umschlag: Federico Luci
Fotos Umschlagrückseite: Ullstein Bilderdienst, Berlin (Heidegger);
Claire Roessiger, Basel (Jaspers)
Satz: Hieronymus Mühlberger GmbH, Gersthofen
Druck und Bindung: Clausen & Bosse, Leck
Printed in Germany

INHALT

Vorbemerkung der Herausgeber   11

1	Martin Heidegger an Karl Jaspers	21. 4. 1920	15
2	Karl Jaspers an Martin Heidegger	21. 1. 1921	15
3	Martin Heidegger an Karl Jaspers	22. 1. 1921	16
4	Karl Jaspers an Martin Heidegger	24. 1. 1921	19
5	Martin Heidegger an Karl Jaspers	25. 6. 1921	20
6	Karl Jaspers an Martin Heidegger	28. 6. 1921	21
7	Karl Jaspers an Martin Heidegger	1. 8. 1921	22
8	Martin Heidegger an Karl Jaspers	5. 8. 1921	24
9	Martin Heidegger an Karl Jaspers	27. 6. 1922	26
10	Karl Jaspers an Martin Heidegger	2. 7. 1922	30
11	Karl Jaspers an Martin Heidegger	6. 9. 1922	32
12	Martin Heidegger an Karl Jaspers	19. 11. 1922	33
13	Karl Jaspers an Martin Heidegger	24. 11. 1922	35
14	Martin Heidegger an Karl Jaspers	19. 6. 1923	37
15	Karl Jaspers an Martin Heidegger	20. 6. 1923	39
16	Martin Heidegger an Karl Jaspers	14. 7. 1923	40
17	Martin Heidegger an Karl Jaspers	2. 9. 1923	43
18	Martin Heidegger an Karl Jaspers	9. 10. 1923	44
19	Karl Jaspers an Martin Heidegger	4. 11. 1923	45
20	Martin Heidegger an Karl Jaspers	17. 4. 1924	46
21	Martin Heidegger an Karl Jaspers	2. 5. 1924	47
22	Martin Heidegger an Karl Jaspers	18. 6. 1924	48
23	Martin Heidegger an Karl Jaspers	19. 5. 1925	49
24	Karl Jaspers an Martin Heidegger	21. 6. 1925	51
25	Martin Heidegger an Karl Jaspers	24. 7. 1925	53
26	Martin Heidegger an Karl Jaspers	23. 9. 1925	54
27	Martin Heidegger an Karl Jaspers	2. 10. 1925	55
28	Martin Heidegger an Karl Jaspers	30. 11. 1925	56

29	Martin Heidegger an Karl Jaspers	10. 12. 1925	57
30	Martin Heidegger an Karl Jaspers	16. 12. 1925	58
31	Martin Heidegger an Karl Jaspers	17. 2. 1926	60
32	Martin Heidegger an Karl Jaspers	24. 4. 1926	62
33	Martin Heidegger an Karl Jaspers	24. 5. 1926	63
34	Martin Heidegger an Karl Jaspers	31. 7. 1926	65
35	Martin Heidegger an Karl Jaspers	4. 10. 1926	67
36	Karl Jaspers an Martin Heidegger	27. 10. 1926	68
37	Martin Heidegger an Karl Jaspers	2. 12. 1926	69
38	Martin Heidegger an Karl Jaspers	21. 12. 1926	70
39	Martin Heidegger an Karl Jaspers	26. 12. 1926	71
40	Martin Heidegger an Karl Jaspers	30. 12. 1926	72
41	Martin Heidegger an Karl Jaspers	1. 3. 1927	73
42	Karl Jaspers an Martin Heidegger	2. 3. 1927	75
43	Martin Heidegger an Karl Jaspers	18. 4. 1927	76
44	Karl Jaspers an Martin Heidegger	1. 5. 1927	77
45	Karl Jaspers an Martin Heidegger	8. 5. 1927	78
46	Martin Heidegger an Karl Jaspers	27. 9. 1927	79
47	Karl Jaspers an Martin Heidegger	1. 10. 1927	80
48	Martin Heidegger an Karl Jaspers	6. 10. 1927	81
49	Martin Heidegger an Karl Jaspers	19. 10. 1927	82
50	Martin Heidegger an Karl Jaspers	8. 11. 1927	83
51	Karl Jaspers an Martin Heidegger	4. 1. 1928	84
52	Karl Jaspers an Martin Heidegger	14. 1. 1928	85
53	Martin Heidegger an Karl Jaspers	10. 2. 1928	86
54	Karl Jaspers an Martin Heidegger	12. 2. 1928	87
55	Martin Heidegger an Karl Jaspers	25. 2. 1928	90
56	Martin Heidegger an Karl Jaspers	6. 3. 1928	90
57	Karl Jaspers an Martin Heidegger	23. 3. 1928	92
58	Martin Heidegger an Karl Jaspers	25. 3. 1928	92
59	Martin Heidegger an Karl Jaspers	13. 4. 1928	93
60	Martin Heidegger an Karl Jaspers	1. 5. 1928	93
61	Karl Jaspers an Martin Heidegger	4. 5. 1928	95
62	Martin Heidegger an Karl Jaspers	13. 5. 1928	95
63	Karl Jaspers an Martin Heidegger	15. 5. 1928	97

64	Martin Heidegger an Karl Jaspers	2. 6. 1928	98
65	*Karl Jaspers an Martin Heidegger*	*4. 6. 1928*	98
66	Karl Jaspers an Martin Heidegger	6. 6. 1928	100
67	Martin Heidegger an Karl Jaspers	11. 6. 1928	100
68	Martin Heidegger an Karl Jaspers	29. 6. 1928	101
69	Karl Jaspers an Martin Heidegger	8. 7. 1928	102
70	Martin Heidegger an Karl Jaspers	24. 9. 1928	103
71	Karl Jaspers an Martin Heidegger	2. 10. 1928	105
72	Martin Heidegger an Karl Jaspers	30. 10. 1928	107
73	Karl Jaspers an Martin Heidegger	3. 11. 1928	108
74	Martin Heidegger an Karl Jaspers	10. 11. 1928	109
75	Karl Jaspers an Martin Heidegger	12. 11. 1928	111
76	Karl Jaspers an Martin Heidegger	1. 12. 1928	113
77	Martin Heidegger an Karl Jaspers	3. 12. 1928	114
78	Karl Jaspers an Martin Heidegger	19. 12. 1928	116
79	Martin Heidegger an Karl Jaspers	20. 12. 1928	117
80	Martin Heidegger an Karl Jaspers	21. 12. 1928	118
81	Karl Jaspers an Martin Heidegger	6. 4. 1929	119
82	Martin Heidegger an Karl Jaspers	14. 4. 1929	120
83	Karl Jaspers an Martin Heidegger	20. 6. 1929	120
84	Martin Heidegger an Karl Jaspers	25. 6. 1929	122
85	Karl Jaspers an Martin Heidegger	7. 7. 1929	123
86	Karl Jaspers an Martin Heidegger	14. 7. 1929	124
87	Martin Heidegger an Karl Jaspers	30. 7. 1929	125
88	Martin Heidegger an Karl Jaspers	8. 10. 1929	125
89	Karl Jaspers an Martin Heidegger	10. 10. 1929	126
90	Martin Heidegger an Karl Jaspers	18. 10. 1929	126
91	Karl Jaspers an Martin Heidegger	21. 10. 1929	127
92	Martin Heidegger an Karl Jaspers	1. 12. 1929	128
93	Karl Jaspers an Martin Heidegger	2. 12. 1929	128
94	Karl Jaspers an Martin Heidegger	2. 12. 1929	129
95	Karl Jaspers an Martin Heidegger	5. 12. 1929	129
96	Martin Heidegger an Karl Jaspers	29. 3. 1930	130
97	Karl Jaspers an Martin Heidegger	29. 3. 1930	130
98	Karl Jaspers an Martin Heidegger	30. 3. 1930	131

99	Martin Heidegger an Karl Jaspers	1. 4. 1930	131
100	Martin Heidegger an Karl Jaspers	2. 4. 1930	132
101	Martin Heidegger an Karl Jaspers	17. 5. 1930	132
102	Karl Jaspers an Martin Heidegger	24. 5. 1930	134
103	Karl Jaspers an Martin Heidegger	5. 7. 1930	136
104	Karl Jaspers an Martin Heidegger	13. 7. 1930	137
105	Martin Heidegger an Karl Jaspers	15. 7. 1930	137
106	Martin Heidegger an Karl Jaspers	19. 5. 1931	139
107	Martin Heidegger an Karl Jaspers	24. 7. 1931	140
108	Karl Jaspers an Martin Heidegger	25. 7. 1931	141
109	Martin Heidegger an Karl Jaspers	20. 12. 1931	143
110	Karl Jaspers an Martin Heidegger	24. 12. 1931	145
111	Martin Heidegger an Karl Jaspers	8. 12. 1932	148
112	Karl Jaspers an Martin Heidegger	10. 3. 1933	150
113	Martin Heidegger an Karl Jaspers	16. 3. 1933	150
114	Martin Heidegger an Karl Jaspers	3. 4. 1933	151
115	Karl Jaspers an Martin Heidegger	20. 4. 1933	152
116	Martin Heidegger an Karl Jaspers	24. 5. 1933	153
117	Karl Jaspers an Martin Heidegger	23. 6. 1933	154
118	Martin Heidegger an Karl Jaspers	25. 6. 1933	154
119	Karl Jaspers an Martin Heidegger	23. 8. 1933	155
120	Martin Heidegger an Karl Jaspers	1. 7. 1935	157
121	Karl Jaspers an Martin Heidegger	14. 5. 1936	160
122	Martin Heidegger an Karl Jaspers	16. 5. 1936	160
123	Karl Jaspers an Martin Heidegger	16. 5. 1936	162
124	*Karl Jaspers an Martin Heidegger*	*12. 10. 1942*	164
125	*Karl Jaspers an Martin Heidegger*	*1. 3. 1948*	166
126	Karl Jaspers an Martin Heidegger	6. 2. 1949	168
127	Martin Heidegger an Karl Jaspers	22. 6. 1949	171
128	Karl Jaspers an Martin Heidegger	25. 6. 1949	172
129	Martin Heidegger an Karl Jaspers	5. 7. 1949	173
130	Karl Jaspers an Martin Heidegger	10. 7. 1949	175
131	Karl Jaspers an Martin Heidegger	6. 8. 1949	177
132	Martin Heidegger an Karl Jaspers	12. 8. 1949	179
133	Karl Jaspers an Martin Heidegger	17. 8. 1949	182

134	Martin Heidegger an Karl Jaspers	21. 9. 1949	186
135	Karl Jaspers an Martin Heidegger	23. 9. 1949	188
136	Martin Heidegger an Karl Jaspers	23. 11. 1949	189
137	Karl Jaspers an Martin Heidegger	25. 11. 1949	190
138	Karl Jaspers an Martin Heidegger	2. 12. 1949	191
139	Martin Heidegger an Karl Jaspers	10. 12. 1949	192
140	Karl Jaspers an Martin Heidegger	14. 1. 1950	194
141	Martin Heidegger an Karl Jaspers	7. 3. 1950	196
142	Karl Jaspers an Martin Heidegger	19. 3. 1950	197
143	Karl Jaspers an Martin Heidegger	25. 3. 1950	199
144	Martin Heidegger an Karl Jaspers	8. 4. 1950	200
145	Martin Heidegger an Karl Jaspers	12. 5. 1950	203
146	*Karl Jaspers an Martin Heidegger*	*15. 5. 1950*	204
147	Karl Jaspers an Martin Heidegger	16. 5. 1950	206
148	Martin Heidegger an Karl Jaspers	26. 5. 1950	207
149	Karl Jaspers an Martin Heidegger	24. 7. 1952	207
150	Martin Heidegger an Karl Jaspers	19. 2. 1953	212
151	Karl Jaspers an Martin Heidegger	3. 4. 1953	213
152	Karl Jaspers an Martin Heidegger	22. 9. 1959	215
153	Martin Heidegger an Karl Jaspers	23. 2. 1963	216
154	Karl Jaspers an Martin Heidegger	25. 3. 1963	217
155	*Karl Jaspers an Martin Heidegger*	*26. 3. 1963*	218
156	Martin Heidegger an Gertrud Jaspers	2. 3. 1969	220
157	Gertrud Jaspers an Martin Heidegger	2. 3. 1969	220

Anmerkungen 221

Personenregister 295

VORBEMERKUNG DER HERAUSGEBER

Von 1920 bis 1963 korrespondierten Jaspers und Heidegger miteinander. Erhalten sind insgesamt 155 Schriftstücke. 15 weitere nachweisliche Briefe von Jaspers an Heidegger, von denen im Nachlaß Jaspers keine Kopien vorhanden sind, müssen als verloren gelten.

Im Nachlaß Jaspers befinden sich auch Briefe an Heidegger mit dem Vermerk »nicht abgeschickt«. Da sie von Jaspers nicht aus der Korrespondenz entfernt, sondern chronologisch eingeordnet worden sind, drucken wir sie im Text ab; weil Heidegger von ihnen keine Kenntnis haben konnte, werden sie in anderer Type gesetzt.

Der Briefwechsel wurde von 1936 bis 1949 unterbrochen. Im Nachlaß Jaspers ist als letzter Brief derjenige vom 16. 5. 36 an Heidegger im Entwurf vorhanden. Da er im Nachlaß Heidegger fehlt, wäre es denkbar, daß er nicht angekommen ist, was zur Unterbrechung der Korrespondenz geführt haben könnte. Aber auch danach erfolgte ein Austausch der Schriften: von Jaspers an Heidegger bis 1938, von Heidegger an Jaspers auch während der Kriegszeit. Gegenseitige Dankesschreiben oder sonstige Kommunikation blieben jedoch aus.

Die Briefe wurden ohne Kürzungen und Auslassungen wiedergegeben. Gelegentliche Abkürzungen wurden ausgeschrieben; die Rechtschreibung wurde modernisiert; offensichtliche Fehler wurden stillschweigend korrigiert.

Die Herausgeber sind übereingekommen, auf Interpretationen zu verzichten. Sie übernehmen die Editionsverantwortung getrennt: Walter Biemel für die Briefe von Heidegger an Jaspers und die dazugehörigen Anmerkungen; Hans Saner für die Briefe von Jaspers an Heidegger und den sie betreffenden Apparat. Die Edition erfolgte im Auftrag von Dr. Hermann Heidegger und der Karl Jaspers-Stiftung Basel, die ebenfalls für ihre Beauftragten getrennt die Editionsprinzipien festlegten.

Walter Biemel dankt Stefan Winter M. A. für die Mitarbeit beim Transkribieren der Heidegger-Briefe und das Lesen der Korrekturen, Hermine Biemel für das Kollationieren der Abschrift und Dr. Hermann Heidegger für die Hilfe beim Identifizieren der erwähnten Personen und seine Ratschläge. Ebenso dankt er Herrn Mark Michalski für die Verifizierung der bibliographischen Angaben.

Hans Saner dankt Herrn Dr. Marc Hänggi für seine wissenschaftliche, sowie Frau Dana Hochhuth und Frau Liselotte Müller für ihre technische Mitarbeit.

Beide Herausgeber danken gemeinsam dem Archiv für Deutsche Literatur in Marbach für die jederzeit gewährte freundliche Hilfe.

Die Karl Jaspers-Stiftung spricht der Universität Heidelberg ihren Dank aus für die Mitbetreuung der Editionsarbeiten, sowie folgenden Institutionen für ihre finanzielle Unterstützung: dem Schweizerischen Nationalfonds zur Förderung der wissenschaftlichen Forschung, Bern; der Max Geldner-Stiftung, Basel; der Deutschen Forschungsgemeinschaft, Bonn, und der Stiftung Niedersachsen, Hannover.

Aachen und Basel, im Februar 1989   Die Herausgeber

Briefe

1 Martin Heidegger an Karl Jaspers

Sehr verehrter Herr Professor!

Erst jetzt, nachdem ich meine lästigen Spenglervorträge[1] hinter mir habe, komme ich zum Schreiben. Ich bin an jenem Morgen[2] in der Früh schon weggefahren, da ich nicht Schnellzug benutzen wollte und andernfalls erst nachts 1 Uhr hier angekommen wäre. Wenn ich auf meiner Rückreise Zeit finde, melde ich mich zuvor an. Ich habe mich sehr gefreut über den Abend bei Ihnen und habe vor allem das »Gefühl« gehabt, daß wir aus derselben Grundsituation an der Neubelebung der Philosophie arbeiten. Von Göttingen ist mir noch mehr Raum für meine Besprechung[3] in Aussicht gestellt, so daß ich auch an ein ausführliches Referat denke.

Ich danke Ihnen und Ihrer Frau Gemahlin für die herzliche Aufnahme
und grüße Sie und Ihre Frau Gemahlin.

Ihr sehr ergebener

Martin Heidegger.

Wiesbaden, 21. April 1920.
Kaiser Friedrich-Ring 54.

2 Karl Jaspers an Martin Heidegger

Heidelberg, 21. Januar 1921

Sehr geehrter Herr Kollege!

Dürfte ich Sie um die Freundlichkeit bitten, mir Ihre Meinung zu sagen über die philosophische Doktorarbeit und die philosophische Persönlichkeit des Herrn Friedrich Neumann[1]? Dieser möchte aus lokalen Gründen bei mir in Heidelberg seinen Doktor machen. Ich bin dazu prinzipiell gern bereit. Aber ich habe leider schon viele Herren abgewiesen, da ich nur eine vorzügliche Arbeit annehmen will, und nicht dazu beitragen möchte, daß wenig Würdige den philosophischen Doktor einer deutschen Universität tragen. Ihr Urteil würde mir sehr wichtig sein, da Sie den Herrn, wie ich höre, lange kennen, und die Arbeit in Ihren Gedankenkreisen entstanden ist.

Warum können Sie selbst den Doktor nicht realisieren?

Entschuldigen Sie, bitte, diese nackte Anfrage. Ich weiß aus unserer einmaligen Unterhaltung[2], daß Sie in diesen Dingen voll mit den meinigen zusammenfallende Wertmaßstäbe haben.

Mit herzlichen Grüßen
Ihr ergebener
K. Jaspers

Handschuhsheimerlandstr. 38.

3 *Martin Heidegger an Karl Jaspers*

Freiburg, Lerchenstr. 8.   22.I.21.

Sehr verehrter Herr Professor!

Sehr gern geb ich Ihnen Auskunft, schon deshalb, damit es nicht so aussieht, als wollte ich Ihnen Herrn Fr. Neumann[1] zuschieben.

Herr N. ist das *zweite* Semester hier – ich möchte nicht sagen, daß ich ihn kenne, was bei ihm nicht leicht ist – nicht als ob er eine hochkomplizierte Natur wäre, sondern weil er ganz unstabil, *schluderig* und vielleicht in allem unecht ist.

Als er im Sommer kam, enthousiasmierte er sich ganz für Husserl[2], jede Trivialität war Offenbarung, jede Satzformulierung klassisch, er las für Husserl Manuskripte, schrieb solche ab und war unzertrennlich von ihm, plante auch eine sprach-

Bleistiftzeichnung: Elisabeth Baumgarten

Martin Heidegger 1920

philosophische Arbeit. Zu Beginn dieses Semesters muß irgend etwas zwischen beiden vorgefallen sein; Husserl wird nun radikal abgelehnt, kritische Äußerungen von mir bubenhaft einseitig genommen. Und dabei ist fast nichts verstanden. Er hat einen bestimmten *Kreis* von mittelmäßigen Leuten, die sich gegenseitig anquatschen, die versuchten sich mir anzuhängen, was ihnen aber nicht gelingt. Sie meinen damit, daß sie Sätze aus meinen Vorlesungen nachschwatzen, sei es gewonnen. Dabei merken sie nicht, wie scharf ich sie in der Kontrolle habe. Sie sind in meinem Anfängerseminar über Descartes Meditationen – bis jetzt handelte es sich nur um gründliche Interpretation, solide Arbeit – und einer um den anderen versagt jedesmal, sie glauben sich ernster Arbeit enthoben und quatschen – erste und zweite Semester sind schlichter und echter bei der Sache.

Wie im letzten Semester für Husserl, so schwört er jetzt auf meine Vorlesung, die er nicht verstanden hat (ich gebe zu, die Unvollkommenheit der Durchbildung, vor allem in der Darstellung, trägt dazu bei). Das zeigt der Entwurf einer Arbeit über den »Lebenswert«, den N. mir vor den Weihnachtsferien vorlegte. Zuvor hatte er mich gefragt, wie er es anstellen solle, möglichst bald zu promovieren (er ist im 8. Semester – was er in Wien getrieben hat, ist mir nicht klar geworden).

Bei Husserl wolle er nicht; ich sagte ihm, daß ich selbst nicht prüfen könnte, sondern höchstens die Arbeit begutachten, so daß er doch schließlich Husserl ausgeliefert sei. Darauf sagte *er*, er ginge dann vielleicht zu Ihnen, da er in Deutschland promovieren möchte und zwar sehr bald (anscheinend aus finanziellen Gründen). Ich sagte ihm, daß ich Ihnen gern seine Sache empfehle, wenn ich selbst sie mit gutem Gewissen vertreten könne. Den Entwurf, der unsystematisch und in einigen Wochen hingeschrieben ist, hab ich in den Ferien durchgesehen und auf seine dringende Bitte ihm mein Urteil nach Wien mitgeteilt.

Ich habe ihm klar geschrieben, daß es so nicht geht und daß

ihm zwei Wege offenstünden: entweder die Untersuchung an Dilthey[3] zu orientieren, diesen also wirklich durchzuarbeiten, was mindestens bis in den Sommer hinein daure, oder die Arbeit systematisch anzufassen, was nicht in berechenbarer Zeit zu erledigen sei.

Durch Anmerkungen hab ich auf die gröbsten Mißverständnisse hingewiesen. Bei seiner Rückkehr erklärte er, er wolle den ersten Weg wählen; Herr Scheyer[4], mit dem er jetzt dick befreundet ist und den er im Sommer als Dummkopf lächerlich machte, habe ihm mitgeteilt, er möchte Ihnen etwas von der Arbeit einschicken. Er wollte das, was er mir vorgelegt hatte, Ihnen zusenden; ich sagte ihm, das sei zwecklos, da er ja schon mein Urteil habe.

Was er jetzt macht, weiß ich nicht. Ich habe ihm gleich zu Anfang gesagt, als er Ihren Namen nannte, daß er sich die Sache nicht zu leicht vorstellen soll; und ich dachte dabei gerade an die Unterhaltung bei Ihnen. Ich meine, der Fall liegt einfach: Wenn die Arbeit mir nicht genügt, werde ich sie glatt ablehnen und ihm sagen, daß es zwecklos ist, daraufhin bei Ihnen zu versuchen. Wenn er es dennoch unternähme, hätten Sie die Mühe einer Ablehnung. Ich habe in diesem Semester schon vier hinausgeworfen. Einen einzigen halte ich formal zunächst fest, es ist Herr Löwith[5] – *was* er macht und *wie* es wird, weiß ich gar nicht.

Gestern war Afra Geiger[6] bei mir. Bei Finke[7] hat sie die Sache so eingeleitet: Philosophie sei zu schwierig, nun wolle sie es in der Geschichte versuchen. Gewiß ehrlich und geradeaus – aber für Geheimrat Finke empörend –; sie meinte nun, ob es nicht mit einer philosophiegeschichtlichen Arbeit aus dem Mittelalter gehe. Ich sagte ihr, daß es unmöglich sei, in einem Jahr einzudringen, wo sie gar keine theologische Vorbildung hat (das ist Grundbedingung und Hauptsache) und Aristoteles und Augustinus nicht kennt. Sie tut mir sehr leid; ich will mit Finke noch mal reden. Meine Meinung von den heutigen Studenten und gar Studentinnen hat allen Optimismus verloren: selbst die

besseren sind entweder Schwarmgeister (Theosophen, die sich
ja auch schon in der protestantischen Theologie eingenistet haben), Georgeaner und ähnl., oder aber sie kommen in eine
ungesunde Vielleserei und ein Alles- bzw. Nichts-recht-Wissen.

Es fehlt am eigentlichen Verständnis wissenschaftlicher Arbeit und damit an wirklicher Kraft des Durchhaltens, der Ent-
sagung und echten Initiative. Aber am Ende ist übertriebene
Kritik auch hemmend; ich leide darunter, weil man mit jeder
scheinbar positiven Äußerung falsche Erwartungen erweckt.
Vor dem 40. Jahr sollte man kein Katheder betreten.

Ich muß mir in den Ferien die Rezension Ihres Buches nochmal vornehmen[8] – vielleicht wird sie dadurch noch schlechter.

Mit herzlichem Gruß

Ihr sehr ergebener

Martin Heidegger.

Empfehlen Sie mich, bitte, Ihrer Frau Gemahlin.

4 *Karl Jaspers an Martin Heidegger*

Heidelberg 24. Januar 1921.

Sehr verehrter Herr Kollege!

Haben Sie vielen Dank für Ihren ausführlichen und anschau-
lichen Brief. Immer derselbe betrübende Inhalt!

Was Herrn Neumann betrifft, so bin ich Ihnen natürlich sehr
dankbar, wenn Sie durch Ihr Urteil mir eine unnötige Arbeit
ersparen. Ich habe – gleichzeitig mit meinem ersten Brief an Sie
– Herrn Neumann, der nach hier kommen wollte, geschrieben,
daß sein persönliches Kommen nicht nötig sei, er mir vielmehr
lieber die Arbeit schicken solle, wenn sie nach seiner Meinung
eine gewisse Rundung habe.

Afra Geiger tut auch mir *sehr* leid. Ich wünschte ihr eine fachwissenschaftliche Arbeit, die sie mit Fleiß erledigen kann. Ihre Motivierung bei Finke ist echt, aber dumm. Hoffentlich läßt sich doch etwas bei ihm machen. Eine philosophie-geschichtliche Arbeit allerdings würde *dieselben* Schwierigkeiten wie bisher bringen. Ihre Arbeit als Studentin an der Universität bejahe ich durchaus, weil etwas Wesentliches darin gelebt hat. Der Doktortitel ist aber für sie eine rein praktische, bürgerliche Angelegenheit (wie ja auch für die allermeisten Studenten). Sie ist sich darüber klar, das ist schön. Und in einer Einzelwissenschaft gibt es doch überall solide Handwerkerarbeit nach gegebener Fragestellung mit einfacher Aufarbeitung eines Materials. Nur braucht es dazu etwas Wohlwollen des betreffenden Professors.

Ihre Rezension meiner Weltanschauungs-Psychologie[1] ist die einzige, auf die ich noch gespannt bin.

Haben Sie nochmals vielen Dank!

Mit herzlichen Grüßen
Ihr sehr ergebener
Karl Jaspers.

Meine Frau läßt Sie bestens grüßen!

5 *Martin Heidegger an Karl Jaspers*

Lieber Herr Professor!

Das Abschreiben des Manuskriptes[1] hat sich lange hingezogen, da ich auf die Gefälligkeit eines Studenten angewiesen war, der immer nur einige Stunden in der Woche und dabei recht langsam schrieb. Das Ganze ist sehr gedrängt und schwerfällig. Aus manchem wird aber wohl deutlich werden, worauf ich hinaus will. Der Stil ist mehr griechisch als deutsch, da ich zur Zeit der Umarbeitung und auch jetzt fast ausschließlich Griechisch lese.

Da von den Göttinger Anzeigen jährlich statt 12 Heften nur noch 4 erscheinen, ist mir nur ⅓ Bogen Raum zur Verfügung gestellt. Ob das Manuskript also je gedruckt wird, weiß ich nicht. Ich habe noch 2 Durchschläge. Einen schicke ich Rickert[2], da ich ihm seinerzeit die Rezension versprochen habe, den anderen bekommt Husserl. Den Plan der Streichungen habe ich mir noch einmal überlegt und bin dazu gekommen, daß sie am besten unterbleiben, daß aber die Diktion etwas gedrängter wird. Es nimmt sich allerdings merkwürdig aus, wenn ich Stilvorschriften gebe.

Im Winter will ich über Aristoteles' Metaphysik lesen, vielleicht gelingt es, dabei allerlei herauszuholen.[3]

Ich habe allerdings wenig Studenten, mit denen sich etwas Gescheites in den Übungen anfangen ließe.

Zu den Berufungen[4] senden meine Frau[5] und ich herzliche Glückwünsche.

Mit herzlichen Grüßen von Haus zu Haus
        Ihr sehr ergebener

                Martin Heidegger.
Freiburg, 25. VI. 21.

6 *Karl Jaspers an Martin Heidegger*

                Heidelberg 28. Juni 1921

Lieber Herr Heidegger!

Haben Sie vielen Dank. Ich kann Ihnen heute noch nichts sagen, da ich Ihre Arbeit[1] noch nicht studieren kann. Aber ich will Ihnen doch wenigstens den Empfang mitteilen. Von dem Studium erhoffe ich einen wichtigen Impuls.

Die zweite Auflage meiner Weltanschauungs-Psychologie, zu der ich nun schon länger vom Verleger[2] gedrängt werde, soll nicht eigentlich umgearbeitet werden. Wenn ich Neues zu sagen habe, schreibe ich lieber ein neues Buch. So beschränke ich mich auf stilistisches Feilen, bessere Gruppierung und lasse den »Geist« des Buches, wie er war: Das Buch ist wahrhaftig nichts Vollendetes, kann aber schwer umgebaut werden. Denn schließlich liebe ich es auch so wie es ist, und bei allem Mißlungenen meine ich doch, daß die »Intention« sichtbar wird, und daß das Studium des Buches, so wie es ist, belehrend sein kann.

So werde ich Ihre Kritik wohl mehr in Hinsicht auf weitere Arbeit lesen, als zur unmittelbaren Verwertung. Doch natürlich ist das noch nicht endgültig, nur meine augenblickliche Einstellung bei der Bearbeitung der 2. Auflage.

Grüßen Sie Ihre liebe Frau und seien Sie selbst herzlich gegrüßt von Ihrem

Karl Jaspers.

Noch eine Anmerkung: Sie werden mich doch nicht »Professor« titulieren wollen? Wo wir doch längst eine »philosophische« Beziehung angeknüpft haben? Oder trauen Sie mir *so* wenig?

7 *Karl Jaspers an Martin Heidegger*

Heidelberg 1. 8. 1921.

Lieber Herr Heidegger!

Afra Geiger erzählte mir, daß Sie begreiflicherweise gern wissen möchten, wie es um die Nachfolge auf dem zur Zeit von mir besetzten Extraordinariat[1] bestellt sei. Ich hätte Sie sehr gern hier gehabt, wie Sie wissen. Aber leider liegt die Situation so, daß Sie so gut wie keine Aussichten haben. Auch Kroner[2] hat keine Aussichten. Ich kann Ihnen Näheres noch nicht schreiben, bitte Sie auch, dieses als *vertraulich* zu behandeln.

Hoffentlich machen Sie Ernst mit einem Besuch bei uns im Herbst, den Afra Geiger uns ankündigte. Dann möchte ich auch gern mit Ihnen über Ihre Kritik[3] sprechen, die ich nun genau gelesen habe. Ein gutes Gespräch ist doch die wirklichste und eindringendste Form, wenn man über solche Dinge in Beziehung treten will. Jetzt nur ein paar ganz vorläufige Bemerkungen:

M. E. ist Ihre Besprechung von allen, die ich las, diejenige, die der Wurzel der Gedanken am tiefsten nachgräbt. Sie hat mich darum innerlich wirklich berührt.[4] Jedoch vermisse ich noch – auch in den Erörterungen über »ich bin« und »historisch«[5] – die positive Methode. Ich spürte bei der Lektüre immer die Potenz zum Vorwärtskommen, war dann aber enttäuscht und fand mich *so* weit auch schon gekommen. Denn das *bloße* Programm berührt mich sowenig wie Sie. Einige Urteile fand ich ungerecht. Doch ich verschiebe alles auf das Mündliche. In Frage und Antwort begreife ich mehr als im Vortrag. Aber niemand von den jüngeren »Philosophen« interessiert mich mehr als Sie. Ihre Kritik kann mir wohltun. Sie hat mir schon wohlgetan, denn sie veranlaßt zum wirklichen Besinnen und erlaubt keine Ruhe.

Darf ich Ihr Manuskript behalten?

Herzliche Grüße Ihrer Frau, auch von der meinigen.

Ihr Karl Jaspers

Afra Geiger schrieb uns heute vom Matterhorn.

8 Martin Heidegger an Karl Jaspers

Meßkirch, 5. August 1921.

Lieber Herr Jaspers!

Für Ihre beiden Briefe danke ich herzlich. Auf den ersten antworte ich nicht, weil ich nichts zu schreiben wußte und in den letzten Wochen überarbeitet war. Das Semester war für mich im Ganzen eine Enttäuschung; es lohnt nicht die Arbeit für die, die vor einem sitzen. Der eine oder andere faßt einmal zu, um dann wieder bequemen Liebhabereien nachzugehen. Ich habe mich im vergangenen Semester oft gefragt, was wir eigentlich tun. Dabei möchte ich nicht aus sein auf »Lehrerfolg« und dergleichen. Sofern man alle Orientierungen dahin als letztlich nicht wesentlich ausstreicht, kann man nur noch dadurch sich etwas von Recht zur Betätigung an der Universität geben, daß man für sich selbst es ganz ernst nimmt und vermeintliche Aufgaben ergreift und einen Schritt weiter führt.

Man riskiert damit nur, daß man im ›Betrieb‹ nicht mitkommt, aber das ist eine der besten und ständigen Proben darauf, ob man selbst wirklich echt bei seiner Sache ist – wenn sie einen aufreibt, ist der Beweis geliefert. Aber man entdeckt in sich immer wieder die Kreatur, die sich bequem aus den Schwierigkeiten wegschleichen will und sich Kartenhäuser baut.

Die Kritik können Sie behalten. Ein briefliches Hin und Her taugt wenig. Ob ich in diesen Ferien nach Heidelberg komme, ist unbestimmt. Ich komme mit meinen Arbeiten so langsam vorwärts, daß wohl die Ferien für meine nächste Vorlesung aufgebraucht werden. Vom 16. des Monats an bin ich die ganze Zeit zu Hause. Daß ich Ihnen mehrfach Unrecht tue, sagte auch Husserl; für mich ist das nur Beweis, daß ich mindestens *versucht* habe zuzugreifen. Der Zweck ist erfüllt, wenn Sie irgendeine Anregung daraus entnehmen, vielleicht solche, die ich gar nicht intendierte. Nach dem Maßstab beurteilt, den ich mir bei einer Arbeit vorhalte, ist es eine lächerliche und kümmerliche Anfängersache, und ich bilde mir nicht ein, weiter zu sein als Sie selbst, zumal ich mir in den Kopf gesetzt habe, einige Umwege zu machen. Ob ich auch ins Freie finde, weiß ich nicht; wenn ich mich nur so weit bringe und halte, daß ich überhaupt *gehe*.

Von der Aussichtslosigkeit bezüglich des Heidelberger Extraordinariats[1] wurde ich durch eine Andeutung von Afra Geiger in einem Brief an Löwith gebührend unterrichtet. Ich habe keine Anlagen zur Stellenjägerei – da sich aber in Heidelberg für mich die einzige Möglichkeit eröffnete, war ich begreiflicherweise daran interessiert. Gefreut hätte ich mich sehr vor allem für meine Arbeit, die dadurch »freier« und »gelöster« geworden wäre. So lebe ich weiter unter innerem und äußerem Druck, habe aber dabei das eine wichtige Gut, daß ich meine Arbeit nicht nach amtlichen Vorschriften zu dirigieren brauche, sondern den eigenen Notwendigkeiten folge.

Nach meiner Abreise von Freiburg scheinen dort durch Mitteilungen des Dr. Mannheim[2] in Heidelberg Gerüchte in Umlauf gebracht zu sein, wonach ich »bestimmt in Aussicht genommen werde«. Ich habe mich, als ich hier in meiner Heimat davon hörte, daran gehängt. Da ich von Ihnen selbst nun Nachricht habe, ist die Sache für mich erledigt. Ich teile Ihnen das mit, um Sie darüber im klaren zu halten, daß etwaige »scheinbare« Indiskretionen (oder Manöver?) »von anderen« ausgegangen sind.

Ich freu mich für Sie, daß sich alles so günstig erledigt hat und Sie nicht notwendig haben, sich verpflanzen zu lassen.

Nun können Sie ja richtig »loslegen«.

     Herzliche Grüße von Haus zu Haus

              Ihr

                    Martin Heidegger.

9 Martin Heidegger an Karl Jaspers

Freiburg i. Br., 27. Juni 22

Lieber Herr Jaspers!

Für die freundliche Zusendung Ihrer Schrift[1] danke ich Ihnen herzlich. Meine Antwort verzögert sich, da ich in den Pfingstferien zusammenklappte und jetzt erst wieder arbeiten kann.

Zu Anfang muß ich bekennen: Von Strindberg kenne ich nichts, von van Gogh habe ich noch nie ein Original gesehen. Die Briefe allerdings sind mir bekannt.

Ihre philosophisch wissenschaftliche Haltung kommt in der Schrift noch deutlicher zum Ausdruck, vor allem nach der Seite, wie Sie versuchen, das Kausalpsychische im alten Sinne positiv in die geistig-geschichtliche Welt hineinzuverstehen.

Diese Aufgabe hat die Frage zum Boden: Wie ist in eine prinzipiell einheitliche begrifflich kategoriale Durchdringung des Lebens nach seinem Seins- und Gegenstandssinn diese »Sphäre« z. B. des Schizophrenen »einzubauen«. So ist die Frage noch in der alten Weise gestellt. Es soll das betreffende Gegenständliche gerade *nicht* als »Sphäre«, »Gebiet« mit unbestimmtem Seinscharakter gefaßt werden. Es muß der Gegenstands- und Sachcharakter, den diese Phänomene aus der bisherigen wissenschaftlichen Einstellung haben, aufgegeben und ihnen begrifflich kategorial *der* Sinn verschafft werden, den sie haben, insofern sie etwas *sind*, und als solche Bewegtheiten sind im Wie eines Grundsinnes von Faktizität (form.: Seinssinn) von Leben. Es muß ins Klare gebracht werden, was es heißt, menschliches *Dasein* mitausmachen, daran beteiligt sein; d. h. aber, es muß der Seinssinn von Leben-Sein, Mensch-Sein ursprünglich gewonnen und kategorial bestimmt werden. Das Psychische ist nicht etwas, das der Mensch »hat«, bewußt oder unbewußt »hat«, sondern etwas, das er ist und das ihn lebt. D. h. prinzipiell: Es gibt Gegenstände, die man nicht hat, sondern »ist«; und zwar noch solche, deren Was lediglich ruht in dem »Daß sie sind« – genauer: Die alte ontologische Scheidung von Was- und Daßsein genügt nicht nur nicht inhaltlich – sondern hat einen Ursprung, in dessen Sinn-bereich eine heute verfügbare Seinserfahrung von Leben (kurz gesagt die »historische«) und seines Seinssinnes nicht liegt.

Die alte Ontologie (und die aus ihr erwachsenden Kategorienstrukturen) muß von Grund aus neugebildet werden – soll Ernst damit gemacht werden, eigenes-gegenwärtiges Leben in seinen Grundintentionen zu fassen und zu leiten. Unsere Philosophie ist nicht einmal mehr so weit zu verstehen, was die Griechen an ihrem Teil für sich geleistet haben, geschweige denn, daß wir eine Ahnung davon haben, was es heißt, an unserem Teil dasselbe zu leisten und *nur* dies; d. h. aber nicht: Plato oder Aristoteles erneuern, oder für das klassische Altertum begeistert sein und predigen, daß die Griechen schon alles Wichtige gewußt hätten.

Es bedarf einer Kritik der bisherigen Ontologie an ihrer Wurzel in der griechischen Philosophie, im besonderen des Aristoteles, dessen Ontologie (schon dieser Begriff paßt nicht) in Kant und gar Hegel ebenso stark lebendig ist wie bei einem mittelalterlichen Scholastiker.

Diese Kritik bedarf aber eines prinzipiellen Verstehens der sachlichen Probleme der Griechen aus den Motiven und der Haltung ihrer Zugangsweise zur Welt, aus den Weisen ihres Ansprechens der Gegenstände und den Weisen der dabei vollzogenen Ausformung der Begriffe.

Diese Aufgabe – lediglich als Voraufgabe – konkret und sauber erledigen, ja auch nur auf die Basis einer klaren Formulierung bringen, macht Mühe. Und wenn man sie mit Ernst im ständigen lebendigen Hinblick hat auf die Frage der Explikation des Seinssinnes von Leben als *des* Gegenstandes, den wir *sind* und damit jeglicher Umgang und jede Besorgung – jede Bewegtheit als Sorgen im weitesten Sinne, dann wird man sich aus innerem Respekt vor dem Gegenstand, mit dem man philosophierend umgeht, von selbst davor bewahrt sehen, sich zu äußern, nur damit publiziert ist.

Entweder wir machen Ernst mit der Philosophie und ihren Möglichkeiten als prinzipieller wissenschaftlicher Forschung, oder wir verstehen uns als wissenschaftliche Menschen zur schwersten Verfehlung, daß wir in aufgegriffenen Begriffen und halbklaren Tendenzen weiterplätschern und auf Bedürfnisse arbeiten.

Soll das erste ergriffen werden, dann hat man gewählt die Gefahr, seine ganze »äußere« und innere Existenz aufs Spiel zu setzen für etwas, dessen Erfolg und Ausgang man selbst nicht zu sehen bekommt.

Ohne Sentimentalität bin ich mir klar, daß die Entscheidung fürs erste für den Philosophen als wissenschaftlichen allein in Frage kommt. Das sind Dinge, über die man nicht spricht und in einer Aussprache wie dieser nur anzeigt. Wenn es nicht gelingt, solches Bewußtsein in der Jugend positiv konkret zu wecken, dann ist alles Gerede über Krisis der Wissenschaft und dergleichen eben Gerede. Wenn wir uns nicht klar sind, daß wir der Jugend solche Sachen – sie selbst erst ausbildend – vorleben müssen, dann haben wir kein Recht in wissenschaftlicher Forschung zu leben.

Im Zusammenhang der Aufgabe einer Gewinnung der ursprünglichen Kategorienstruktur des Gegenstandes Leben sah ich die prinzipielle Bedeutung der Untersuchungen, in denen Sie das Schizophrene und dergleichen in den Seinssinn des Lebens einbauen wollen.

Auf diesem konkreten Wege wird man die Unmöglichkeiten einsichtig machen können, die in einer isolierten, freischwebenden Bewußtseinsproblematik liegen.

Man kann nicht post festum die »üble« Realität einführen und den geistigen Akten einen Leib ankleben (nicht einmal die Neger haben solche Vorstellungen vom Dasein, wie sie in der heutigen wissenschaftlichen Philosophie umlaufen). Aber heute steht in der Philosophie alles auf dem Kopf, es gilt als »unfein«, wenn man einen Denker nach seiner prinzipiellen Position fragt, und man wird dahin verwiesen, sich an Nebensachen satt zu kritisieren. Zur Zeit Platos und Aristoteles' soll es meines Wissens umgekehrt gewesen sein. Solange man nicht entschlossen ist, sich mit seinen Produkten in diese Kampfbasis prinzipieller Auseinandersetzung bis aufs Messer zu stellen, bleibt man außerhalb der Wissenschaft. Man hat dann wohl einen schönen Betrieb und hält jedes Semester einige Dutzend Menschen zu Narren lediglich durch die Gleichgültigkeit, mit der man bei sich selbst mit den Prinzipien und Verwurzelungen seiner Erkenntnistaten umgeht.

Ihre Arbeit hat mir noch deutlicher gemacht, daß in der Kritik der Psychologie der Weltanschauungen Ihre Untersuchungen doch in die rechte positive Problemtendenz gestellt sind.

Und das stärkt in mir das Bewußtsein einer seltenen und eigenständigen Kampfgemeinschaft, die ich sonst – auch heute noch nicht – nirgends finde.

Ich habe nur den Wunsch, daß Sie unbeschadet der Objektivität noch schärfer den Sachen auf den Leib rücken. Sie haben die Übervorsicht wahrhaftig nicht nötig.

Auch sehe ich immer deutlicher, daß die Kritik der Psychologie der Weltanschauungen ungenügend ist – noch zu wenig positiv. Ich habe daran schon erweitert, vieles gestrichen und neu geschrieben. In einer neuen Gestalt will ich sie publizieren, womöglich parallel mit den ›Interpretationen zu Aristoteles‹, deren Druck im ›Jahrbuch‹ diesen Herbst beginnt.[2] Maßgebend ist mir die Befürchtung, daß Ihr Buch zwar viel gelesen und mit Nutzen verwertet wird, daß aber gerade seine eigentümliche philosophische prinzipielle Wirkungsmöglichkeit im heutigen philosophischen Geplätscher weder gesehen noch ergriffen wird. Kommt demnächst die 2. Auflage?

Da für mich unter den heutigen Verhältnissen auch nur eine kleinere Reise ausgeschlossen ist, wird es zu einem Besuch bei Ihnen nicht kommen.

Aber ich hoffe, daß Sie vielleicht nächstens mal wieder in die Nähe kommen.

Herzliche Grüße von Haus zu Haus

Ihr

Martin Heidegger.

10 *Karl Jaspers an Martin Heidegger*

Heidelberg 2. Juli 1922.

Lieber Herr Heidegger!

Haben Sie vielen Dank für Ihren Brief! Ich danke Ihnen besonders für Ihre freundliche Gesinnung und für Ihr Bewußtsein einer »Kampfgemeinschaft« – bei all Ihrem vorsichtigen Angreifen und Stoßen, das mir wohl tat. Um so mehr wünschte ich, daß wir einmal ausführlich uns besprechen könnten. Vielleicht geht es doch in nicht zu ferner Zeit.

Sehr gefreut habe ich mich, daß eine Aristotelesinterpretation von Ihnen in Aussicht steht (ein Freiburger Student erzählte es mir schon neulich). Nicht bloß, weil ich etwas Neues von Ihnen lesen möchte, sondern auch, weil zwar nicht das innere, wohl aber das äußere Schicksal, von dem wir sprechen, an solchen Publikationen hängt, bei Ihnen vor allem, da Sie schon einen starken persönlichen Kredit bei manchen besitzen und man nur wartet, daß »etwas herauskommt«. Darüber und was alles sich darüber ethisch und soziologisch sagen läßt, haben wir ja früher gesprochen.

Daß Sie die Kritik meines Buches publizieren wollen, ist mir *sehr* wertvoll. Es ist ja die einzige Kritik, die mich etwas angegangen hat – und wenn Sie auch einem positiven Moment meiner Arbeit mehr auf die Spur gekommen sind, so kann mich das natürlich nur freuen.

In der neuen Auflage meines Buches hat sich Ihre Kritik noch nicht fühlbar gemacht. Ich habe nur ganz unwesentlich geändert und das Buch gelassen wie es ist. Sofern ich weitergekommen bin, kann ich dies Buch nicht ändern – in der Psychopathologie[1] ist das möglich –, sondern muß ein anderes schreiben. Dabei bin ich, werde mir aber viel Zeit lassen, da Plan und Anspruch recht große sind. Ob ich es überhaupt kann, ist noch fraglich.[2]

Je länger ich dabei bin, wird meine Position zur Universitätsphilosophie fester. Es ist Zeitvergeudung, sich viel darum zu kümmern, solange man die wirklichen großen Philosophen und den gegenwärtigen Geist nicht bis zum Ende seiner Kräfte durchdrungen hat. Mir erschien es früher schon – ich glaube, ich sagte es Ihnen –, daß Sie mehr als ich im diskutierenden Zusammenhang des Neukantianismus etc. stehen, während ich mich in diese Netze nicht verstricken mag. Ich habe nur den Impuls zu einer großen Gesamtabrechnung – was haben diese Philosophieprofessoren auf dem Gewissen! –, aber ich schiebe das hinaus, einmal, weil ich mich selbst nicht rein von Schuld fühle und noch um die rechte Ausfüllung einer Philosophieprofessur kämpfe, dann weil *erst* die eigene positive Leistung da sein muß, bevor man abrechnet. Vielleicht wird es mir gehen wie in der Psychiatrie. Da wollte ich mit einer Kritik Kraepelins[3] beginnen, setzte das um in meine Psychopathologie, und als ich diese fertig hatte, lohnte sich mir die Kritik nicht mehr, die implicite schon gegeben war.

Vor allen Dingen darf man durch »Anti«-Stimmungen, durch Ablehnung und Haß sich in der reinen Entwicklung der eigenen Impulse nicht stören lassen. Ich neige dazu, und lasse darum die Wut in mir sich möglichst nicht entwickeln, indem ich den möglichen Gegenstand der Wut ignoriere.

Ich bin mir der ungeheuren Anmaßung dieser Position bewußt und schreibe Ihnen nur, weil Sie in derselben Lage sind. Nach außen ist Milde und Gelassenheit die Form, in der man für sein Denken die größte Freiheit behält. *Soll* einmal ein

Kampf nötig sein, so soll es auch ein *Kampf* sein. Vorher will ich mich nicht verzetteln.

Mit Ihnen allerdings möchte ich in der Diskussion alle Reserve fahren lassen, weil auch ich glaube, daß wir uns in derselben Ebene befinden, Sie *vielleicht* bewußter und kritischer, ich täppisch zugreifender.

Auf den philosophischen Inhalt Ihres Briefes mag ich schriftlich nicht eingehen. Es ist mir nicht alles klar, und was ich, z. T. angreifend, darauf sagen wollte, läßt sich nur in Wechselrede deutlich machen. Ich hoffe doch noch auf eine Gelegenheit im Herbst.

Herzliche Grüße, auch Ihrer Frau

Ihr Karl Jaspers.

11 *Karl Jaspers an Martin Heidegger*

Heidelberg 6. 9. 1922

Lieber Herr Heidegger!

Nun wage ich doch noch mal auf Ihren Besuch in Heidelberg zu kommen und lade Sie noch mal ein, bei uns zu wohnen; muß aber auch wiederholen, daß es etwas primitiv ist (Bett auf dem Chaiselongue in der Bibliothek gemacht, Waschen in der Toilette – anders geht es in unserer engen Wohnung nicht). Es wäre doch schön, wenn wir einmal ein paar Tage in geeigneten Stunden philosophierten, und die »Kampfgemeinschaft« erproben und befestigen. Ich stelle mir vor, daß wir zusammen leben – jeder in einem Zimmer für sich, meine Frau ist verreist –, jeder tut, was er will, und daß wir – abgesehen von den Mahlzeiten – uns nach Neigung treffen und sprechen, besonders abends, oder wie es sonst kommt, ohne allen Zwang. Wenn Sie Lust und Möglichkeit haben, kommen Sie, bitte, recht bald –

Karl Jaspers 1921

und melden sich möglichst rechtzeitig an. Am 14. September kommt meine Frau zurück, dann wäre ich gern wieder allein. Für die Reisekosten komme selbstverständlich in der gegenwärtigen äußeren Situation unserer beider Leben ich auf. Darüber brauchen wir vermutlich nicht zu diskutieren. Einen Schein (1000.– Mk) für die Reise lege ich an.

Herzlichen Gruß an Ihre Frau und Sie

Ihr Karl Jaspers

Sie werden bald vom Verleger die 2. Auflage meiner »Psychologie der Weltanschauungen« zugesandt bekommen. Sie brauchen das Exemplar nur in Ihre Bibliothek zu stellen, denn Erhebliches geändert ist nicht, nur einiges gestrichen und einiges stilistisch gefeilt.

12 *Martin Heidegger an Karl Jaspers*

Freiburg i. Br.,   19. Nov. 22.

Lieber Herr Jaspers!

Die acht Tage bei Ihnen gehen ständig mit mir. Das Plötzliche, nach außen ganz Ereignislose dieser Tage, die Sicherheit des ›Stils‹, in dem ein Tag ungekünstelt in den anderen hineinwuchs, der unsentimentale, herbe Schritt, mit dem eine Freundschaft auf uns zukam, die wachsende Gewißheit von einer auf beiden ›Seiten‹ je ihrer selbst sicheren Kampfgemeinschaft – all das ist für mich unheimlich in dem Sinn, wie die Welt und das Leben für den Philosophen unheimlich sind.

Ich danke Ihnen nochmals herzlich für die Tage. –

Als ich hierher zurückkam, erwartete mich Husserl mit der Nachricht, man habe in Marburg von meinen Aristotelesvorlesungen und so fort Kunde; Natorp[1] wünsche eine konkrete Orientierung über meine geplanten Arbeiten. Darauf setzte ich mich drei Wochen hin und exzerpierte mich selbst und schrieb dabei eine »Einleitung«; das Ganze diktierte ich dann (60 Seiten) und schickte durch Husserl je ein Exemplar nach Marburg und Göttingen.

Den »Erfolg« in Göttingen ersehen Sie aus dem beiliegenden Brief von Misch[2]. Herausspringen wird zwar dabei nichts für mich, da ich bei Regierungen noch weniger bekannt bin als bei Fakultäten. Die hierzu notwendigen »Geschäftsreisen« liegen mir nicht.

In Marburg hat nun die Arbeit auch eingeschlagen; Natorp schreibt, daß ich auf jeden Fall außer 3 anderen »an hervorragender Stelle« auf die Liste komme. Vermutlich ist das die berühmte 2. Stelle. Kroner, von dem schon das letzte Semester die Rede gewesen sein soll, wird demnach wohl an erster Stelle stehen – er ist »der Ältere«, und vor allem das viele Papier.[3]

Ich selbst würde eine solche Rangordnung für mich als »Blamage« empfinden müssen.

Vor allem aber wünsche ich mir – so oder so – Ruhe. Dieses Herumgezogenwerden, halbe Aussichten, Lobhudeleien und so fort bringt einen in einen scheußlichen Zustand, auch wenn man sich vornimmt, sich nicht damit zu beschäftigen.

Dieses Semester halte ich nur zwei Übungen, die eine für Anfänger, die andere über Aristoteles.[4]

Aber die Leute sind ohne Initiative und Sicherheit des Arbeitens.

Vorläufig können sie nur so weit gebracht werden, daß sie keine Phrasen machen und nicht auf Schwindel hereinfallen.

Für die meisten ist das auch schon genug.

Löwith hat sich offenbar die Sache leichter gemacht. Die Arbeit soll bei Geiger[5] eingereicht werden. Da ich von der verlangten Umarbeitung nichts zu Gesicht bekam, hab ich jede Verantwortung abgelehnt.

Nach Abschluß der »Übersicht« hatte ich mit meiner Frau und den Kindern noch einige schöne Sonnentage auf der Hütte.[6] Ich habe noch tüchtig Holz gesammelt und eingefahren für den Winter.

Beifolgend schicke ich Ihnen den Schelerschen Aufsatz.[7]

In meinen Aristotelesübungen[8] hab ich einen leibhaftigen *Jesuiten*, der mir eigens Grüße bestellte von meinen früheren Bekannten.

Schicken Sie mir bitte den Brief von Misch gelegentlich mal zurück. Der Berufungskram ist natürlich wie immer »vertraulich«.

    Mit herzlichen Grüßen
       von Haus zu Haus

            Ihr dankbarer

               Martin Heidegger.

13   *Karl Jaspers an Martin Heidegger*

              Heidelberg   24. 11. 22.

Lieber Heidegger!

Herzlichen Dank! Sie wissen, wieviel auch mir unser Zusammenleben bedeutet hat und welche Zukunftshoffnungen ich habe. In der philosophischen Öde der Zeit ist es schön, wenn man es erlebt, Vertrauen haben zu dürfen. Und wir wissen beide selbst nicht, was wir wollen; d. h. wir sind beide getragen von einem Wissen, das noch nicht explizite besteht. Was mag noch daraus werden! In häufigem Denken an jene Tage habe ich mir Ihre frühere Äußerung, es müsse einmal eine wirkliche Kritische Jahrschrift entstehen, dahin interpretiert, daß wir beide einmal eine solche machen müssen: Die Philosophie der Zeit, Kritische Hefte von Martin Heidegger und Karl Jaspers.[1] *Nur* wir beide schreiben darin, sie erscheint in zwanglosen Heften.

Wir fangen sie erst an, wenn wir beide eine genügende Anzahl von Aufsätzen fertig haben. Wir lassen sie eingehen, wenn wir fertig sind oder keine Lust mehr haben. Sie betrifft die *wirkliche* Philosophie der Zeit, jeden Zug philosophischer und antiphilosophischer Lebenshaltung, die Philosophieprofessoren bilden nur einen Gegenstand unter anderen. *Kurze* Aufsätze, klar und entscheidend. Die Wissenschaft im Hintergrund, als Basis, aber nicht sie selbst in expliziter Methode dargeboten. Wir müssen auch Menschen wie Max Weber[2] und Rathenau[3] (das »und« graut mir nicht[4]) vornehmen. Wir werden nicht schimpfen, aber die Erörterung wird rücksichtslos sein. Also geht es erst, wenn Sie einen Ruf haben. Aber in der Phantasie freue ich mich schon jetzt daran. Denn daß auch Sie Lust haben, daran glaube ich, ohne es zu wissen.

Daß Sie dieses Gezerre durch mögliche Berufungen schwer erträglich finden, verstehe ich um so besser, als ich es auch zwei Jahre lang erlebt habe, allerdings nicht in der heutigen viel schwereren Lage. Daß Ihre Arbeiten in Göttingen und Marburg eingeschlagen haben, freut mich trotz allem. Ich habe mit Ihnen leider auch große Skepsis bezüglich des Enderfolgs. Aber etwas Hoffnung habe ich doch. Sie stehen auf *beiden* Listen, hoffentlich kein anderer. Die Regierung urteilt (Wende[5] und Becker[6] habe ich darin kennengelernt) mit Mißtrauen gegen die Fakultäten und Heranziehung aller möglichen Urteile. Die alte Schieberei durch Schulhäupter ist nicht mehr. Allerdings machen Sie es den Leuten recht schwer. Und man kann schließlich nicht von jedem verlangen, daß er sieht, wer Sie sind. Mischs Brief gefällt mir. Er ist sehr harmlos, hat wohl keine Ahnung, aber er hat ja offenbar ein vortreffliches Gutachten über Sie gemacht, und dafür verdient er Lob.

Den Scheler – für dessen Zusendung ich Ihnen herzlich danke – habe ich durchgeflogen. Viele Urteile habe ich fast übereinstimmend in meiner historischen Vorlesung[7] gefällt. Er sieht manches treffend. Aber im Ganzen erscheint er mir oberflächlich – nicht in der Arbeitstechnik, das machte nichts, sondern im Leben. Er ignoriert Niveauunterschiede. Er rührt schließlich alles in einem Brei zusammen. Dabei formuliert er mehrere Male, wie ich glaube, sogar trefflich gegenwärtige *Aufgaben*. Immerhin, man liest es. Das ist viel, denn die meisten »Philosophen« der Zeit lese ich nur, wenn ich muß.

Dann noch meinen Dank für den *Overbeck*.[8] Sie haben ihn für mich bezahlt. Was bin ich schuldig? – Ich habe ihn damals gleich gelesen. Mit viel Sympathie. Doch zuletzt mit demselben Mißtrauen, wie ich ihn früher las. Es ist eine dünne, blutleere Art, viel Vorsicht nur zum Schutz. Für mich ohne Impuls. Allerdings: ein rechtschaffener Mann und als treu erwiesen in seiner Freundschaft zu Nietzsche und ein unbestechlicher Gelehrter. Alles sehr schön. Wenn man philosophische Dicta liest, legt man noch einen anderen Maßstab an. In seiner Kritik ist er wohl durchweg schlagend. Man oder ich wenigstens sehe das Positive, aus der die Kritik kommt, so dünn, daß es mir verschwindet. Es ist selbst bloß negativ zu bezeichnen, – er ist aber aus der Welt Nietzsches und Burckhardts, und schon darum lese ich mit Verehrung und dem Bewußtsein, in einer der wenigen Oasen der modernen europäischen Wüste zu sein.

Mit herzlichen Grüßen und nicht weniger dankbar wie Sie
Ihr Karl Jaspers.

14 *Martin Heidegger an Karl Jaspers*

Freiburg, 19. VI. 23.

Lieber Herr Jaspers!

Gestern erhielt ich die Berufung nach Marburg auf das Extraordinariat mit Stellung und Rechten eines Ordinarius. Gleichzeitig mit dieser Post kam Ihre Psychopathologie.[1] Ein

Zufall – ich nehme es als eine eindringliche Mahnung an das, was nun getan werden muß.

Da ich kein Geld für Reise und Aufenthalt in Berlin habe, habe ich schriftlich Verhandlungen betr. Umzugskosten eingeleitet. Ansprüche habe ich sonst nicht zu stellen. Da aber vielleicht doch manches vorgebracht werden könnte, woran ich nicht denke, bitte ich Sie um kurze Ratschläge aus Ihrer Erfahrung. Da sich die Wohnungsverhältnisse vielleicht gleich regeln, werden meine Frau und ich nach Marburg fahren und bei dieser Gelegenheit bei Ihnen vorbeikommen.

Ich freu mich auf das Studium Ihres Buches – der Unfug in der Psychiatrie scheint durch den in der Phänomenologie kräftig unterstützt zu werden. Husserl ist begeistert über solches Zeug, wie Frl. Walther[2] es in die Welt setzt. Er hat kein Organ dafür, daß ein Elaborat, das es fertig bringt, in einem Zuge Ricarda Huch[3] – Kierkegaard – Hedwig Martius[4] zu zitieren, sich von selbst erledigt. All dieser sterile Lärm ist nur insofern nicht zu ignorieren, als er auf Schritt und Tritt die positive Erziehungsarbeit der jungen Menschen erschwert. Ich habe in den beiden letzten Semestern sehr viel Freude gehabt – es verbraucht einen allerdings auch sehr.

Ich freue mich auf die ruhige kleine Stadt und die ungestörte Arbeit.

Herzliche Grüße von Haus zu Haus.

In treuer Freundschaft

Ihr Martin Heidegger.

Dr. Heidegger Lerchenstr. 8

15 Karl Jaspers an Martin Heidegger

Heidelberg 20. Juni 1923

Lieber Heidegger!

Endlich ist der Bann gelöst! Ich gratuliere Ihnen, mir und Ihren Freunden. Gut, daß es in der Welt auch einmal ohne Regel vernünftig zugeht. Nur einen kleinen Schmerz habe ich dabei: Was die Marburger konnten, hätten auch wir können sollen[1]; dann lebte ich mit Ihnen zusammen. Vielleicht später einmal!

Sie wollen Ratschläge. Ein wichtiges Datum ist das, von dem an die Pensionsberechtigung und Pensionsberechnung gilt. Normalerweise ist es der Habilitationstermin, jedoch muß das besonders ausgesprochen werden, sonst gilt rechtlich erst das Datum der etatmäßigen Anstellung, was besonders für die Witwenpension belangreich ist. (Bei meinen Berufungsverhandlungen kursierte hier durch Oncken[2] die Wendung: Die einzige Schwierigkeit ist immer die Witwe Jaspers.)

In bezug auf Gehalt werden Sie kaum Forderungen stellen können. Umzugskosten werden normalerweise vollständig ersetzt – natürlich ohne Neuanschaffungen. Vorauszahlung einer Pauschalsumme, damit man Geld in Händen hat, ist üblich, wurde mir auch in Berlin angeboten.[3]

Reise zwecks Verhandlung, wenn diese von Berlin gewünscht wird, wird üblicherweise ebenfalls mit allen Unkosten (Nacht, Essen) ersetzt.

Auf Ihren Besuch mit Ihrer Frau freuen wir uns sehr. Falls Sie jeder mit einer Chaiselongue zufrieden sind (auf dem ein Bett gemacht wird), hätten wir Sie gern beide bei uns wohnen. Der eine wohnt dann in meinem, der andere in meiner Frau Zimmer. Wir haben jetzt etwas mehr Raum (wohnen Plöck 66, der Bibliothek schräg gegenüber, das zweite Haus von der Peterskirche). Der Grund zum Umzug war die Gefahr, daß die elektrische Bahn eingehen würde und daß ich dann nahe bei der Universität wohnen mußte.

Vieles ist zu fragen und zu sprechen, also kommen Sie nicht zu kurz!

>Herzlichste Grüße
>Halten wir unsere Freundschaft fest!
>
>Ihr Karl Jaspers

Falls Sie Geld nötig haben, kann ich Ihnen borgen, bis zu einer Million, die ich mir durch Verkauf einer deutschen Bank-Aktie verschaffen würde.

Auch Ihrer Frau einen herzlichen Gruß!

Als der Brief fertig war, kam Curtius.[4] Er läßt Ihnen sehr herzlich gratulieren, freute sich sichtlich über Ihren Erfolg.

Auf Wiedersehen und herzliche Wünsche zur Unabhängigkeit.

>Gertrud Jaspers

16 *Martin Heidegger an Karl Jaspers*

>Freiburg,   14. Juli 23.

Lieber Herr Jaspers!

Ihnen und Ihrer Frau herzlichen Dank für die Glückwünsche. Die Hauptsache ist schriftlich erledigt. Richter[1] möchte mich aber kennenlernen, wozu weiß ich nicht, und im August nach seinem Urlaub eine Dienstreise bewilligen. Trotz der drei Vorschläge (in Königsberg war ich auch auf einer Liste) glaubte ich nicht mehr an eine Berufung – nachdem mir die neuesten Methoden, wie man zu einem Lehrstuhl kommt, bekannt geworden waren. Kroner ist in Marburg an 3. Stelle vorgeschlagen gewesen – im Januar selbst nach Berlin gefahren und hat dort überall herumgejammert, und dann hat er sich sogar in Marburg gleich in persona angeboten.

So eine Jämmerlichkeit an Menschenwesen ist mir noch nie begegnet – jetzt läßt er sich bemitleiden wie ein altes Weib – die einzige Wohltat, die man ihm erweisen könnte, wäre, ihm heute noch die venia legendi zu entziehen. Für Hartmann[2] wäre er bequemer gewesen – denn Kroner versprach diesem ins Gesicht, er würde zu ihm natürlich im Falle seiner Berufung nach Marburg ins Colleg gehen. Das werde ich nun nicht tun, aber ich werde ihm – durch das Wie meiner Gegenwart – die Hölle heiß machen; ein *Stoßtrupp* von 16 Leuten, bei manchen unvermeidlichen Mitläufern einige ganz ernste und tüchtige, kommt mit.

Sie sehen, ich bin nicht gesonnen, ein vornehmtuender und vorsichtiger Professor zu werden, der bei seinem Auskommen »fünfe gerad sein läßt« – das will besagen, unsere Freundschaft muß jetzt zur Konkretion kommen – das wollte ich schon mit dem »Zufall« andeuten, daß mit derselben Post der Berufung ein Freundschaftszeichen von Ihnen kam.

Bald ist es ein Jahr seit den schönen Tagen, von denen ich immer noch zehre – gedruckt hab ich zwar immer noch nichts und halte es aus, wenn man auf mich deutet als den, der nichts publiziert – die »Einleitung«[3] ist ein »Buch« geworden – die Hauptsache aber – ich selbst sicherer in der rechten konkreten Unsicherheit – 90% meiner Kraft fließt in die Lehrtätigkeit – ich lese dieses Semester 1 Stunde[4] und habe 3 Seminare (6 Stunden), ich lasse der Welt ihre Bücher und literarisches Getue und hole mir die jungen Menschen – »holen« d. h. scharf zu fassen – so daß sie die ganze Woche »im Druck« sind; mancher hält es nicht aus – die einfachste Art der Auslese – mancher braucht zwei, drei Semester, bis er versteht, warum ich ihm nichts, keine Faulheit, keine Oberflächlichkeit, keinen Schwindel und keine Phrasen – vor allem keine »phänomenologischen« durchlasse. Sie wissen, daß ich nie Referate halten lasse

– nur Diskussion, und zwar keine wilde – auf Einfälle und dialektische Spielereien lasse ich mich nicht ein – all das verlangt *Vorbereitung*, d.h. intensive Beschäftigung mit den jeweiligen Sachen, die nicht halb so bequem ist, wie ein Buch und wieder ein Buch zu schreiben. Meine größte Freude ist, daß ich hier durch *Vormachen* Wandel schaffen kann und jetzt frei bin. Leider sind Bibliothek und Seminarbibliothek in Marburg sehr schlecht.

Die Konkretion unserer Freundschaft wäre allerdings dann erreicht gewesen, wenn ich die entsprechende Stelle in Heidelberg hätte – die grundsätzliche Umbildung des Philosophierens an den Universitäten, d. h. in und mit den Wissenschaften wird nie durch bloßes Bücherschreiben erreicht werden. Wer das heute noch nicht merkt und im Schlendrian des heutigen Betriebes eine Scheinexistenz führt, weiß nicht, wo er steht. Und je organischer und konkreter und unauffälliger der Umsturz sich vollzieht, um so nachhaltiger und sicherer wird er sein. Dazu bedarf es einer unsichtbaren *Gemeinschaft* – das ist eigentlich schon zuviel und sieht nach »Bund« und »Kreis« und »Richtung« aus. Viel Götzendienerei muß ausgerottet werden – d. h. die verschiedenen Medizinmänner der heutigen Philosophie müssen ihr furchtbares und jämmerliches Handwerk aufgedeckt bekommen – bei Lebzeiten, damit sie nicht meinen, mit ihnen sei das Reich Gottes heute erschienen.

Sie wissen wohl, daß Husserl einen Ruf nach Berlin hat[5]; er benimmt sich schlimmer als ein Privatdozent, der das Ordinariat mit einer ewigen Seligkeit verwechselt. Was geschieht, ist in Dunst gehüllt – zunächst sieht man sich als Praeceptor Germaniae – Husserl ist gänzlich aus dem Leim gegangen – wenn er überhaupt je »drin« war – was mir in der letzten Zeit immer fraglicher geworden ist – er pendelt hin und her und sagt Trivialitäten, daß es einen erbarmen möchte. Er lebt von der Mission des »Begründers der Phänomenologie«, kein Mensch weiß, was das ist – wer ein Semester hier ist, weiß, was los ist – er beginnt zu ahnen, daß die Leute nicht mehr mitgehen – er meint natürlich, es sei zu schwer – natürlich, eine »Mathematik des Ethischen« (das Neueste!) versteht kein Mensch – auch wenn er weiter fortgeschritten ist als Heidegger, von dem er *jetzt* sagt, ja der mußte gleich selbst Vorlesungen halten und konnte die meinigen nicht besuchen, sonst wäre er weiter – *das* will heute in Berlin die Welt erlösen.

Ein solches Milieu verbraucht auch dann, wenn man sich ganz hinausstellt.

Ich wünsche mir jetzt nur noch vor dem Beginn in Marburg einige Tage mit Ihnen.

Und ich glaube, die Gelegenheiten werden sich jetzt häufiger einstellen.

Philosophieren wollen wir sokratisch.

    Mit treuem Handschlag

        Ihr
            Martin Heidegger.

Freundliche Grüße Ihrer Frau; meine Frau und die Buben sind auf der Hütte.

Die Wohnungsfrage löst sich voraussichtlich glatt.

    Ich melde mich rechtzeitig an.

17 *Martin Heidegger an Karl Jaspers*

                              Freiburg,   2. Sept. 23.

Lieber Jaspers!

Ich fahre morgen mit dem ältesten Bub an den Starnberger See, bis der Umzug fertig ist (Ende September). Von da für wenige Tage in meine Heimat und dann zu Ihnen. Ich möchte mir aus den Heidelberger Tagen auch noch einen neuen Schwung mitnehmen für Marburg. In den nächsten Wochen will ich an meiner Vorlesung arbeiten[1] – sobald ich einen genauen Termin weiß, werde ich mich rechtzeitig anmelden. Für Ihre freundlich angebotene Hilfe danke ich herzlich. Meine Reise (Wegbringen von Kindern während des Umzugs) geht auf die Umzugskosten – die Bestimmungen sind sehr liberal. Für »die Idee der Universität«[2] herzlichen Dank. Darüber mündlich.

        Herzliche Grüße von Haus zu Haus

                      Ihr Martin Heidegger.

Adresse: bei Prof. Szilasi[3]
        Feldafing *b/München*

18 *Martin Heidegger an Karl Jaspers*

                                  Freiburg, 9. Okt. 23.

Lieber Jaspers!

Leider muß ich vorläufig meinen Besuch absagen. Unser Wohnungstausch ist durch Todesfall in der Familie eines Tauschgliedes unmöglich geworden. Anfänglich wurden wir noch hingehalten bis in die vorige Woche. Inzwischen ist mein Vater[1] schwer erkrankt, so daß ich noch einige Tage nach Hause mußte. Und jetzt drängt die Zeit, daß ich mich in Marburg zeige und mir ein Zimmer suche. Wenig schön, aber fürs erste Semester vielleicht ganz gut. Ich hoffe, daß ich in den Weihnachtsferien bei Ihnen vorbeikommen kann.

Ich brauche Ihnen nicht zu sagen, wie sehr ich mich auf die Tage bei Ihnen freue. Was man zu sagen hat, kommt in Briefen immer unvollständig und »geschrieben« heraus.

Vielleicht ist aber noch besser, wenn ich noch einige neue Erfahrungen aus Marburg mitbringe, auch gerade für das, was ich mit Ihnen durchsprechen möchte.

Meine Frau bleibt mit den Buben hier und vermietet, meine Bibliothek lasse ich auch da – so werde ich mal wieder ein Mönchsdasein mit Tisch, Stuhl und Bett führen. Wenn Sie mir nach Marburg schreiben, werde ich mich *sehr* freuen und auch wohl Zeit haben zur Antwort.

Herzlichste Grüße von Haus zu Haus

Ihr

Martin Heidegger.

19 *Karl Jaspers an Martin Heidegger*

Heidelberg   4. 11. 23 [Poststempel]

Lieber Heidegger!

Ich war etwas enttäuscht, Sie nun garnicht zu sehen, es war so viel zur mündlichen Aussprache verschoben worden, das nun in dem Strom des Vergessens zum Teil verrinnt. Auf manche Sätze Ihres ersten Briefes nach Ihrer Berufung hatte ich, wegen einiger Nuancen, zu fragen – und es hätte sich alsbald eine wichtige philosophische Erörterung ergeben. Jetzt habe ich noch mehr Scheu als damals, schriftlich damit anzufangen, zumal meine Universitäts-Idee, wenn auch in Haltung und Stil noch auf dem Niveau und im Kreise meiner Weltanschauungs-Psychologie, manche Sätze enthält, die als Brief an Sie gelten können. Nun hoffe ich auf das nächste Mal. Da Sie weder schreiben, noch etwas drucken, ist der Faden zu dünn, – außer wenn Sie selbst anwesend sind und Rede und Antwort stehen können.[1] – Ein gutes Semester und fruchtbare Arbeit wünsche ich Ihnen heute – alles, was ich material zu sagen hätte, vorerst noch schweigend behandelnd.

Herzlichst Ihr Karl Jaspers

20 *Martin Heidegger an Karl Jaspers*

Marburg, 17. April 24.
Schwanallee 21.

Mein lieber Jaspers!

Scheinbar haben wir »weniger« philosophiert als bei unserem vorigen Zusammensein. Aber schon das ist verkehrt, solche Situationen zu vergleichen und noch mehr, sie abzuschätzen gar auf Gewinn und Verlust. Seit dem September 23 lebe ich mit Ihnen aus der Voraussetzung, daß Sie mein Freund sind. Das ist der alles tragende Glaube in der Liebe.

Eine geerbte Verschlossenheit und Schwerfälligkeit mag es Ihnen als dem »Du« nicht leicht machen. Aber daß Sie es können – d. h. den Glauben haben – das ausdrücklich erfahren zu dürfen, war mir das Herrlichste dieser Tage.

Ich lebe einsam – das Mitleben mit meiner Frau und den Kindern ist eine ganz andere positive Möglichkeit. Aber als Mann – der jedenfalls zu kämpfen bemüht ist, ist die Freundschaft die höchste Möglichkeit, die ein anderer schenken kann.

Mein Wort von der »Kampfgemeinschaft« schrieb ich aus meiner Einsamkeit. Mitgedacht war an die Auseinandersetzung mit der Gegenwart. Aber gerade seit jenen Tagen bin ich mehr und mehr »unpolemischer« geworden; nicht im Sinn eines Geltenlassens, sondern aus dem wachsenden Verständnis, daß die recht geführte positive Arbeit das Entscheidende macht. Und das haben Sie in mir geweckt.

Die letzten ›Heidelberger Tage‹ danke ich Ihnen ganz besonders – ich habe sie mitgenommen in meine Studierstube, und sie werden mitgehen im Semester.

Wollen Sie mir Ihren Kantvortrag[1] nach der Feier schicken? Sie bekommen ihn gleich wieder zurück. Ihre »Universitätsidee« hab' ich noch einmal gelesen. Irgendwann muß ich mich

dazu »solidarisch« äußern. Aber ich bin noch nicht weit genug.
Ihrer Frau danke ich herzlich für die *verständnisvolle* Gastlichkeit.

    Mit treuem Handschlag und Gruß

           Ihr Martin Heidegger.

Die richtige Summe hab ich noch aufgetrieben.

21   *Martin Heidegger an Karl Jaspers*

           Marburg,   2. Mai 24.

Lieber Jaspers!

Herzlichen Dank für Ihren Brief.[1] In Eile nur zwei Sachen.
Mein Vater hat einen Schlaganfall bekommen und wird vermutlich nicht mehr lange leben.
Ich möchte mich für den Fall, daß ich auf der Rückreise von Meßkirch in einem Tag nicht durchkomme, mich bei Ihnen zum Übernachten anmelden. Liegesofa in Ihrem Zimmer genügt für den Notfall.
Dann: Marseille[2], der Freund von Löwith, bittet mich zu fragen, ob Sie geneigt wären, die Handschrift seiner (kranken) Mutter einmal zu prüfen. Er ist sehr in Sorge um sie und hat zu Ihnen großes Vertrauen. Vielleicht geben Sie mir bald Nachricht.

    Herzlichen Gruß

        Ihr

           Martin Heidegger.

Ihrer Frau einen herzlichen[3] Gruß.

22 *Martin Heidegger an Karl Jaspers*

Marburg a./L.,   18. VI. 24.

Lieber Jaspers!

Gestern kam ein bei mir schon längere Zeit arbeitender Japaner zu mir und fragte – offiziell beauftragt – ob ich geneigt wäre, für 3 Jahre nach Japan zu gehen.

Es ist in Tokio vom japanischen Adel und der Hochfinanz ein Institut gegründet für das Studium der europäischen Kultur mit besonderer Berücksichtigung der Geisteswissenschaften. Aufgabe: Wöchentlich *ein* Vortrag beziehungsweise Seminar: Mitarbeit an einer Vierteljahresschrift. Das Institut ist von der Regierung unterstützt und will zugleich auf europäische Verständigung hinarbeiten. Die Regierung wird zugleich das Recht zu Vorlesungen an der Universität in Tokio erteilen, wo zur Zeit Geschichte der Philosophie unbesetzt ist.

Jahresgehalt 10 000 Yen (17 000 Mark). Freie Überfahrt mit Familie. Wenn ich mich überhaupt entschließen sollte zu gehen, dann nur nach gründlicher Erkundigung und nachdem ich meinen Aristoteles heraus habe. Die Vorteile wären: Erweiterung des Horizontes, Möglichkeit ungestörten Arbeitens, Geld zum Hausbau nach der Rückkehr. Trotzdem bin ich nicht sicher, ob ich so eine Exkursion brauche und ich sie mir zumuten soll.

Mit der Bewerkstelligung des Ganzen hätte ich freilich nichts zu tun. Meine Frau hätte das größte Vergnügen: dementsprechende Lust zu dem Unternehmen.

1. Haben Sie einen Rat für mich?
2. Wenn ich nicht gehen sollte, dürfte ich *Sie* in Vorschlag bringen? Der betreffende Herr hat die Sache gewissermaßen in der Hand.

Wie steht ein solcher Fall bezüglich der amtlichen Verpflichtungen? Gibt es überhaupt solange Urlaub? Wie liegt die Sache bei Lederer?[1]

Wen würden Sie vorschlagen?

Hier studiert ein Herr Heiß[2] bei mir. Kennen Sie ihn näher? Draußen ist's herrlich, an der Universität nichts los, verschlafen, mäßigster Durchschnitt, keine Aufregung, kein Stimulus. Der einzige Mensch: der Theologe Bultmann[3], mit dem ich jede Woche zusammenkomme. Gar nicht muffig.

Es ist zu dumm, daß wir nicht an derselben Universität sind. Hier merkt man sicher noch mehr wie anderswo, daß man mit lauter Professoren zusammen lebt.

Herzlichen Gruß von Haus zu Haus

Ihr

Heidegger.

23 *Martin Heidegger an Karl Jaspers*

Marburg,   19. V. 25.
Schwanallee 21.

Lieber Jaspers!

Herzlichen Dank für Ihren Brief.[1] Ich wäre sicher überrascht gewesen über Ihr »Unternehmen«[2] – und bin auch jetzt noch überrascht, daß Sie das machten. Freilich sind die »technischen« Gründe sehr wesentlich. Bei Ihrer Art, die Dinge so zu nehmen, wie sie sind, fallen sie also stark ins Gewicht. Die Erleichterung ist zugleich aber doch eine Verlockung, und die Dissertationen werden sich mehren. Ich trachte danach, daß sie abnehmen und in anderen, einzelwissenschaftlichen Gebieten gemacht werden.

Aber ich sehe jetzt erst, wo ich das Vergnügen habe, mich von der Verbonzung frei zu halten, wie man ständig mit Kompromissen arbeitet. Was ich in Staatsexamensprüfungen erlebte, ist grauenhaft. Nicht die Unkenntnis der Kandidaten ist das Betrübliche, sondern daß *wir* gezwungen sind, solches Zeug zu fragen.

Wo ich es kann, mache ich allerdings meine Arbeit, wie ich sie für gut finde. In diesem Sommer lese ich von 7-8 früh Geschichte des Zeitbegriffes[3] vierstündig und habe 120 Leute in der Vorlesung. Ich habe hier guten Boden und festen Fuß gefaßt. Freilich ist eine einheitliche Lehrtätigkeit auf dem Niveau gleichmäßiger Anforderungen nicht möglich. Die Philosophie, die Jaensch[4] macht, ist selbst für Volksschullehrer noch zu primitiv. Und was jetzt für Hartmann[5], der nach Köln *bestimmt* annimmt, kommt, ist fraglich.

Ohne zu wissen, ob Sie überhaupt von Heidelberg weggingen, habe ich mit Jaensch über die Möglichkeit, Sie zu berufen, gesprochen. (Würden Sie denn überhaupt kommen?)

Er hat aber gleich negativ reagiert, mit der Bemerkung: Das wäre vor allem eine Doppelbesetzung seines engeren Faches – zu deutsch, er fürchtet die Konkurrenz.

Überhaupt diese Aufregung unter den Herren! Hartmann und Jaensch wollen, daß ich nachrücke – ob das möglich ist, weiß ich nicht. Jedenfalls ist es mir gleichgültig – ja sogar lieber, wenn ich der weniger offizielle Ordinarius bin und meinen Sachen nachgehen kann. Nur das eine wünsche ich, daß der Beste kommt. Aber ich weiß sonst keinen. Cassirer[6] – hat hier keine Aussicht. Sonst sind ernsthafte Kandidaten Herren wie Max Wundt[7], Bauch[8], Scholz[9]! Hartmann ist gegen alle drei. Aber ich will Sie nicht mit solchem Zeug hinhalten. Nur noch die Bemerkung, daß Ihr Kollege Hoffmann[10] auf der Berliner Tagung der Freunde des Gymnasiums – von allen den kläglichsten Eindruck machte und man sich allgemein fragte, wie so ein Mensch auf einen philosophischen Lehrstuhl komme.

So zufrieden ich mit meiner Arbeit hier bin, so wenig fühle ich mich zu Hause. Meine hartnäckigsten und durch die Dauer der Schülerschaft allmählich borniert gewordenen Schüler schmelzen zusammen, und ich finde jüngere Menschen.

Nebel[11] wollte nach Kiel ins Bergmannhaus. Ich wurde über ihn gefragt – konnte ihn aber nicht so empfehlen, daß er genommen wurde. Er ist gescheit, die Selbständigkeit gering – fleißig – aber unzuverlässig und unecht. Daß er – wo er dort fremd ist – mich in einem extremen Maße spielt, kann ich mir schon denken. Man muß ihm gehörig auf die Finger sehen.

Wenn Sie mir einen Rat wissen bezüglich der Besetzung, bin ich Ihnen sehr dankbar.

Vor allem, schreiben Sie mir bitte, wann Sie während der Herbstferien zu Hause sind. Vielleicht könnte ich im Oktober auf der Rückfahrt von der Hütte zu Ihnen kommen.

Meiner Frau und den Buben geht es sehr gut.

Herzliche Grüße

Ihr

getreuer

Martin Heidegger.

24 *Karl Jaspers an Martin Heidegger*

Heidelberg   21. Juni 1925

Lieber Heidegger!

Ich danke Ihnen herzlich für Ihren Brief, auf den ich eine lange Antwort im Kopfe habe; aber ich komme nicht zum Schreiben, weil ich noch Mißverstehen fürchte, und freue mich um so mehr auf Ihren Besuch im Oktober. Von Mitte September an wollen wir wieder in Heidelberg sein. Ich bin Ihnen dankbar, wenn Sie uns möglichst frühzeitig mitteilen, wann wir Sie erwarten dürfen. Und, *bitte*, machen Sie den Aufenthalt nicht zu kurz!

Antworten wollte ich Ihnen zunächst wegen Ihrer Bemerkungen zu meiner Publikation von Doktorarbeiten, zumal, daß ich geneigt bin, die Dinge zu nehmen, wie sie sind. Da gehört sich sogleich ein Philosophieren. – Und dann wegen Ihrer Anfrage, ob ich überhaupt nach Marburg kommen würde. Diese Frage kann ich leider nur beantworten mit Nein. Ich habe es mir noch mal überlegt. Sie wissen, wie viel mir daran liegen würde, mit Ihnen an einem Ort zu sein. Aber ich kann nicht in Marburg leben. Daß ich aus praktischen Gründen gern einen Ruf hätte (um Gehalt, resp. Witwenpension zu erhöhen und um ein Semester Urlaub zu bekommen), kann Sie nicht veranlassen, meine Antwort zu ignorieren. Sie würden es Ihrer Fakultät und Regierung gegenüber nicht *dürfen*.

Nun fragen Sie, *wen* Sie berufen sollen. Falls Sie das Ordinariat bekommen, würde ich vor allem *Frank*[1] vorschlagen, Sie kennen meine Bedenken, aber Sie wissen selbst ihn zu schätzen, und *relativ* steht er mir turmhoch. Ebbinghaus[2] muß erst etwas vorlegen, Frank hat ihn *bisher* doch ohne Zweifel übertroffen. Der kleine Kantaufsatz[3] von Ebbinghaus reicht m. E. zu einem Ruf nicht aus. Falls Sie das Ordinariat nicht bekommen, ist die Lage schwieriger. Cassirer ist wohl ohne Frage der Beste. Er langweilt mich zwar, aber ist lehrreich und vor allem: Er hat eine noble Weise zu schreiben, ohne die Gehässigkeit und geheime Polemik der Philosophieprofessoren. Das zeigt, daß er auch menschlich etwas Anständiges sein muß. Was ich in der Philosophie suche, finde ich bei ihm nicht, aber wo finden wir es?

Ihr Aufrücken in Marburg können Sie sich m. E. gefallen lassen, wenn es ohne Ihr geringstes Zutun geschieht. An sich ist der Vorgang natürlich gegen die Universitätsidee, wäre in Heidelberg nicht möglich (bei einem Ruf von auswärts liegt die Lage anders), ist aus den typischen Gedanken der Kollegen abzuleiten: Ihre gefährliche Konkurrenz ist doch einmal da, die Konkurrenz soll nicht vermehrt werden. Ich wünsche für Sie das Aufrücken, da es *mir* natürlich objektiv gerechtfertigt scheint, in diesem ungewöhnlichen Fall. Wäre ich in der Marburger Fakultät, würde ich dagegen sein müssen, aus Prinzip. Hier habe ich Erfahrungen von Fällen, die glücklich abgeschlagen sind. –

Ich bin wirklich voll Freude, Sie im Oktober zu sprechen, sehne mich schon lange danach. Wenn ich mit Ihnen aus den Alltagserlebnissen und den Erfahrungen heraus philosophieren könnte, die ich hier wesentlich mit meiner Frau und Marianne Weber[4] umzusetzen suche! Schließlich haben wir doch keine andere Verifikation als unser Auffassen und Wollen und Tun in wirklichen Situationen; ob die »bedeutend« sind oder »nebensächlich«, das tut nichts zur Sache. Im Wirklichen ist alles wichtig. Und ich bin sehr unzufrieden, unruhig, dabei meistens mit einiger Scheu »des rechten Weges mir bewußt«[5] – aber nicht immer. Doch ich fange an zu schreiben, was sich nur konkret sagen und in Widerrede herausbringen oder vergraben läßt.

Auf Wiedersehen!   Herzlichst

Ihr Karl Jaspers

25 *Martin Heidegger an Karl Jaspers*

24. VII. 25.

L. J.

Ich danke Ihnen herzlich für Ihren Brief, aus dem ich gelernt habe.

Ich melde jetzt nur kurz, daß ich in der 1. Hälfte des Oktober auf eine Woche kommen möchte. Die Zeit kann ich noch nicht genau angeben, da ich zuvor noch in meine Heimat fahre, wofür der Termin noch nicht feststeht. Ich werde mich im Verlauf des September anmelden.

Ich fahre am 1. VIII. auf die Hütte – und freue mich sehr auf die starke Luft der Berge – dieses weiche leichte Zeug hier unten ruiniert einen auf die Dauer. Acht Tage Holzarbeit – dann wieder Schreiben.

Alles andere mündlich.

Meine Frau ist mit den Buben schon weggefahren.
   Herzlich

       Ihr getreuer

           Martin Heidegger.

Grüßen Sie bitte ebenso Ihre Frau.

26 *Martin Heidegger an Karl Jaspers*

           Todtnauberg, 23. Sept. 25.
           badischer Schwarzwald

Lieber Jaspers!

Meine Ferienpläne werden dadurch verschoben, daß ich am 15. Oktober noch in Meßkirch sein muß zur Hochzeit meines Bruders.[1]

Da ich erst am 2. November die Vorlesung beginne, habe ich noch Zeit, zumal mich außer der Semesterarbeit nichts nach Marburg zieht.

Die Frage ist, ob Sie mich nach dem 16. Oktober noch brauchen können. Wenn nicht, dann müßten wir unser Zusammensein auf Weihnachten oder Frühjahr verschieben.

Hier oben ist es herrlich – am liebsten bliebe ich gleich bis zum Frühjahr hier oben bei der Arbeit. Nach der Gesellschaft der Professoren habe ich kein Verlangen. Die Bauern sind viel angenehmer und sogar interessanter.

Ich bleibe bis zum 8. Oktober hier auf der Hütte.[2] Meine

Frau und die Buben noch länger. Schreiben Sie mir doch noch hierher Ihre Vorschläge.

Auf alle Fälle möchte ich Ihnen und Ihrer Frau guten Tag sagen und vom 17.–18. bleiben – falls Sie nicht schon Besuch haben.

 Mit herzlichen Grüßen
   von Haus zu Haus

      Ihr getreuer

         Martin Heidegger.

27 *Martin Heidegger an Karl Jaspers*

         Hütte, 2. Okt. 25.

Lieber Jaspers!

Ich freue mich, daß Sie nach dem 15. noch Zeit für mich haben.[1]

Ich komme am 17. Oktober. Den Zug kann ich nicht genau angeben.

Mit herzlichem Gruß

    Ihr

    Martin Heidegger.

Grüßen Sie, bitte, Afra[2] schön von mir.

28 *Martin Heidegger an Karl Jaspers*

Marburg, 30. Nov. 25.

Lieber Jaspers!

Ich danke Ihnen herzlich für die schönen Heidelberger Tage. Ich habe so viel gehört, daß ich nicht so bald damit fertig sein werde.

Heute schreibe ich nur ganz kurz. Die ganze Familie ist krank – meine Frau liegt mit sehr hohem Fieber – und dazu ohne Mädchen.

Das Manuskript hat sich gefunden. Der Kurator teilte mir mit, daß er auf rasche Berufung gedrängt habe – Richter wolle aber mich *zuvor* nach Berlin zitieren. Was das heißen soll, verstehe ich nicht. Ich fürchte fast, Richter will sich vorher orientieren, was ich bei einer evtl. weiteren Berufung vorhabe.

Der Kurator gab mir zu verstehen, daß sich leider in Berlin allerhand Machenschaften breit machten.

Ich lasse die Dinge in Ruhe an mich herankommen. Von Hartmann und unseren klassischen Philologen[1] wird Frank sehr günstig beurteilt.

Ihrer Frau danke ich für die herzliche Aufnahme.

Wenn ich wieder in Ruhe bin, schreibe ich mehr.

Meine Frau hat mir zum Geburtstag eine neue Aufnahme der Buben geschenkt. Sie bekommen einen Abzug davon.

Herzlich grüßt Sie und Ihre Frau

Ihr
Martin Heidegger.

Meine Frau läßt ebenso grüßen.

29 *Martin Heidegger an Karl Jaspers*

Marburg, 10. 12. 25.

Lieber Jaspers!

Ich danke Ihnen nochmals für Ihren Brief[1], der mir in jenen Tagen eine große Freude war.

Hoffentlich ist bei Ihnen das Kolleg[2] so im Schwung, daß Sie nicht zur »Religionspsychologie« flüchten müssen. Mir machen die Hegel- und Kant-Übungen ungewöhnlich viel Freude[3], und ich bin froh, daß ich jetzt erst an diese Sachen komme, wo relativ mindestens die Möglichkeit da ist, etwas zu verstehen.

Der »Hegel« ging Ihnen vielleicht etwas zu langsam – wir sind beim »Werden«. Und hier ist m. E. ein großer Haken. Zunächst verstehe ich ganz und gar nicht, inwiefern Sein und Nicht[s] – *im Hegelschen Sinne* – *verschieden* sein sollen. Dagegen sehr wohl – was Hegel als das eigentlich Paradoxe ausgibt, daß Sein und Nichts identisch sind. Denn Hegel bestimmt ja – ein merkwürdiger Anfang! das Sein völlig *negativ* – das *un*bestimmte *Un*mittelbare. Daß diese Nichtigkeit das Nicht bzw. Nichtheit ist – ist in der Tat eine Tautologie. Wie von da überhaupt etwas »werden« soll, wo dazu die These der Unterschiedenheit von Sein und Nichts völlig dunkel ist – verstehe ich nicht. Und ich denke jedesmal, wir müßten solche Übungen *zusammen* halten. Da ich die Übungen protokollieren lasse, können Sie im Frühjahr ungefähr sehen, was wir verbrechen. Ich habe einige Hegelianer in den Übungen, von denen ich leider gar keine Auskunft bekomme – sie sind so verhegelt, daß sie selbst nicht wissen, wo ihnen der Kopf steht – weil sie völlig substanzlos verhegelt sind – das Schönste aber, ich fange an, *Kant wirklich zu lieben*.

Jetzt komme ich noch mit einer Bitte. Ich erzählte Ihnen – so wie ich eben »erzählen« kann, von der Akademischen Vereinigung hier – die mit den früheren Freischaren verwandt ist und deren wissenschaftliche Abende ich etwas betreue. Ich habe ihnen vorgeschlagen, Ihre »Idee der Universität« zu lesen. Wir brauchen 12 Exemplare. Ich möchte Sie fragen, ob Sie bei Ihrem Verleger die Bücher zum Autorenpreis bekommen für solche Zwecke. Ich glaube, einmal gehört zu haben, daß die Verleger nicht mehr auf solche Vergünstigungen eingehen. Wenn eine solche möglich ist, dann wünschte ich zugleich eine solche für 1 Exemplar Ihrer Psychologie der Weltanschauungen, die die Akademische Vereinigung für ihre Bibliothek anschaffen möchte.

Berlin zuckt nicht. Vielleicht komme ich in den Weihnachtsferien auf einen Sprung zu Ihnen. Meine Frau ist noch nicht recht erholt. Wir fahren daher auf die Hütte in die Sonne.

Herzlich grüßt Sie in Treue

Ihr

Martin Heidegger.

30 *Martin Heidegger an Karl Jaspers*

Marburg, 16. Dez. 25.

Lieber Jaspers!

Ich danke Ihnen herzlich für Ihren Brief[1] und die Erledigung der Preisfrage Ihrer Bücher. Springer hat umgehend geantwortet und 20% Nachlaß gewährt. Die Bücher werden wohl jeden Tag eintreffen. Ihre Bemerkungen waren mir besonders erleuchtend, insofern ich nun versuchte, vom Werden her zu verstehen. Und eigentlich ist das Werden das erste Gedachte – sofern es wirklich gedacht ist nur in der Aufgehobenheit der Unterschiedenen – so daß Hegel, um im wirklichen Denken zu beginnen, mit dem Werden anfängt – das sich in sich selbst expliziert, und so kommt dann Sein zugleich als Bedingung der Möglichkeit des Anfangs des dialektischen Denkens an den Anfang und muß zugleich Anfang sein, weil es die leerste Bestimmung des »Endes« im Sinne des Absoluten ist.

Ich »verstehe« vom Werden her, daß darin aufgehoben liegen Sein und Nichts. Diese kann man formal im Werden finden – aber *das bedeutet doch nicht das Umgekehrte: daß Sein und Nichts das Werden konstituieren.* Aristoteles hat m. E. mit Recht schon gegen Plato geltend gemacht, daß von der ἑτερότης her, ὄν und μὴ ὄν, noch keine Bewegung gegeben und nicht begriffen ist.

Hier komme ich nicht weiter, und das »Loch«, das hier im dialektischen Gang liegt, ist das fundamentalste – denn es [ist] mir der Beweis – daß Hegel von Anfang an Leben – Existenz – Prozeß und dergleichen kategorial verfehlt hat. D. h. er sah nicht, daß der überlieferte Kategorienbestand der Ding- und Weltlogik grundsätzlich nicht zureicht – und daß radikaler gefragt werden muß nicht nur nach Werden und Bewegung, Geschehen und *Geschichte* – sondern nach dem Sein selbst.

Es ist doch völlig dunkel, ob das Sein – das Hegel das »Abstrakte« nennt – abstrakt ist im Sinne der obersten Gattung überhaupt – was nach Aristoteles grundsätzlich unmöglich ist –, oder ob es das formale Gegenständliche etwas ist. Im letzteren Falle ist unbegreiflich, wie dieses formale Sein sich bestimmen soll zu den konkreten Kategorien.

Mir scheint – es ist weder Gattung noch formal Allgemeines – sondern etwas, wofür Hegel selbst keine Möglichkeit der Charakteristik hat und wonach er auch nicht fragt.

Ich bin dankbar dafür, daß mich das Schicksal davor bewahrte, mir Kant und Hegel durch irgend eine der jetzt käuflichen Brillen zu verderben.

Ich glaube, den Weltgeist in der Nähe dieser beiden zu spüren. –

Zu Weihnachten schicken wir Ihnen und Ihrer Frau unsere beiden Buben.[2] Am 20. (Sonntag) fahren wir hier ½ 8 mit dem

Schnellzug los und sind gegen 3 Uhr in Freiburg. Da wir auf gemeinsamen Fahrschein fahren – auch zurück –, kann ich leider nicht in Heidelberg aussteigen. Und der Aufenthalt in Heidelberg ist zu kurz, als daß ich Sie an die Bahn bitten dürfte. So muß es leider März werden.

Herzlich grüßt Sie und wünscht Ihnen mit Ihrer Frau
ein frohes Fest

Ihr Martin Heidegger.

Meine Frau läßt Sie beide herzlich grüßen.

31 *Martin Heidegger an Karl Jaspers*

Marburg a./L.,   17. II. 26.

Lieber Jaspers!

Herzlichen Dank für Ihren Brief.[1] In den letzten Tagen war ich immer schon auf dem Sprung, Ihnen zu schreiben. Ihrem Schüler werde ich eine Zeit vor meiner Abreise angeben für die Besprechung. Ich freue mich, daß der »Austausch« flüssiger wird.

Herr Nebel scheint allerdings bei Hoffmann gelandet zu sein. Es ist dort billiger, mit fremdem Gut den großen Mann zu spielen. Wenn dabei noch etwas Ordentliches abfällt, ist es ja auch gut.

Dann komme ich mit einer Bitte. Löwith will eine Eingabe an die Notgemeinschaft[2] machen. Ich kenne nun überhaupt keinen von den großen Herren, und mich kennt erst recht keiner von jenen. Soviel ich weiß, ist H. Maier[3] Referent für Philosophie. Und es wäre gut, wenn irgendwie vorgearbeitet wäre. Von Phänomenologie ist zwar in der Eingabe nicht die Rede, aber sie könnte doch indirekt über meine Person bei Maier abschreckend wirken. Kennen Sie ihn so aus der Heidelberger Zeit, daß Sie ihm schreiben könnten – und halten Sie einen solchen Weg überhaupt für gangbar? Hier läuft seit 2 Jahren ein Schüler von Kroner herum, der angeblich über Hegel arbeitet und seit dieser Zeit ein Stipendium bezieht. In meinem Seminar machte er einen geradezu kläglichen Eindruck.

Löwith ist seit Italien sehr viel ruhiger und sicherer geworden, und ich glaube, daß etwas aus ihm wird in gewissen Grenzen. Und als Neuigkeit: Vor einigen Tagen hat die Regierung die Liste zurückgeschickt mit dem Vermerk, daß ich der Bedeutung des Lehrstuhles nicht entspreche, und daß sie um weitere Vorschläge bitte. Die Fakultät will auf ihrem Vorschlag beharren – praktisch wird sich nichts ändern – mir ist das Ganze gleichgültig. Das Einzige ist – daß wir jetzt nicht etwas ganz Mittelmäßiges bekommen; und man spricht davon, daß die Regierung einen ganz bestimmten Kandidaten habe.

Seitdem Windelband[4] Referent ist, war für mich von vornherein nichts anderes zu erwarten. Ich bin jetzt natürlich in der Kommission. Wir fahren Anfang März in den Schwarzwald und wollen die ganzen Ferien bleiben. Ich werde also erst im April bei Ihnen vorbeikommen. Wie lange, das hängt von meiner Arbeit ab. Ich fühle mich ausgezeichnet in Schwung und habe diesen Winter ohne jede Erschöpfung durchgehalten, und ich möchte den Schwung des Semesters in die Ferien hinüberleiten.

In Hegels Logik bin ich nicht über das Werden beziehungsweise die zweite Triade hinausgekommen. Ich werde im Frühjahr das Protokollbuch mitbringen.

   Herzlichste Grüße, auch von meiner Frau,
    von Ihrem

   Martin Heidegger.

32 Martin Heidegger an Karl Jaspers

Todtnauberg, 24. IV. 26.
[»gestempelt 26/4« = Zusatz von Jaspers]

Lieber Jaspers!

Wie Sie sehen, sitzen wir noch hier oben. Ich habe am 1. April den Druck meiner Abhandlung »Sein und Zeit«[1] begonnen. Sie umfaßt ca. 34 Bogen. Ich bin richtig im Zug und ärgere mich lediglich über das kommende Semester und die spießige Luft, die einen jetzt wieder umgibt.

Die Fakultät will mich wieder vorschlagen und die bereits gedruckten Bogen beilegen. Die ganze Geschichte ist verfahren und mir gänzlich gleichgültig.

Daß Otto[2] gegen mich intrigierte, steht fest. Daß Maier oder Jaeger[3] meinen Aristoteles ungünstig beurteilten, ist deshalb unmöglich, weil ich nie einem Menschen das Manuskript in die Hand gegeben habe. Daß dieses Gerücht gerade in Heidelberg kursiert, wird seine Gründe haben. Das ist wohl ein Ablenkungsmanöver, das von Scheffelstr. 4[4] ausgeht.

Das Schmerzlichste ist, daß ich diesmal in Heidelberg durchfahren muß. Ich kann nicht meinen ganzen Apparat mitschleppen – und vor allem: Ich wäre doch ziemlich unbrauchbar, weil zu einseitig konzentriert und nicht offen genug.

Für das Schellingbändchen[5] muß ich Ihnen heute noch einmal ausdrücklich danken. Schelling wagt sich philosophisch viel weiter vor als Hegel, wenn er auch begrifflich unordentlicher ist. Die Abhandlung über die Freiheit[6] habe ich nur angelesen. Sie ist mir zu wertvoll, als daß ich sie in einem rohen Lesen erstmals kennenlernen möchte.

Nun muß es doch Herbst werden, bis wir uns wieder sehen – außer Sie melden sich mit Ihrer Frau bei uns vorher in Marburg an.

Die Buben haben beide auf der Hütte Scharlach überstanden.

Es ist schon tiefe Nacht – der Sturm fegt über die Höhen, in der Hütte knarren die Balken, das Leben liegt rein, einfach und groß vor der Seele.

Oft wünsche ich, daß Sie in solchen Stunden hier oben sein könnten. Zuweilen begreife ich nicht mehr, daß man da unten so merkwürdige Rollen spielen kann.

Ihnen und Ihrer Frau
herzliche Grüße
Ihr
Martin Heidegger.

Meine Frau läßt herzlich grüßen.

Wir fahren am 30. April zurück.

33 *Martin Heidegger an Karl Jaspers*

Marburg, 24. V. 26

Lieber Jaspers!

Ich habe Ihnen vor ungefähr 14 Tagen geschrieben über einen Fall einer Schülerin von mir, die krank geworden, und um praktische Auskunft in einigen Fragen gebeten. Da ich bis heute keine Nachricht habe und weiß, daß Sie in solchen Fällen umgehend antworten, nehme ich an, daß der Brief nicht ankam.[1]

Eine Freundin der Kranken und gleichfalls Schülerin von mir möchte Sie nun gern persönlich um Rat fragen. Sie kann Ihnen auch besser darüber Bescheid geben, was Sie zur Beurteilung des ganzen Falles wissen müssen.

Ich weiß, daß ich mit der Bitte, durch Rat zu helfen und Frl. Weiß[2] zu einer Besprechung anzunehmen, viel von Ihnen verlange, zumal Sie doch von aller Praxis sich zurückgezogen haben, und dergleichen Fälle Ihnen persönlich immer Kraft kosten.

Aber Sie werden mir die Bitte nicht abschlagen, wenn ich Ihnen sage, daß es wertvolle Menschen sind, die es verdienen.

Ob freilich bei der Lage der Dinge überhaupt noch zu helfen ist und ob nicht die Krankheit ihren sicheren Gang nimmt, wage ich nicht zu entscheiden. –

Mit Kristeller[3] bin ich bisher sehr zufrieden; er scheint mir ein sehr labiler Mensch zu sein. Seit wir ihn gebeten haben, auf unserem Flügel zu spielen – er spielt ausgezeichnet und »begleitet« mich bei meiner Arbeit –, ist er schon mehr aus sich herausgegangen. Was er kann, übersehe ich noch nicht. –

Ich bin weiter im guten Zuge und spüre vor Aufregung auch keine Müdigkeit. Heute habe ich zum Pfingstfest der Akademischen Vereinigung, die im Wintersemester Ihre Universitätsidee las, einen Vortrag gehalten: Vom Wesen der Wahrheit.[4]

Hoffentlich kommt nach der Anstrengung dieser Monate nicht das dicke Ende nach. Aber mit etwas muß man ja doch bezahlen.

Ich schrieb Ihnen in meinem vorigen Brief, wie sehr mich Ihre Worte gefreut und angefeuert haben. Ich rechne auf Wenige, die es studieren; in den eigentlichen Intentionen werden nur Sie verstehen, was ich will. Im Ganzen ist es für mich eine Übergangsarbeit. Daraus, daß Husserl das Ganze befremdend findet und es in der üblichen Phänomenologie »nicht mehr unterbringt«, schließe ich, daß ich de facto schon weiter weg bin, als ich selbst glaube und sehe. –

Die neueste Version: Man spricht hier von Ernst Hoffmann als Kandidat für die freie Stelle.

Es ist noch nichts weiter geschehen.

Falls Sie für Frl. Weiß etwas Zeit haben, ist die Beantwortung dieses Briefes schon geschehen. Ich möchte die Ferientage, die Sie mit Ihren Angehörigen verleben, nicht noch mehr stören.

Meiner Frau und den Buben geht es gut.

Herzlichst grüße ich Sie.

Ihr getreuer

Martin Heidegger.

Ihrer Frau einen herzlichen Gruß.

P.S. Falls Ihnen der Besuch heute ganz ungelegen kommt, kann Frl. Weiß auch noch einen Tag bleiben.

34 *Martin Heidegger an Karl Jaspers*

Marburg, 31. VII. 26

Lieber Jaspers!

Herzlichen Dank für Ihren Brief.[1] Ich habe mit der Antwort bis heute gewartet, da ich gestern eine Unterredung mit Kristeller[2] hatte.

Zunächst mein Eindruck aus dem ganzen Semester: Er hat zweifellos einen philosophischen Instinkt. Aber damit allein ist nicht auszukommen. Es fehlt ihm ein Doppeltes: einmal konkrete, aus eindringlicher Interpretation erwachsene philosophische Kenntnisse (das gilt auch bezüglich des deutschen Idealismus), sodann die Sicherheit der konkreten Untersuchung eines Sachproblemes. Er denkt in einem Rahmenbau, konstruiert und komponiert musikalisch. Die Hauptsache ist ihm, wenn die Idee nicht »falsch« ist und wenn das Gebäude immanent gut verklammert ist. Ich habe ihm das gelegentlich eines Referats über Hegel gesagt. Dieses hatte alle Vorzüge philosophischen Ahnens und der geschlossenen Darstellung, bewegte sich aber doch in zu vagen Allgemeinheiten. Ich habe ihm gestern dringend abgeraten von einer rein systematischen Arbeit. Ich zweifle auch nicht, daß er Fähigkeiten und Kraft hat, sich hinter wirkliche Arbeit zu setzen. Ob er sich in meine Art zu arbeiten jetzt hineinfinden wird, möchte ich fast bezweifeln. Trotzdem glaube ich, daß bei straffer Führung etwas Wertvolles herauskommt. Ob er sich für Sie oder mich entscheidet, in jedem Falle, glaube ich, lohnt die Arbeit an ihm. –

Mein Druck[3] ist bis Ende Juni gut fortgeschritten. Dann wuchs mir die Semesterarbeit über den Kopf, da ich den ganzen Examenskram an mir hängen habe. Anfang Juni hat die Fakultät den 1. Teil meiner Arbeit in Reindruck in zwei Exemplaren dem Ministerium eingereicht und noch einmal betont, daß sie an ihrem Vorschlag festhalte. Praktisch wird es ohne Erfolg sein. Die undurchsichtige Taktik von Becker[4] hat für mich nur den Nachteil, daß ich jetzt schon im dritten Semester den ganzen Lehrbetrieb zu bewältigen habe und meine Kräfte verschleudere.

Wir kommen nun endlich aus unserer ungesunden Wohnung heraus. Nächste Woche ist Umzug. Ich fahre für 8 Tage nach dem Engadin[5], wohin mich Husserl eingeladen hat. Dann auf die Hütte, wo ich den Druck zu Ende bringe. Am Schluß der Ferien hoffe ich dann zu Ihnen zu kommen. Ich wünsche Ihnen eine recht gute Erholung in den Ferien und eine schöne Arbeitszeit.

   Herzlichst grüßt Sie

      Ihr

       Martin Heidegger.

Herzlichen Gruß Ihrer Frau.

35 *Martin Heidegger an Karl Jaspers*

Todtnauberg, 4. Okt. 26.
bad. Schwarzw.

Lieber Jaspers!

Es wird mir sehr schwer, Ihnen zu sagen, daß ich nicht kommen kann. Ich hatte Mitte des Sommersemesters den Druck sistiert und kam, als ich nach ganz kurzer Erholung wieder an die Arbeit ging, ins Umschreiben. Die Arbeit ist umfangreicher geworden, als ich dachte, so daß ich jetzt teilen muß auf je ungefähr 25 Bogen. Den Rest für den ersten Band muß ich bis 1. November abliefern. So ist jeder Tag für mich kostbar. Ich mußte schon meiner Mutter in Meßkirch, die ich in diesen Tagen von Heidelberg besuchen wollte, abschreiben.

Nun hoffe ich auf Weihnachten. Es ist nicht wahrscheinlich, daß wir diesmal auf die Hütte fahren.

Bis dahin wird der Band ausgedruckt sein. Ich wünsche, daß Sie die Abhandlung in einem äußerlich angenehmen Zustand lesen; wenn sie im Reindruck vorliegt, schicke ich sie umgehend. Daß ich mich auf die Tage mit Ihnen gefreut habe und noch freue, brauche ich nicht weitläufig zu sagen. Ich habe das sichere Gefühl, daß wir uns diesmal so gründlich aussprechen wie noch nie zuvor, und daß wir uns noch näher kommen.

Es vergeht kein Tag, wo ich nicht an Sie und Ihre Arbeit denke und dankbar bin, daß wir uns fanden.

Um so schmerzlicher ist es mir jetzt, daß ich nicht kommen kann, wo ich nun weiß, daß Sie einen schweren Sommer[1] hatten. Ich wünsche sehr, daß Sie frei werden von dieser Last für Ihre bevorstehende Arbeit.

Hier oben hatten wir die herrlichsten Wochen, fast keinen einzigen schlechten Tag. Ich bin zwar weniger als sonst hinausgekommen, aber die Holzarbeit, die Bauern, mit denen ich mich sehr angefreundet habe, und die freie Höhenluft halten frisch. Meine Frau war diesmal wieder 4 der schönsten Wochen an die Hütte gebunden, unsere Buben bekamen nacheinander die Masern. Jetzt springen und toben sie wieder.

In Marburg sind wir am Semesterende in eine viel gesündere und schönere Wohnung umgezogen (Barfüßertor 15), was mir den Aufenthalt in dem nebligen Nest auch wesentlich erleichtert.

Herr Kristeller hat sich zu Hoffmann geschlagen. Ich dachte, er würde sich etwas anderes zumuten.

Schreiben Sie mir doch bitte bald, ob es Ihnen und Ihrer Frau überhaupt gelegen ist, wenn ich nach den Weihnachtstagen käme. Meine Frau plant, dann mit den Kindern nach Wiesbaden zu ihren Eltern zu fahren.

Herzliche Grüße von Hütte zu Haus

Ihr

Martin Heidegger.

36 *Karl Jaspers an Martin Heidegger*

Heidelberg 27/10 1926

Lieber Heidegger!

Sie müssen doch gleich von mir hören, daß mir nun der Störring'sche[1] Lehrstuhl in Bonn angeboten ist. Den Wentscher'schen[2] hat Rothacker[3] erhalten und angenommen. Erst am 8. Nov. bin ich zu Verhandlungen in Berlin. Was wir tun, ist noch ungewiß. Wohnung und Gehalt sind erst einmal entscheidend. Morgen denken wir nach Bonn zu fahren.

In Eile und mit herzlichen Grüßen

Ihr Karl Jaspers.

37 Martin Heidegger an Karl Jaspers

Marburg, 2. Dez. 26.

Lieber Jaspers!

Es wird auch trotz der Verschiebung diesmal glücken, daß wir uns sehen. Ich habe für die Ferien nichts geplant. Bis zum 1. Januar habe ich genug zu tun. Unsere Ferien dauern bis zum 11.

Gestern erhielt ich durch den Dekan den Bescheid, daß der Herr Minister[1] zum zweiten Mal den Vorschlag der Fakultät zurückgewiesen habe. Was ich voraussah, ist eingetroffen. Mir ist die Sache völlig gleichgültig. Weniger, daß beim Zustand unserer Fakultät bezüglich der neuen Vorschläge nichts auszurichten ist. Ich gehöre ja jetzt auch zur Kommission. Der eine Teil der Fakultät hat das einzige Prinzip: keinen Juden und möglichst einen Deutschnationalen; der andere (Jaensch und sein Anhang): nur Mittelmäßiges und nichts Gefährliches.

Im übrigen wird ebenso sicher von hier aus in Berlin manövriert werden, wie in meinem Fall, daß meine Vorschläge wirkungslos bleiben.

Sonst geht es uns gut. Die neue Wohnung ist herrlich. Die Universität langweilig. Die Studenten bieder, ohne besondere Antriebe. Und da ich mich viel mit dem Problem der Negativität beschäftige, habe ich hier die beste Gelegenheit zu studieren, wie »das Nichts« aussieht.

Schreiben Sie mir doch bitte zu gegebener Zeit noch den genauen Termin, wann ich kommen kann.

Mit herzlichen Grüßen

Ihr

Martin Heidegger.

38 *Martin Heidegger an Karl Jaspers*

Herzlichen Dank für Ihren Brief.[1]

Was ich bezüglich des »selbstverständlichsten« Begriffes anstrebe, fand ich dieser Tage von *Hegel* (Vorrede zur Phänomenologie des Geistes, S. 25: Es ist die gewöhnlichste Selbsttäuschung...)[2] am klarsten gesagt.

Ich nahm den Stier – beziehungsweise was ich dafür halte, bei den Hörnern. Ich kann nicht anders.

R.s[3] Urteil wird nicht vereinzelt bleiben.

Aus der Ruhe lasse ich mich nicht bringen, nicht weil ich die Arbeit übermäßig hoch einschätzte – sondern weil ich auf ihrem Grunde verstehen gelernt habe, was Größere wollten.

Ich kann warten, bis einer kommt, der zum mindesten den Instinkt begreift und es besser macht. – Ich freue mich sehr auf die Gespräche.

        Mit herzlichem Gruß

                Ihr Martin Heidegger.

21. XII. 26.

39 Martin Heidegger an Karl Jaspers

Marburg, 26. Dez. 26.

Lieber Jaspers!

Für Ihre Briefe[1] danke ich Ihnen herzlich. Ihr Eindruck und instinktmäßige Zustimmung ist mir das Wertvollste. Mehr wird mir die Arbeit überhaupt nicht einbringen, als was ich schon von ihr besitze: daß ich für mich selbst ins Freie gekommen bin und mit einiger Sicherheit und Direktion *Fragen* stellen kann. Die Verknüpfung mit der Berufungsgeschichte, mag diese auch negativ ausgelaufen sein, hat das Gute, daß ich die Dinge von mir los brachte. Und vor allem, die Möglichkeit unserer Kommunikation ist um ein Stück konkreter geworden.

Ich müßte mein eigenes Wollen verkennen, wenn ich von seiten Rickerts etwas anderes als Ablehnung erwartet hätte. Daß er »unfreundlich« urteilte, wird darin seinen Grund haben, daß er über die Bogen in Wut geriet.

Wenn die Abhandlung »gegen« jemanden geschrieben ist, dann gegen Husserl, der das auch sofort sah, aber sich von Anfang an zum Positiven hielt. Wogegen ich, freilich nur indirekt, schreibe, ist die Scheinphilosophie, wofür ich kämpfe, ist das Verständnis dessen, was wir in der Philosophie als das zentral Mögliche nur *wiederholen* können – aber auch müssen. Und das, glaube ich, kann man sich nicht schwer genug machen.

Trotz der vielen »Trivialitäten« und »Umständlichkeiten« ist freilich alles noch zu kompliziert, um die Leidenschaft für das Selbstverständliche so fruchtbar zu machen, wie es Plato, Aristoteles und Kant vermochten. Wenn ich daran denke, wie ich Kant im Fortgang meiner Arbeit verstehen, d. h. lieben gelernt habe, dann ist mir die [im] Augenblick erfolgreiche Unfreundlichkeit eines sogenannten Kantianers völlig gleichgültig. Was, nebenbei gesagt, Leute wie Windelband[2] und Rickert überhaupt mit Kant gemein haben sollen, daß sie diesen Namen verdienen, ist mir heute ganz unverständlich. –

Ich denke, wir wollen über Rickert und die ganze Angelegenheit überhaupt nicht weiter reden und unser Zusammensein auf anderes stellen.

Ich komme also am 1. Januar. Die genaue Ankunft teile ich noch mit.

Mit gleicher Post erhalten Sie Bogen 17 und 18. Das Übrige bis 23 bringe ich mit. 4 Bogen fehlen noch. – *Ich freue mich sehr*.

Herzlich grüßt Sie

Ihr

Martin Heidegger.

Grüßen Sie bitte Ihre Frau
herzlich von uns beiden.

40 *Martin Heidegger an Karl Jaspers*

Marburg, 30. Dez. 26.

Lieber Jaspers!

Ich komme am 1. Januar vormittags 11.02 in Heidelberg an. Mit herzlichen Grüßen und Wünschen fürs neue Jahr von Haus zu Haus

Ihr

Martin Heidegger

[Absender:] Heidegger
Marburg
Barfüßertor 15

41 *Martin Heidegger an Karl Jaspers*

Marburg, 1. III. 27.

Lieber Jaspers!

Verzeihen Sie, daß ich erst heute schreibe und Ihnen und Ihrer Frau herzlich danke für die Weihnachtstage. Diesmal war *ich* leider zu müde und abgespannt, wie Sie gemerkt haben.

Aber ich bin doch sehr froh, daß ich bei Ihnen war, und ich glaube, wir sind wieder um ein Stück weiter gekommen. Ich freue mich für Sie, daß das Werk[1] feste Gestalt hat im Entwurf – das ist das Wesentliche. –

Die Buben lassen herzlich danken für das Spiel. Ich wurde mit einem wahren Indianergeheul empfangen. –

Anfang Februar wurde ich telegraphisch nach Meßkirch gerufen, meine Mutter mußte operiert werden (Darmkrebs); sie liegt jetzt seitdem – Hoffnung ist keine mehr. Daß ich für sie eine schwere Sorge bin und das Sterben schwer mache, werden Sie ungefähr ermessen.

Die letzte Stunde, die ich bei meiner Mutter verbrachte – ich mußte ja wieder hierher zurück –, war ein Stück »praktischer Philosophie«, das mir bleiben wird.

Ich glaube, den meisten »Philosophen« ist die Frage Theologie und Philosophie oder besser Glaube und Philosophie – eine reine Schreibtischfrage.

– Die Druckerei hat wieder reichlich pausiert, so daß ich heute erst den letzten Bogen in der ersten Korrektur wegschicken kann.

Ich habe eine Bitte. Falls Sie in die Bogen noch keine Notizen zum eigenen Gebrauch gemacht haben und jetzt nicht darin lesen, wäre ich sehr dankbar, wenn Sie die Bogen an Frl. cand. phil. H. Weiß, Berlin W 15, Brandenburgische Str. 36 Ghs. I. schicken wollen. Ich wünsche noch einmal eine Gesamtrevision der Bogen bezüglich sinnstörender Druckfehler; und Frl. Weiß ist mir darin eine sehr wertvolle Hilfe. Ich ließe dann die übrigen Bogen auch an Frl. Weiß gehen. Sie erhalten dann in Kürze ein anständiges Exemplar. –

Gestern war nachts ½2 Uhr die entscheidende Fakultätssitzung zu Ende. Das Resultat so, daß ich jedenfalls »keinen Staat machen« kann. I. Driesch[2]. II. pari loco: Pichler[3] und Mahnke[4]. – Mit Rücksicht darauf, was mit viel Aussicht drohte, habe ich abgewendet: Bauch, Max Wundt, Becher[5]. Cassirer wird in der Einleitung der Liste ehrenhalber abgesägt. Was ich für Sie hätte erreichen können mit einiger Hilfe, wäre dasselbe Schicksal gewesen. Dafür waren Sie mir zu schade, zumal ich durchweg – auch bei meinen »Freunden« – vergebens versuchte, klarzumachen, was Ihre »Psychologie« will. Die Parole »Doppelbesetzung«, die Jaensch ausgegeben, war nicht mehr zurückzuweisen. Sogar die jetzige Liste war der Fakultät noch zu gut. Und es fehlte wenig, wäre auch sie gefallen, bis ich dann energisch durchgriff. Diesmal wurde nicht mit Nieren-, sondern mit Ohrenleiden gearbeitet. Und was das Schlimmste war – sachlich hatten die Herren gar kein Interesse – sondern es ging einzig darum, die deutschnationale und völkische Partei in der Fakultät zu stärken. Im übrigen bin ich gar nicht so sicher, ob die Regierung nicht doch noch Bauch schickt, denn dem Dekan wurde dieser Name in Berlin offiziell genannt. Wie der Wind weht, ist klar. Ich habe im Eingang einiges über den Neukantianismus gesagt, daran sich Windelband verlustieren kann. –

Wir fahren morgen mit einigen Studenten nach der Hütte; ich wünsche mir jetzt nur Ruhe, Berge, Sonne und körperliche Auffrischung.

Hoffentlich sind Sie und Ihre Frau von der Grippe verschont geblieben. Wie es mit unserer Rückreise wird, ist noch ungewiß. Vermutlich bleiben meine Frau und die Kinder bis Pfingsten oben.

Ich wünsche Ihnen für die kommenden Frühjahrsmonate

noch eine schöne Arbeitszeit und einen rechten Ruck nach vorne.

Mit herzlichen Grüßen Ihnen und Ihrer Frau

Ihr Martin Heidegger.

Meine Frau läßt ebenfalls herzlich grüßen.

42 *Karl Jaspers an Martin Heidegger*

Heidelberg 2. März 1927

Lieber Heidegger!

Ihr Brief, für den ich herzlich danke, trifft mich in unserem Gastzimmer an dem Schreibtisch, an dem Sie sonst arbeiten. Unsere Wohnung wird gestrichen, tapeziert usw. Währenddessen bin ich ausquartiert, laufe aber oft nach unten, um zu kontrollieren und anzugeben. Darum bin ich auch nicht in rechter Arbeit, sondern bereite mein Sommerseminar über Hegels Phänomenologie vor. –

Mit Ihrer Mutter haben Sie eine schwere Erfahrung, die ich von weitem ermessen kann. Daß hier die Alternative Philosophie-Theologie eine Rolle spielen kann, ist herzzerreißend. Wenn ich mich hineinversetze, so würde ich, – in dem Bewußtsein des Nichtwissens, den Glauben des geliebten Menschen respektierend, mehr als das: als Wahrheit anerkennend, – vielleicht in seinen Formen und Vorstellungen sprechen, und ihn bitten, für mich im Himmel ein gutes Wort einzulegen, und meinerseits versprechen, zu tun, was ich könne. Doch wird Ihnen das von sehr weit her und hoffnungslos erscheinen. –

Sachlich würde ich die Alternative Philosophie–Theologie nicht durch die von Philosophie und Glauben ersetzen wollen. Es gibt ungläubige Philosophen *und* Theologen. Der ungläubige Theologe wendet sich an die Objektivität der Kirche und hört hier Bestätigung und erhält Garantien. Der ungläubige Philosoph macht es ebenso. Etwa wie der alte Großherzog[1], der sich bei Kuno Fischer[2] wegen der Unsterblichkeit vergewisserte, und ruhig war, weil ein so gelehrter und kluger Mann sie ihm behauptete. Die Alternative zwischen Glauben und Unglauben ist viel tiefer. Erst bei einer bestimmteren Bildungsstufe gibt es die von Theologie und Philosophie.

Doch ist das unerheblich angesichts der Wirklichkeit, die Sie mit Ihrer Mutter ergreifen. Da wird es Ihnen gehen, wie in anderen Erfahrungen mir auch: Philosophieren ist erinnern – aber nicht an vorzeitliche Erfahrungen der Seele, sondern an reale Gegenwart, die ich philosophisch verstehe und nicht verstehe, dadurch Möglichkeit neuer Realität vorbereitend. –

Für die Mitteilungen über die Liste der zu berufenden Philosophen besten Dank! Nun haben Sie wenigstens die Sache hinter sich.

Herzliche Grüße!

Ihr Karl Jaspers

Mit der Handschrift habe ich mir Mühe gegeben. Aber die abgebrauchte Feder störte – und alles andere ist eingepackt.

43 *Martin Heidegger an Karl Jaspers*

Hütte, 18. IV. 27.

Lieber Jaspers!

Morgen werde ich die Hütte verlassen und noch für einige Tage zu meiner Mutter fahren. Es waren herrliche Wochen hier oben. Meine Frau fährt acht Tage später. Die beiden Buben bleiben hier oben.

Den Verlag habe ich vor einiger Zeit verständigt, Ihnen ein Exemplar von Sein und Zeit zu schicken. Hoffentlich haben Sie noch schöne Arbeitswochen gehabt und sich auch erholt von dem schweren Winter. – Ich behandle in diesem Sommer Hegels Logik und Aristoteles' Metaphysik[1]. Soviel ich mich erinnere, behandeln Sie Hegels Phänomenologie[2]. Falls Sie gleichwohl für mich Rosenkranz[3] Über Hegels Logik und vom selben Verfasser Entwicklungsgeschichte der Logik (die genauen Titel weiß ich nicht) entbehren könnten, wäre es mir sehr recht. Vom 23. IV. ab bin ich wieder in Marburg. Da wir des Jubiläums[4] wegen früher beginnen, kann ich leider diesmal bei Ihnen nicht Station machen.

Hoffentlich trifft es sich im Herbst, daß wir mal mit unseren Buben zu Besuch kommen. Wollen Sie nicht den Plan ins Auge fassen, diesen Sommer nach Marburg zu kommen? Wir würden nach Möglichkeit für Sie sorgen. Ich würde mich sehr freuen und meine Frau mit.

> Mit herzlichen Grüßen von Haus zu Haus
> Ihr getreuer Martin Heidegger.

44 *Karl Jaspers an Martin Heidegger*

Heidelberg 1. Mai 1927

Lieber Heidegger!

Haben Sie vielen Dank für Ihre Karte und für das Buch[1]. Noch habe ich es nicht wieder lesen können, habe nur geblättert und einige Dutzend Seiten durchflogen. Es geht mir, wie Weihnachten[2]: als ob wir eine neue Ebene erklettert hätten, aber uns auf ihr noch gar nicht zurechtfinden könnten; daher die Gemeinschaft in noch nicht formulierten Ursprüngen, und die Abweichung, ja gegenseitige Wunderlichkeit, der ersten Bewegungen und der noch halbblinden Orientierung, die der einzelne machte. Es erglänzt eine Wahrheit, die unter so viel Umstand fast begraben wird. Meinen eigenen Versuchen stehe ich ähnlich gegenüber. –

Leider habe ich schlechte Monate hinter mir – äußere Störungen, von der Wohnung angefangen – und habe wenig gearbeitet. Nun ist Ruhe – wie lange? – und ich hoffe im Semester vorwärtszukommen, soweit es mir gelingt, Vorlesung und Arbeit zusammenfallen zu lassen.

Von *Rosenkranz* 1) Die Modifikationen der Logik ...

2) Erläuterungen zu Hegels Enzyklopädie[3] schicke ich in den nächsten Tagen an Sie ab.

Außerdem gibt es noch eine »Wissenschaft der logischen Idee«, eine eigene, von Hegel in einem wesentlichen Punkte abweichende Hegelianische Logik (im Stil Erdmanns[4] und Kuno Fischers[5]). Ich denke, daß Sie die in Marburg leicht bekommen können. – Mir ist sie für Vergleiche gelegentlich von Wert, allerdings meist enttäuschend, wie die beiden Schriften, die ich Ihnen schicke.

Entschuldigen Sie den müden Brief. Ich bin zur Zeit, obgleich körperlich recht wohl, gar nicht in Schwung.

Herzlichst

Ihr Karl Jaspers

45 *Karl Jaspers an Martin Heidegger*

Heidelberg 8. Mai 1927

Lieber Heidegger!

Ihre Anzeige aus Meßkirch brachte uns die Nachricht, daß das Leiden Ihrer Mutter ein Ende hat.[1] Ich drücke Ihnen herzlich die Hand. Was der Tod Ihrer Mutter Ihnen zuletzt bedeutet, kann ich nicht wissen. Ich hoffe, daß Ihnen das Schicksal freundlich war und Ihnen erlaubte, ohne Unwahrheit das Herz Ihrer Mutter zufrieden zu machen. Wenn nicht – das löst keine Philosophie, sondern zwingt nur die Frage festzuhalten.

Herzlichst

Ihr Karl Jaspers

Lieber Herr Heidegger,
herzlich gedenkt Ihrer

Ihre Gertrud Jaspers

46 *Martin Heidegger an Karl Jaspers*

Todtnauberg, 27. IX. 27.

Lieber Jaspers!

Es nähert sich die Zeit, in der ich Sie zu besuchen pflege. Dieser Abschluß der Sommerferien und Übergang in das Wintersemester ist etwas im Gang meiner Tage, worauf ich mich immer schon lange vorher freue.

Heute möchte ich nur fragen, ob Sie bzw. Ihre Frau mich als Gast brauchen können nach dem 15. Oktober.

Von unserem ruhmreichen Jubiläum[1] habe ich nur einen Tag mitgemacht und bin dann, körperlich und seelisch erschöpft, gleich mit meiner Frau und den Buben hierher gefahren.

Dieses Sommersemester, an dessen Anfang der Tod meiner Mutter stand, war nicht ganz leicht. Aber bei meinem letzten Besuch durfte ich doch ganz ungetrübt von der *Mutter* Abschied nehmen. Aber dieses Übermaß von Güte hat mir die Trennung erst recht nicht leicht gemacht. –

Hier oben sind wir zufrieden und vergnügt. Meine Frau und die Kinder werden erst Ende Oktober zurückfahren.

Hoffentlich geht es Ihnen und Ihrer Frau so gut wie uns Hüttenbewohnern.

Ich würde mich *sehr* freuen, wenn ich Sie wieder besuchen dürfte. Seitdem Sie mir das Schellingbändchen[2] schenkten, ließ mich die Abhandlung über die Freiheit nicht mehr los. Ich werde im kommenden Semester Übungen darüber halten. Und hierzu hoffe ich auf Ihre Hilfe.

Mit herzlichen Grüßen von »Haus« zu Haus

Ihr getreuer

Martin Heidegger.

47 *Karl Jaspers an Martin Heidegger*

Heidelberg 1. Oktober 1927

Lieber Heidegger!

Haben Sie herzlichen Dank für Ihren Brief. Über Ihre Anmeldung bin ich *sehr froh*. Sie sind mir jederzeit willkommen. Schreiben Sie mir nur den Tag, an dem ich Sie erwarten kann. – Ob Sie meine Frau treffen, ist zweifelhaft. Sie ist gegenwärtig in Paris[1], noch etwa 10 Tage, und wird nach einigen Tagen in Heidelberg dann zu ihrem Vater[2] reisen. Daher kann ich auch diesmal wieder nicht Ihre Frau und Kinder bitten, die ich sonst so gern sehen würde. – Zum Semester erwarten wir eine Nichte[3], Studentin, die bei uns wohnen wird. Sollte eine Kollision entstehen, würden Sie hoffentlich auch mit einer Nordmansarde zufrieden sein (oben wohnt jetzt niemand mehr, wir haben alle Räume für uns).

Ich bin erst seit 8 Tagen wieder zu Hause. Wir waren an der Nordsee. Seit Weihnachten haben die Plackereien des Daseins mir viel Kraft genommen, den Rest habe ich auf meine Arbeit[4] verwandt, die fortgeschritten ist, aber noch lange nicht fertig wird. Es ist mir gar nicht recht, daß ich dabei noch immer nicht Ihr Buch *studiert* habe, – nach der flüchtigen Lektüre um Weihnachten. Der Augenblick dafür wird natürlich und ohne Zwang kommen[5]. Seien Sie, bitte, geduldig, wenn es Sie auch mit Recht enttäuschen muß.

Um so wichtiger ist es, daß wir uns schon sehen und sprechen.

Zur Zeit suche ich den Weg zur Arbeit zurück durch Kantstudium für das Wintersemester (Kritik der Urteilskraft)[6]. Meine Vorlesung soll mir das fünfte Kapitel meiner Arbeit[7] bringen: Metaphysik. Reicht es nicht, so gehe ich den üblichen billigeren Ausweg: Geschichte, die ich vorsorglich gleich in Klammern mitangekündigt habe.[8]

Herzliche Grüße, auch Ihrer Frau

von Ihrem

Karl Jaspers

48 *Martin Heidegger an Karl Jaspers*

Todtnauberg, 6. Okt. 27.

Lieber Jaspers!

Ich danke Ihnen herzlich für Ihren Brief und freue mich sehr, daß ich kommen kann.

Mit den ›Kantstudien‹ trifft es sich gerade gut. Ich lese diesen Winter eine vierstündige Interpretation der Kritik der reinen Vernunft[1]. Ich bin sehr gespannt auf die weitere Entwicklung Ihrer Arbeiten. Da das Wetter hier oben herrlich ist, bleibe ich noch etwas länger. Ich komme erst um den 20. Oktober herum und möchte dann, wenn es Ihnen recht ist, acht Tage bleiben.

Wo Sie mich hinstecken, ist gänzlich gleichgültig. »Ansprüche« mache ich nicht.

Es ist schade, daß ich Ihre Frau diesmal nicht antreffe. Hoffentlich haben Sie sich an der See gut erholt.

Ich hatte Mitte August bis in den September eine üble Mittelohrentzündung. So sind die Ferien, was die Arbeit angeht, etwas verpfuscht.

Ich melde mich dann noch rechtzeitig und genau an.

    Mit herzlichen Grüßen auch von meiner Frau
       Ihr getreuer

          Martin Heidegger.

49 *Martin Heidegger an Karl Jaspers*

                            Freiburg, 19. X. 27.

Lieber Jaspers!

Ich fahre erst heute nach meiner Heimat, so daß sich meine Ankunft bei Ihnen noch verzögert. Ich werde am 23. oder 24. ankommen. Heute nur die Nachricht, daß ich eben die Ernennung zum Ordinarius erhalten habe.[1] Auf meine Stelle ist gleichzeitig Mahnke berufen.

    Mit herzlichen Grüßen
       Ihr

          Martin Heidegger.

[Absender:] Heidegger
            Todtnauberg
            bad. Schwarzwald

50 Martin Heidegger an Karl Jaspers

Marburg, 8. XI. 27.

Lieber Jaspers!

In dem Gedränge des Semesterbeginns komme ich erst heute dazu, Ihnen für die Tage herzlich zu danken. Schelling ist mir doch gegenwärtiger geworden, so daß ich nicht ganz unvorbereitet an diese »schwierigen« Dinge herangehe.

Die Schrift von Frl. Salditt[1] habe ich jetzt ganz gelesen. Es ist das Ganze nicht ein Schreiben über Philosophie, sondern es ist philosophierend geschrieben – ich finde darin wirkliche Perspektiven für eine Shakespeare-Interpretation.

Freilich ist, was in dieser Form nicht schadet, die Abhängigkeit von Ihnen stärker, als Sie das selbst zu sehen vermögen – aber eben doch kein nachredendes Wiederholen. Das passiert mir und meiner »negativen« Philosophie – die ja nur einen schmalen »positiven« Erker hat, sehr viel leichter und häufiger.

Es ist für mich selbst nicht leicht, die Unabhängigkeit gegenüber der eigenen Arbeit zu wahren und sie für neue Umkippungen parat zu halten.

Ich wünsche Ihnen, daß Sie ebenso begeistert – und opferfreudig ins Semester gehen, wie ich es zum mindesten *glaube* zu tun.

               Ihnen und Ihrer Frau herzliche Grüße.

               Ihr getreuer

                       Martin Heidegger.

Meine Frau läßt ebenfalls herzlich grüßen.

51 *Karl Jaspers an Martin Heidegger*

Heidelberg 4. Jan. 1928.

Lieber Heidegger!

Noch immer habe ich nicht für Ihren Brief aus dem November gedankt. Die Sätze über Frl. Salditt[1] habe ich ihr geschrieben, mit Ausnahme des letzten. Von ihr kommen alle paar Wochen philosophische Briefe, die mir paradoxe »Sehnsucht« nach Amerika erwecken.

An die Tage, die wir zusammen waren, habe ich noch gern gedacht. Die völlige Einsamkeit, zu der man im philosophischen »Denken« verurteilt ist, ist dann für einen Augenblick aufgehoben. Daß noch ein anderer diese intellektuelle Anstrengung wichtig findet – oder gar noch wichtiger als ich selbst –, ist nicht nur Befriedigung, sondern die Tatsache als solche ein starker Impuls. Von ihm wird der leise Schmerz überdeckt, der dadurch bleibt, daß ich das Gefühl habe, in irgendeinem Sinne bleibe bei Ihnen so manchmal die »Antwort« aus – ohne daß ich weiß, was für eine Antwort ich meine und möchte.

Dieses Semester habe ich ganz gut bis jetzt gearbeitet, bin in sehr heiklen Dingen, bei denen ich zweifle, ob man sie tief oder albern finden wird. Für mich besteht ein Zweifel nur in bezug auf Ausdruck und Mitteilungsform, nicht in bezug auf Substanz dessen, wobei ich bin, wenn ich das denke. Es ist unser Schicksal: Eine neue Welt offenbart sich, und wir sind kümmerliche Menschen, denen es wohl reicht bis zum »Merken«, aber nicht zum Schaffen des philosophischen, oder, was wichtiger wäre, des dichterischen Ausdrucks.

Doch das ist ja ein leeres Gerede. Ich wünschte, ich könnte Ihnen bald den Text[2] vorlegen. Aber es dauert noch lange. Heute schreibe ich eigentlich aus dem Zufall, daß ich mich bei Mahnke für Zusendung seiner Dilthey-Beprechungen[3] bedanke, und daß ich nicht einen Brief nach Marburg gehen lassen mag, ohne Ihnen zu schreiben. Die Besprechungen geben Ihnen den wünschenswerten Platz gegenüber Dilthey und Husserl[4], treffen aber doch nicht das, was ich in Ihrer Philosophie am höchsten schätze, und wovon jene beiden keine Ahnung haben: daß im Grunde alles Metaphysik ist oder zu ihr in direkter Beziehung steht.

Hoffentlich geht es Ihnen gut. Herzliche Grüße auch für Ihre Frau und von der meinigen

Ihr Karl Jaspers

52 *Karl Jaspers an Martin Heidegger*

Heidelberg 14/1 28.

Lieber Heidegger!

Der Überbringer dieses Briefes, Dr. Grassi[1] aus Mailand, möchte Sie gern persönlich sprechen. Er studiert deutsche Philosophie, hat Ihr Buch gelesen und weiß darin überraschend Bescheid – natürlich mit Mißverständnissen durch die Tradition, aber zugleich mit erstaunlicher Nähe. Ich glaube, Sie werden Freude haben an dem lebendigen Interesse, und an den klaren Fragen, die er stellt.

Herzliche Grüße!

Ihr K. Jaspers

53 *Martin Heidegger an Karl Jaspers*

Marburg, 10. II. 28

Lieber Jaspers!

Ich danke Ihnen herzlich für Ihren Brief in den Weihnachtsferien. Ich hatte vor, am Ende der Ferien bei der Rückfahrt vom Schwarzwald für ein paar Stunden bei Ihnen Station zu machen. Ich kam aber dann mit der Zeit ins Gedränge. Herr Dr. Grassi machte im ersten Augenblick durch seine Intensität und ein gewisses Verständnis Eindruck. Ich bin aber zweifelhaft geworden, wie weit das nicht eine im Grunde journalistische Natur ist, die nach dem dernier cri fahndet. Das Semester ist mit viel Kram belastet, und mir graut vor dem Dasein als Ordinarius, wenn das so fortgehen soll. – Warum bei mir die Antwort ausbleibt, was ich sehr wohl spüre, hat seinen Grund darin, daß ich selbst noch nicht wieder zuinnerst bei der »Sache« bin. Zur Zeit »erbaue« ich mich täglich an Kant, den man mit noch größerer Vehemenz eingehend interpretieren kann als Aristoteles. Ich glaube, er muß ganz neu entdeckt werden.

Im Sommer lese ich »Logik«[1] und hoffe, daß ich im Frühjahr wieder besser disponiert bin für ein wirkliches ›Gespräch‹. Schelling vermag ich zur Zeit schon rein stofflich nicht zu bewältigen, da ich ein sehr langsamer Leser bin.

Meine Frau ist seit den Weihnachtsferien mit den Kindern oben geblieben, wohnt aber bei einer Bäuerin. Ich bin sehr froh, daß alle aus diesem feuchten Regennest hier weg sind.

Heute komme ich eigentlich nur wegen einer praktischen und dringlichen Sache. Bei uns ist in der *Philosophischen* Fakultät ein Ordinariat für Nationalökonomie zu besetzen. Beide Vertreter sind »Trottel« und die Auskünfte, die sie geben, entsprechend. Wir brauchen eine *jüngere* Kraft, die konkret die Volkswirtschaftslehre beherrscht, aber auch gerade die *theoretische* Nationalökonomie selbständig anzufassen versteht. Dürfte ich Sie bitten, Alfred Weber[2], den ich nicht persönlich kenne, um eine Übersicht über die Lage im Fach zu bitten und um eine Charakteristik der in Frage kommenden Kräfte. Auf unsere »Vertreter« ist in der Tat kein Verlaß. Ich bin zu meinem Leidwesen selbst in der Kommission und weiß mir keinen anderen Rat. Die Sache einfach »laufen zu lassen«, geht auch nicht.

Hoffentlich geht es Ihnen und Ihrer Frau gut.

               Mit herzlichen Grüßen Ihnen beiden
               Ihr

               Martin Heidegger.

54   *Karl Jaspers an Martin Heidegger*

                                        Heidelberg   12/2 28.

Lieber Heidegger!

Was ich eben durch A. Weber erfahren habe, schreibe ich Ihnen gleich. Falls ihm noch mehr einfällt, bekommen Sie einen zweiten Brief.

Weitaus der bedeutendste unter denen, die noch nicht Ordinarien sind, sei Kurt Singer[1], Hamburg. Ursprünglich Geldtheoretiker (eine Arbeit »Das Geld als Zeichen«[2], darin Schüler Knapps[3]). Ungewöhnlich erfahren im Praktischen und Theoretischen. Leiter des »Wirtschaftsdienstes«[4], einer maßgebenden Wochenschrift. Außerordentliche Bildung. Anhänger Georges. Neuerdings ein Plato-Buch[5]. Glänzender Stilist. Sehr ungerecht bisher überall übergangen. Etwa 40jährig. Jude, von kleinem Wuchs, der als Körperformat ihn oft gestört habe!

Herr v. Eckardt[6], der hier Direktor des Instituts für Zeitungswesen ist, bestätigte mir diese Schätzung in interessierter Weise (obgleich er, wie ich von anderer Seite weiß, mit Kurt Singer persönlich schlecht steht). Er sagt: ein geistig bedeutender Mensch. Seine Pole: Knapp und George, »Leidenschaft bis zum wissenschaftlichen Fanatismus«. »Reine, aufrichtige Seele.« Ein klein wenig verbittert und »überspitzt«. Der bedeutendste Mann, der in Frage käme.

Ferner von A. Weber genannt:

Arthur Salz[7], hier in Heidelberg. Den kenne ich persönlich als anständigen, noblen Menschen. Wohlhabend. In jeder Bewegung von Adel. Auch Jude. Freund Gundolfs[8]. *Freies* Verhältnis zu George. Arbeiten im Grundriß für Sozialökonomik[9] u. a. In der Jugend einmal eine wissenschaftliche Dummheit gemacht, bei der Max Weber ihn in Schutz nahm und sich öffentlich für ihn nicht grade blamierte, aber wohl zu sehr ins Zeug legte. Doch das ist 20 Jahre her und vergessen. War kein guter Lehrer, ist nach einer Magenoperation, die ihn gesund machte, viel besser geworden. Objektiv Singer weit unterlegen. In dem furchtbaren Durchschnitt des jüngeren Nachwuchses eine Leuchte (wird aber selbst wohl 45 Jahre sein). Eine Persönlichkeit, die Niveau gibt und Anspruch macht, an sich und andere. Nicht kräftig. Ich könnte mir denken, daß die aristokratische Gelassenheit auch einmal bloß Passivität sein könnte.

Weber nannte schließlich Ritschl[10], aus der Theologenfamilie[11], wußte nicht, wo er habilitiert sei. Er kenne ihn persönlich nur aus einer Berührung von 5 Minuten. Er werde ihm von vielen Seiten gelobt. *Sehr* jung. Rage weit heraus aus dem tiefen Niveau des Nachwuchses. U. a. mit »Standortsfragen«[12] beschäftigt, einem Spezialgebiet A. Webers. Ich habe kein Bild bekommen.

Lederer ist verreist. Den kann ich erst morgen und übermorgen sprechen. Höre ich Neues, erfahren Sie es gleich. Lederer hat aber gar keinen Sinn für persönliches Niveau, das uns doch in dem Niedergang zur Zeit das Wichtigste sein muß.

Ich würde mich mit aller Kraft für Kurt Singer einsetzen. 1914 habe ich ihn einmal kurz gesehen und habe ihn nicht vergessen.

Von jüngeren Ordinarien wurde mir von v. Eckardt Lenz[13] Giessen genannt. –

Dr. Grassi hat mir in der Folge denselben Eindruck gemacht

wie Ihnen. Gibt man ihm den kleinen Finger, will er einen gleich ganz auffressen. Aber es bleibt erstaunlich, wie geradezu er philosophische Dinge auffaßt. Er ist ein glänzender Interviewer. –

Wie mir das Herz schlägt, wenn Sie von Kant schreiben! Er ist der einzige, dem ich eigentlich glaube. Ihn neu entdecken? Ja, aber schließlich nur für sich selbst. Denn es ist ja alles offenbar. Und alle Mühe der Interpretation macht für die Menge doch nur wieder eine »Lehre«, wie es vorher der Neukantianismus – diese Magd der Wissenschaft statt der Theologie, – und dann doch lieber der Theologie! – tat. Ich sehe es im Seminar[14], wo Gedanken, die mir als Funktion der Aneignung einen an sich verschwindenden Sinn haben, als »Wissen« hergesagt werden. Als ich neulich einmal – die Contenance verlierend – Virchow[15] zitierte: »unsere Sätze kehren in einer uns erschreckenden Gestalt zu uns zurück«, ist mir der betreffende auch sinngemäß fortgeblieben.

Was eigentlich Kant sei, kann ich nicht für immer wissen. Im Augenblick würde ich sagen: Er macht endlich ernst damit, daß Gott verborgen ist, und mit dem darin erkennbaren einzigen Anspruch Gottes an den Menschen: frei zu sein. Er interpretiert die Freiheit und ist in Dasein und Gedanke die Würde, die dem Menschen eigen ist, ohne Übermut; und die Kleinheit ohne die elende Demut. Mit ihm ist alle »Ontologie« zu Ende. Der Gedanke ist nur noch die Transparenz des Transzendenten in der Erscheinung. Es ist ein wunderbares Schweben, worin der Mensch an den Punkt kommt, wo er »ich selbst« sagen kann, aber so, daß er grade da, wo er eigentlich »ich selbst« ist, nicht nur er selbst ist.

Ich freue mich auf Ihren Besuch im Frühjahr von Herzen. Melden Sie sich, bitte, an, sobald Sie wissen, wann Sie kommen.

Meine Arbeit ist vorangekommen, aber noch lange nicht fertig.

Herzliche Grüße
Ihr Karl Jaspers

55 *Martin Heidegger an Karl Jaspers*

Marburg,   25. II. 28.

Lieber Jaspers!

Ich habe heute einen Ruf nach Freiburg erhalten; die dortige Fakultät hat mich einstimmig unico loco vorgeschlagen. Bevor ich verhandle und mich entschließe, möchte ich mit Ihnen das Ganze besprechen.

Wir fahren ohnehin Dienstag, (den 28.) nach dem Schwarzwald; ich möchte in Heidelberg Station machen und dann Mittwoch früh nach Karlsruhe ins Ministerium fahren.

Ich komme Dienstag gegen 12 Uhr an und bitte, gar keine Umstände zu machen; vor allem wenn Sie nachmittags noch lesen, nehmen Sie keine Notiz von meiner Anwesenheit. Im übrigen genügt ein Sofa für die Nacht.

Alles andere mündlich. Ich bin ziemlich semestermüde.

Mit herzlichen Grüßen an Sie und Ihre Frau
auch von meiner Frau mit
Ihr
Martin Heidegger.

56 *Martin Heidegger an Karl Jaspers*

Todtnauberg, 6. März 28.

Lieber Jaspers!

Meine Verhandlungen waren relativ kurz; Schwörer[1] mußte kurz vorher in den Landtag wegen der Hochschuldebatte. Er bat mich dahin. Er war äußerst freundlich und landsmannschaftlich, frug mich aber gleich nach meinem Marburger Gehalt und notierte sich meine Wünsche. Er wolle dann gleich mit dem Minister sprechen und gebe mir gleich Nachricht. Heute kam sie.

1. Dienstantritt am 1. Oktober.
2. Grundgehalt nach der 4. Stufe der Besoldungsgruppe A 1 mit 11 600 Mark. Wohnungsgeldzuschlag 1728. Kinderzuschlag.
3. Unterrichtsgeldgarantie 3000 Mark.
4. Vergütung der Umzugskosten.
5. Anrechnung der Zeit seit der Habilitation auf das Dienstalter (betr. Emeritierung).
6. Wohnungsbauzuschuß – wird wohlwollend geprüft.

Also Nr. 3 gekürzt und Nr. 6 sehr unbestimmt. Das letztere aber ist sehr wichtig, da in Freiburg sehr schwer eine Wohnung zu bekommen ist.

Aber ich denke, wir werden uns einigen.

Aus Bonn habe ich Nachricht von einem Commissionsmitglied[2]:
I. Psychologie: Philos.-Pädg. I. Litt[4], Bauch, Freytag!![5]
Becher[3] unico loco. II. Jaspers, Rothacker!![6]

Die Commission war sehr groß; die Nichtfachleute waren für mich, worauf der katholische Dyroff[7] erklärte, er fasse diesen Vorschlag als persönlichen Affront. Damit fiel meine Kandidatur.

Sie sind an diese merkwürdige Stelle in dieser höchst merkwürdigen Gesellschaft auch nur durch die Nichtphilosophen gekommen. Die Liste ist noch nicht durch die Fakultät genehmigt.

Ich halte Ihre Aussichten doch für sehr günstig. Oder aber die ganze Liste wird von der Regierung zurückgegeben.

Ich bin froh, hier oben zu sein. Wir haben noch einige schöne Fahrten gemacht bei prächtiger Sonne.

Wenn ich einigermaßen die nächsten Wochen übersehe, schreibe ich Ihnen meine Ankunft.

Ihnen und Ihrer Frau vielen Dank für die Aufnahme.

Herzliche Grüße auch von meiner Frau

Ihr

Martin Heidegger.

57 Karl Jaspers an Martin Heidegger

Heidelberg   23/3 28.

Lieber Heidegger!

Für Ihren Brief schönen Dank. Ihre Bedingungen sind ja nicht schlecht. Schade, daß, wie fast ausnahmslos, immer der Versuch zu einigen Abstrichen gemacht wird! Hoffentlich haben Sie noch Erfolg!

Ihre Mitteilungen über die Bonner Listen haben mich natürlich lebhaft interessiert. Ich hätte den Ruf[1] gern und zu Bonn auch wirklich Lust. Aber die Chancen sind wohl schlecht.

Nun warte ich auf Ihre Anmeldung und freue mich auf unsere Gespräche.

Die Arbeit geht langsam weiter.

Herzliche Grüße, auch für Ihre Frau

und von der meinigen

Ihr Karl Jaspers

58 Martin Heidegger an Karl Jaspers

Todtnauberg, 25. III. 28.

Lieber Jaspers!

Herzlichen Dank für Ihren Brief. Das vordem Gestrichene ist mir jetzt anstandslos von Schw.[1] bewilligt worden. Zum 28. III. bin ich von Ri.[2] telegraphisch nach Berlin gerufen. Auf der Rückreise nach Karlsruhe, wo ich dann endgültigen Bescheid gebe, möchte ich gern zuvor nochmal Ihren Rat haben. Ich erlaube mir im Verlauf des Donnerstag, d. 29. bei Ihnen vorbeizukommen und bis Freitag früh zu bleiben. Den »eigentlichen«

Aufenthalt kann ich noch nicht genau bestimmen; jedenfalls *nicht vor* dem 15. April.

Alles andere mündlich.

Ich habe mich hier oben wieder glänzend erholt.

Herzliche Grüße von Haus zu Haus

Ihr Martin Heidegger.

59 *Martin Heidegger an Karl Jaspers*

Hütte, 13. IV. 28.

Lieber Jaspers!

Wegen Grundstückskaufs! muß ich Montag den 16. noch in Freiburg sein. Dienstag, den 17. bringe ich unseren Ältesten bis nach Mainz und fahre dann noch abends nach Heidelberg zurück.

Ich freue mich sehr.

Herzlichen Gruß

Ihr

Martin Heidegger.

60 *Martin Heidegger an Karl Jaspers*

Marburg, 1. Mai 28.

Lieber Jaspers!

Ich danke Ihnen herzlich für die schönen Heidelberger Tage. Ihr Ertrag hält mir immer fürs Semester an. Ich wünsche nur, daß Ihre Arbeit jetzt ungestört dem Abschluß entgegenreift. –

Die Situation: Jaensch »ist«, bzw. war krank und will sich, wie er mir schreibt, deshalb beurlauben lassen. Er kann deshalb in der nächsten Zeit noch nicht die wichtigste Angelegenheit, die Neubesetzungsfrage, aktiv betreiben. Aber er würde gern mit mir persönlich »schon« die Sache besprechen. Also Verschleppungsmanöver, sowohl um mich, als vor allem auch den ihm sehr unbequemen Dekan[1] los zu werden. Aber dieses Manöver ist so plump, daß wir nicht darauf eingehen. Kommissionssitzung wird wohl nächste Woche angesetzt. Ich vermute, daß Jaensch auf der Stelle gesund wird und erscheint. Hartmann ist in der Tat am Werk; er wurde mir gleich vom Dekan genannt. Sonst ist noch alles undurchsichtig.

Hier die Bücher von Bengt *Berg*[2] im Verlag Dietrich Reimer, Berlin:

Mein Freund der Regenpfeifer.
Die letzten Adler.
Abu Markub.
Mit den Zugvögeln nach Afrika. –

Schwörer hat das Bezirksbauamt ermächtigt, meine Pläne gegenüber dem Hochbauamt zu vertreten. – Silentium darüber! Nun kann die Sache losgehen. Sobald die Berufungssache von der Stelle kommt, gebe ich Nachricht.

    Herzliche Grüße von Haus zu Haus
        Ihr

            Martin Heidegger.

61 Karl Jaspers an Martin Heidegger

Heidelberg 4. 5. 28.

Lieber Heidegger!

Haben Sie herzlichen Dank für die Bücher und die Notizen über die Vogelbücher.

Daß Sie wieder gern bei mir waren, freut mich innig. Es war schön. Möge es noch oft wiederkehren, und wir uns immer mehr aufschließen, in Nähe und in Disparatheit, die selbst wieder eine Quelle des Naheseins werden kann.

Mit den Berufungsfragen werden Sie also noch manchen Ärger haben. Nun, Sie kennen ja schon die »psychiatrische Milde« und die Haltung liebenswürdiger Beobachtung. Nur hoffentlich: erreichen Sie Ihr Ziel, wenigstens durch ein unterstützendes Separatvotum, wenn es nicht anders geht.

L. Curtius' Adresse:
Rom, Istituto germanico archeologico
Via Sardegna 79

Herzliche Grüße und Wünsche für ein gutes Semester!

Ihr Karl Jaspers.

62 Martin Heidegger an Karl Jaspers

Marburg, 13. V. 28.

Lieber Jaspers!

Vorgestern war die erste Kommissionssitzung; ich sprach informierend über Becker[1], Frank, Baeumler[2]; zur Diskussion kam noch Stenzel[3].

Hartmann kommt nicht. Die Kommission möchte aber noch

etwas »Besseres«, freilich nicht einfach als Zierde. In den Tagen vor der ersten Sitzung habe ich noch einmal hin und her überlegt, ob ich Sie doch nicht auf die Liste bringen soll. Aber da ich mir sagen mußte, daß Sie in diese Kleinstadt doch nicht kommen, brachte ich es nicht fertig, so zu tun als ob.

Aber ich möchte Sie jetzt doch noch einmal fragen, trotzdem ich weiß, daß ich diese Frage nicht stellen sollte. Aber wenn ich keine Gewißheit habe, daß Sie kommen, kann ich nicht kämpfen.

Etwas, was für Marburg spricht, kann ich Ihnen nicht anführen. Ich habe mich keine Stunde wohlgefühlt. Die Fakultät ist wie anderswo. Studentenschaft stark aufs Examen gestellt oder aber gänzlich dem Verbindungswesen ausgeliefert. Das Einzige: die Theologen[4] – aber eine brüchige Sache. Das Einzige, was positiv für Sie herausspränge: erhöhtes Gehalt – Heidelberg müßten Sie aufgeben, was auch jetzt noch, wo es nicht mehr das alte ist, ein teurer Kaufpreis bleibt. Man geht nicht als Ordinarius von Heidelberg nach Marburg – das sagt sich jeder hier. Ich habe mit Absicht so negativ geschrieben.

Zuraten kann ich Ihnen nicht. Wenn Sie gleichwohl ja sagen, dann freue ich mich doppelt: daß die Nachfolge sehr rühmlich wird und daß ich auch mal für Sie eintreten kann.

Übrigens hörte ich auch, daß Sie für Köln in Frage kommen sollen. *Deshalb* war vielleicht Hartmann in Heidelberg.

Herzliche Grüße von Haus zu Haus

Ihr

Martin Heidegger.

63 Karl Jaspers an Martin Heidegger

Heidelberg 15/5 28

Lieber Heidegger!

Ich danke Ihnen herzlich für Ihre Absicht und für Ihre Frage. Sie können in der Tat nicht kämpfen, wenn Sie wissen, daß ich nicht komme. Ich habe es mir noch einmal mit meiner Frau überlegt. So intensiv auch mein Wunsch ist nach Wechsel der Situation und nach Verbesserung unserer Finanzlage, – es geht nicht. Ich kann Ihnen auch nicht halbe eventuelle Zusagen machen.

Ihre Schilderung Marburgs ist absichtlich nicht lockend. Die Theologen würden mich sehr anziehen, wenn ein ernsthafter Kampf möglich wäre. Aber sie würden sich doch wohl drücken, wie es Theologenart ist. Meine heimliche Sehnsucht, einem wahren Bekenner zu begegnen und selbst durch ihn ernstlich in Frage gestellt zu werden, würde doch nicht befriedigt. – Ich konnte wohl augenblicksweise schwanken, wenn ich an ein großes Einkommen denke. Aber auch das wäre unwahrscheinlich in Marburg. Und sollte es mir geboten werden, so wäre ich noch immer ganz ungewiß. Jedenfalls würde ich dann, wenn ich in Heidelberg annähernd dasselbe bekäme, doch hier bleiben.

Wenn wir nicht befreundet wären, würde ich schreiben: bei sehr günstigen Bedingungen würde ich mir die Sache im Falle eines Rufes sehr gründlich überlegen; es sei nicht ausgeschlossen, daß ich käme. Für Sie ist mir das schon zu viel. Wenn man auch in diesen Dingen nichts als ausgeschlossen betrachten kann, denn in der konkreten Situation entwickeln sich die Dinge erst eigentlich, – so ist es doch extrem unwahrscheinlich, daß ich nach Marburg ginge. Wie anders liegt es für mich mit Bonn und selbst mit Frankfurt und Köln!

Haben Sie also nochmals herzlichsten Dank! Und alles Gute für Ihren nunmehr anderen Kampf!

Ihr Karl Jaspers.

64 *Martin Heidegger an Karl Jaspers*

Marburg,   2. Juni 28.

Lieber Jaspers!

Herzlichen Dank für Ihren Brief. Es ist schade, daß ich Sie hier nicht mit wirklicher Aussicht auf Ihr Kommen nennen kann. Aber bei der Lage der Dinge, die im Grunde eine verzweifelte ist, muß es doch allmählich dämmern. Lange werden Sie nicht mehr in Heidelberg sein. Für mich ist das schmerzlich.

Heute nur die Mitteilung, daß am 31. Mai 1000 Mark samt Zinsen mit herzlichem Dank vorläufig abgegangen sind.

Dann bitte ich durch Sie Frank um eine ausführlichere Charakteristik des jetzt geplanten Werkes; ferner die Hauptdaten seiner Vita – und zwar möglichst umgehend. Die nächste und erste eigentliche Sitzung ist am 8. VI.

Mit herzlichen Grüßen von Haus zu Haus

Ihr getreuer

Martin Heidegger.

Vertraulich: Becker ist an 2. Stelle in Kiel vorgeschlagen.

65 *Karl Jaspers an Martin Heidegger*[1]

Heidelberg   4. 6. 28.

Lieber Heidegger!

Schönen Dank für Ihren Brief. Die 1000 Mk samt Zinsen habe ich erhalten. Frank werde ich heute Mittag benachrichtigen.

Ich war inzwischen in Berlin. Zwei Tage nach Schelers Tod[2] *überlegte ich mir eine Rede, die ich im Seminar halten wollte. Ich kam zum Ergebnis, daß ich sie doch nicht halten konnte. Er war ein »Kerl«. Seine Hellhörigkeit und seine »Geistigkeit« mußte man trotz allem als etwas heute Unersetzliches achten. Ich werde auch »öffentlich« – d. h. in Gesprächen, die nicht unter Freunden stattfinden –, nichts auf ihn kommen lassen. Aber er war kein Licht, das mir einen Weg erhellt hätte – er war ein Irrlicht. Und vor allem: ich habe ihn nie hassen und nie lieben können. Ein »Phänomen« aber den Studenten zu charakterisieren, das war mir im Augenblick seines Todes unmenschlich. Es kann später geschehen. Im Tode wird einem wie mit einem Ruck bewußt, wie man steht. Der Mensch wird gleichsam Bild als ein Ganzes. Mir war klar, daß Scheler mich in dem Raum der »Menschen«, denen mein Herz schlägt, nicht begleiten wird. Als ich so dachte, kam ein Telegramm von Richter, er wäre mir für einen Besuch dankbar. Ich fuhr hin: Empfang mit fühlbarer Achtung und potentieller Frechheit. Grund: Er fordere mich im Namen der Frankfurter Fakultät auf, jetzt sogleich in diesem Sommersemester in Frankfurt Gastvorlesungen zu halten. Diese Gelegenheit habe er ergriffen, um mit mir Fühlung zu nehmen. Die Gastvorlesungen lehnte ich höflich ab. Dann eine Stunde Unterhaltung in Windelbands Gegenwart, unterbrochen durch Telephongespräche. Inhalt: was soll aus der Philosophie in Preußen werden? Ich habe möglichst wenig gesprochen. Für Marburg nannte er Pichler! Aber ohne Intensität. Unsere Kandidaten habe ich charakterisiert, natürlich nicht als »unsere«. Rothacker habe ich in erheblichen Abstand dazu gebracht, ihn aber nicht radikal negiert. Ich glaube übrigens, die Leute vergessen bald, was man sagt. Sie reden ja den ganzen Tag. Den Briefwechsel vor 7 Jahren[3] allerdings behauptete er »in sehr guter Erinnerung« zu haben, redete von meiner »Universitätsidee«. Am Ende erklärte er, daß er nun hoffe, mich hier häufig zu sehen! – Also, ich bin nicht weiter als vorher, und bin sehr skeptisch.*

Dr. Jonas[4] ist bei mir im Seminar. Ein trefflicher Mann! Ich hoffe noch Einiges von ihm zu hören. Er redet nur, was Sinn hat. Ein echter Schüler von Ihnen!

Herzlichst
Ihr K. Jaspers.

66 Karl Jaspers an Martin Heidegger

Heidelberg 6. Juni 28.

Lieber Heidegger!

Anliegend die gewünschten Notizen von Frank! Hoffentlich haben Sie Erfolg!

Vielen Dank für die 1'000 Mk nebst Zinsen!

Ich war inzwischen auf telegraphische Einladung bei Richter in Berlin. Unterhaltung von einer Stunde, »um Fühlung zu nehmen«. Nichts Reelles! Ich erzähle Ihnen später mündlich.

Dr. Jonas ist in meinem Seminar. Das scheint ein trefflicher Mann. Ein echter Schüler von Ihnen, an dem ich mich noch freuen werde!

Herzlichst in Eile

Ihr K. Jaspers.[1]

67 Martin Heidegger an Karl Jaspers

[Karte in Briefumschlag]
11. VI. 28.   * Mit Rücksicht auf das Nachstehende
                         schicke ich die Karte lieber mit der Post.

Lieber Jaspers!

Der Überbringer* dieser Karte, Dr. Justus Schwarz[1], hat eine Reihe von Semestern bei mir gehört und gearbeitet; er kommt von Kroner und hat bei Heimsoeth[2] promoviert.

Er arbeitet über Hegel und möchte mit Ihnen vermutlich über die Aufnahme seiner Arbeit in Ihre Sammlung sprechen. Die Dissertation taugt nach meiner Meinung nicht dafür. Dagegen wäre die Sache bezüglich einer späteren Arbeit, davon ich einen kleinen Teil gesehen habe, zu überlegen.

Was an wirklichem philosophischen Vermögen dahinter steht, vermag ich nicht zu sagen. –

Franks Sache steht gut. Außerdem kandidieren Becker, Stenzel! Ebbinghaus.

Baeumler ist gefallen.[3]

Daß Sie nach Berlin gerufen wurden, ist jedenfalls ein gutes Zeichen. Ich bin froh, daß ich mir die kommenden Schiebungen völlig desinteressiert aus der erhöhten Ecke des Reiches in der Nähe Jakob Burckhardts ansehen kann.

Mit herzlichen Grüßen von Haus zu Haus

    Ihr Martin Heidegger.

68 *Martin Heidegger an Karl Jaspers*

29. VI. 28

Lieber Jaspers!

Gestern wurde in der Fakultätssitzung nachstehende Liste einstimmig angenommen:
I. Becker.
II. pari passu: Ebbinghaus, Frank, Stenzel.

Becker kommt voraussichtlich nach Kiel; Ebbinghaus wird kaum berufen werden. Und Frank ist gut präsentiert.

Stenzel war nicht zu vermeiden, sonst wäre Frank auch nicht durchgekommen.

In Eile.

Mit herzlichen Grüßen von Haus zu Haus

    Ihr getreuer

        Martin Heidegger.

Ich bitte Sie, die Liste Frank vertraulich mitzuteilen.

69 Karl Jaspers an Martin Heidegger

Heidelberg 8/7 28.

Lieber Heidegger!

Ich danke Ihnen für das Geld! Anliegend der Schuldschein. Ferner für die Mitteilung der Liste, die ich Frank vertraulich mitgeteilt habe. Die Reihenfolge, das wissen Sie ja, ist nicht die, welche ich machen würde, und Sie wissen auch warum. Schließlich danke ich für Ihre Cassirer-Besprechung[1], die ich bisher nur einmal durchflog. Sie scheint mir, klar in Referat und Kritik, das Muster einer Besprechung. Aber überrascht war ich, daß ich das, was ich als mögliches Mißverständnis Ihrer Philosophie Ihnen neulich prophezeite, von Ihnen selbst getan sah in der »Anwendung« der Existenzphilosophie auf »primitive« Völker.[2] Das ist die eine Seite, an die andere halte *ich* mich.[3] Gestern kam ein Heidegger-Heft[4], das Sie gewiß auch haben. Ich konnte es noch nicht lesen, sah nur beim Aufschlagen, daß Sie mit dem Marxismus zusammengebracht werden.[5]

In meinem Seminar[6] habe ich vor einigen Wochen bei Gelegenheit von Hegels Zeit-Denken Ihre Besprechung Hegels[7] und Ihr Buch in zwei Stunden vorgenommen. Es war mir eigen zumute, wie ich Ihren Namen zum ersten Mal in meiner Lehrtätigkeit und mit solchem Gewicht vorbrachte. Dr. Jonas hielt ein hervorragendes Referat über Ihr Buch. Die Studenten waren lebhaft interessiert. Meine Kritik[8] betraf Ihr Buch nur ganz oberflächlich, Ihre Hegeldarstellung ernstlich –, aber mit der Einleitung und dem Schluß, daß Sie ja keine Hegelkritik hätten geben wollen, Ihnen Hegel hier nur als kontrastierendes Mittel diente, Sie allerdings dazu Hegel nicht nötig gehabt hätten.

In der letzten Woche hielt ich meine Max-Weber-Vorträge[9], bin jetzt etwas semestermüde, und leider mit meinem Buch nicht sehr viel weiter gekommen.

Herzliche Grüße!

Ihr Karl Jaspers.

70 Martin Heidegger an Karl Jaspers

Lieber Jaspers! Todtnauberg, 24. IX. 28.

Seit gestern bin ich von unserer Reise nach Riga zurück. Meine Frau ist in Marburg geblieben, um Anfang Oktober den Umzug zu erledigen. Ich mußte direkt hierher fahren, da die Familie aus Marburg, die während unserer Abwesenheit unsere Kinder verwahrte, abreisen mußte und die Kinder nicht länger allein sein sollen.

Vor dem 15. Oktober werden wir wohl kaum eingezogen sein, und so lange muß ich hier bleiben. Daher wird meine diesmalige Herbstreise zu Ihnen etwas fraglich, zumal ich mit meiner Wintervorlesung noch ganz im Rückstand bin.

Wenn ich bis Mitte Oktober gut vorwärts komme und es Ihnen nach diesem Termin noch paßt, werde ich versuchen, die Reise doch noch möglich zu machen.

In Riga war es ziemlich anstrengend; die Seefahrt von Stettin nach Riga ganz herrlich – die See ein Spiegel – so daß ich von der Größe des Meeres wenig spürte; überhaupt muß ich sagen, daß mir die See unerheblich und langweilig vorkommt – aber das ist eben eine »einseitige« Empfänglichkeit des Gebirglers.

Im August hatte ich mich rasch erholt von einem sehr anstrengenden Semester. Als ich an die Arbeit wollte, bekam ich eine Hornhautentzündung, so daß ich oft in die Klinik mußte und die Augen überhaupt nicht anstrengen durfte.

Jetzt hoffe ich auf eine stille Arbeitszeit und auf eine ruhigere Tätigkeit in Freiburg.

Wie weit Sie wohl sein werden mit Ihrem Buch[1]? Ich denke schon gar nicht mehr daran, daß ich vor kurzem ein sogenanntes Buch publiziert habe[2] – nur gelegentlich werde ich durch »Rezensionen« daran erinnert.

Merkwürdige Erfahrungen, die man da macht. Für die, die rezensieren und dergleichen, hat man gewiß nie geschrieben. Ob überhaupt für die kurzatmigen Zeitgenossen? Wie oft ich nun schon gelesen habe, ich sei die – überdies von anderen auch schon längst geplante – wirklich gewordene Synthese von Dilthey und Husserl mit einigem Gewürz aus Kierkegaard und Bergson[3].

Ich werde in meiner alten Überzeugung bestärkt, daß es heute bei der routinierten Viel- und Nur-leserei gar keinen Zweck hat zu publizieren – es sei denn, um durch Berufung das Gehalt zu verbessern. Aber auch das darf man schließlich nur einmal sich erlauben.

Aber vielleicht ist das schon zu viel reflektiert über Publikation und Wirkung – es ist etwas, was wir nicht in der Hand haben, und wir müssen eben dem Zufall Gelegenheit bieten, daß er eintritt; daß der eine oder andere gefaßt wird und in seiner Weise etwas daraus macht.

Aber wenn überhaupt, dann muß der Mensch selbst als Philosophieprofessor auch »Metaphysiker« sein können, wenngleich er es gerade *so* recht schwer hat, weil die Zweideutigkeit recht groß ist.

Ich habe im vergangenen Sommer eine »Logik«[4] als Metaphysik der Wahrheit gelesen zum Schrecken und Staunen der »Schüler«.

Freiburg wird noch einmal eine Probe für mich werden, ob etwas von Philosophie da ist oder ob alles in Gelehrsamkeit aufgeht.

Für meine »Einleitung« im Winter habe ich neben wenigen zentralen Problemen (Freiheit, Natur, Geschichte) die Frage Philosophie und Wissenschaft – Philosophie und Weltanschauung aufs Korn genommen. Und wenn ich mich so daran versuche, dann wünsche ich besonders lebhaft ein Gespräch mit Ihnen. Hoffentlich entweichen Sie nicht aus der Nachbarschaft.

Mit herzlichem Gruß

        Ihr treuer

              Martin Heidegger.

Ihrer Frau gleichfalls einen herzlichen Gruß.

71 Karl Jaspers an Martin Heidegger

Heidelberg 2. Okt. 1928.

Lieber Heidegger!

Von Tag zu Tag zögere ich, Ihnen zu antworten, weil ich Sie gern sprechen würde, und weil so vieles dieses Mal dazwischen kommt. Nun entschließe ich mich schweren Herzens, für diesen Herbst Ihnen vorzuschlagen zu verzichten. Ich bin bei dem näher rückenden Semester etwas in Druck – die Einzelheiten sind uninteressant –, Sie sind Ihrerseits offenbar in ähnlicher Lage. Etwas gegenwärtig Zwingendes liegt nicht vor. Verabreden wir uns für das Frühjahr!

Allerdings sammelt sich an, was man gern reden möchte. Ich habe viel mit Ihnen innerlich diskutiert. Wenn wir uns wiedersehen, wird manches erledigt sein, anderes hoffentlich bei uns beiden so entschieden auf die Spitze getrieben werden, daß wir mehr als bisher auf die Prinzipien kommen.

Das Meer war Ihnen unfreundlich. Spiegelglatt darf es nur sein, wenn die Ruhe eine Artikulation in seinem Leben ist. Allerdings ist die Ostsee sowieso nicht eigentlich das Meer. Wir waren in den Alpen, in Zermatt, zuletzt am Genfer See. Da die Bahn heute ja alles möglich macht, war ich über 3000 m hoch auf dem Gornergrat zwischen lauter Gletschern ringsum. Mir war zumute wie Saussure:[1] als ob der Leichnam des Alls vor einem liege.[2] Dann war aber die Zufälligkeit dieser Ungetüme in ihrer Starre im Grunde nichts anderes als die Aufhäufungen von Materie in kleineren Dimensionen – wie der Sand am Strande zwischen zwei Fluten. Es ist großartig in den Alpen, für mich ohne daß ich Sehnsucht dahin habe – wahrscheinlich gehört hier das Selbstklettern zur Natur. Als bloßer Betrachter fühlt man sich etwas platt.

Mein Buch wird noch lange dauern. Im Jahre 1929 erscheint es bestimmt nicht. Es kommt ruckweise vorwärts. Die Semester stören sehr, in den Ferien bleiben einige Wochen. Aber das ist nicht die Hauptsache. Bis jetzt habe ich jeden »fertigen« Abschnitt, wenn ich ihn wieder in die Hand nahm, neu geschrieben – und es gibt immer noch einige wenn auch wenige Teile, die gar nicht geschrieben sind, sondern aus Notizen bestehen. Wegen einer Berufung werde ich jedenfalls die Publikation nicht beschleunigen. Da ich in diesem Buch die Gedanken, in deren Umsetzung mir zu leben möglich scheint, bringen möchte, – dieses Buch also mein einziges ist, an dem mir wesentlich etwas liegt, will ich es so gut, aber auch so ruhig machen, wie ich es kann.

Im Winter lese ich über »Kant und Kierkegaard«. Kierkegaard habe ich mir seit 1917 eigentlich nie mehr angesehen (nur im Sommer 1923[3] zum Teil und oberflächlich). Ich freue mich darauf.

Für Ihren Einzug in Ihr Haus wünsche ich Ihnen alles Gute. Sie werden glücklich sein im eigenen Besitz mit Frau und Kindern! Hoffentlich können wir einmal bei Ihnen zu Gast sein. Ich würde mich sehr freuen, – nun zunächst kommt der Winter.

Herzlichste Grüße
Ihr Karl Jaspers

72 *Martin Heidegger an Karl Jaspers*

30. X. 28.

Lieber Jaspers!

Herzliche Glückwünsche! Ich freue mich sehr, daß der Ruf[1] nun doch, und zwar in dieser Weise kam. Sie könnten nun, falls Sie sich entschließen, Ihre Pläne bezüglich des Institutes verwirklichen. Wie es im übrigen dort für Sie aussieht, werden Sie sehen.

Ich wäre *sehr traurig*, wenn die kaum – oder noch nicht einmal begonnene Nachbarschaft so zu Ende ginge.

Für alle Fälle ist der Ruf für Sie etwas Konkretes, und ich wünsche, daß das badische Ministerium sich ebenso nobel benimmt wie in meinem Fall.

Heidelberg wird ja nun von Philosophen entvölkert, und es sieht so aus, als müßte recht viel Platz geschaffen werden für R.[2] und so fort.

Mit Rücksicht auf Beckers zweimalige Zurückweisung finde ich die Rothackersche Berufung[3] eine Schande.

Aber der gute Mann hat nun endlich Ruhe und kann nun seine Begabung als »Fakultätshengst« entfalten.

Frank wünsche ich die Berufung sehr, wenn ich auch glaube, daß es nun mit einem wirklichen Philosophieren in Marburg zu Ende ist.

Ich fürchte, daß Becker bei dem bekannten Verfahren in Berlin sehr schlechte Gutachten bekommen hat – da seine Dinge allen gegen den Strich gehen.

Ich selbst bin aus anderen Gründen mit vielem nicht einverstanden. Und der Vorschlag wurde natürlich als eine Schiebung der »Phänomenologie« angesehen.

Ich möchte Sie bitten, falls Sie selbst Becker entsprechend beurteilen, Herrn Richter in dieser Hinsicht und wenn möglich auch in vielem anderen – Grundsätzlichem – die Meinung zu sagen. –

Wir sind hier eingezogen und leben in großer Freude. Ich wünsche jetzt nur noch, daß die Arbeit an der Universität, die seit meinem Weggang 1923 ganz unglaublich »schwärzer« geworden ist, auch noch einen Sinn hat.

Und »sonst« muß ich sagen, daß mir etwas fehlt, weil ich vor diesem Semester nicht in Heidelberg war – und zumal jetzt hätte ich mich noch direkter mitfreuen können über den Ruf.

Ihnen und Ihrer Frau
    einen herzlichen Gruß

            Ihr

            Martin Heidegger.

Meine Frau läßt herzlich Glück wünschen und grüßen.

P.S. Den Brief[4] fand ich heute erst im »Seminar« vor.

73 *Karl Jaspers an Martin Heidegger*

            Heidelberg   3/11 28.

Lieber Heidegger!

Ich danke Ihnen herzlich für Ihren Brief. Wir kommen eben aus Bonn[1] zurück. Es gibt viel zu erzählen, aber ich kann jetzt nicht. Nach Berlin[2] fahre ich erst Donnerstag. Wird mir sehr viel geboten, gehen wir wohl nach Bonn. Aber wir sind zerspalten und erleben –, in dieser Entwicklung, durch welche die Wirklichkeit sich erst klärt –, was es heißt: nicht zu wissen, was man will.

Becker werde ich jetzt bei jeder Gelegenheit unterstützen, nachdem ich ihn, solange Frank keinen Ruf hatte, an zweiter Stelle nannte. Als ich in Berlin war, – und Ihre Marburger Liste *noch nicht* kannte, habe ich von mir aus nur Frank, Baeumler, Becker genannt, aber Frank stark betont, die anderen beiden pari passu charakterisiert. Wie die Gelegenheit nächstens in Berlin wird, kann ich noch nicht wissen. Ich glaube übrigens, daß Becker gute Chancen hat – eventuell muß er noch etwas Geduld haben. Rothacker war in Berlin schon länger bekannt und gleichsam »vorgemerkt«. *Gegen* Becker, glaube ich, lag nichts vor. In Kiel war er auf einer Separatliste Scholzens, nicht bei der Majorität, wie ich, aber nicht aus direkter Quelle, hörte.

In Bonn fragte mich Dyroff, ob ich Schirmer[3] gut kenne. Ich: ich kenne ihn gar nicht. Er war *sehr* erstaunt. Da sah ich *Ihre* Wirkung, die meine Kandidatur dort in Bewegung brachte. Jetzt habe ich den Ruf bekommen auf Grund der Wentscher-Liste[4], im Augenblick als eine Frankfurter Liste[5] mit mir an erster Stelle in Berlin einging. So hörte ich.

Natürlich alles vertraulich, bitte!

Sie hören bald wieder von mir – wenn ich in Berlin war.

Herzliche Grüße, auch
Ihrer Frau

Ihr Karl Jaspers

Schreiben Sie mir, bitte, doch Ihre Adresse, dann kommen meine Briefe schneller an.

74 *Martin Heidegger an Karl Jaspers*

Freiburg, 10. XI. 28.

Lieber Jaspers!

Herzlichen Dank für Ihren Brief. Ich fürchte nun doch schon ernstlich, daß Sie gehen.

Sie haben insofern keine schwere Wahl, als Sie doch hier oder dort ein offenes und weiteres Milieu haben für die Philosophie »nach dem Weltbegriff«. Und Bonn hat vielleicht noch größere Möglichkeiten – mir hat es jedenfalls voriges Jahr sehr dort gefallen. Und Köln gehört eben schließlich mit dazu.

Ich habe meine erste Woche hinter mir und kann zunächst nur sagen, der *Neugierigen* sind viele – so etwas wie Reisepublikum, dazwischen Spione – ein merkwürdiges Gefühl, was andere an dieser meiner Stelle nicht haben können – weil ich so genau weiß, wie so ein Spion dasitzt – weil ich auch dasitzen könnte. Aber ich wußte ja, daß ich diesen Vorposten beziehe – aber es ist ein *verlorener* nach meiner innersten Überzeugung – die Katholiken haben unglaubliche »Fortschritte« gemacht – überall sitzen auch schon junge *katholische* Privatdozenten, die hier mit Notwendigkeit einmal ankommen.

Die philosophische Fakultät hat sich wesentlich verschlechtert.

Aber vielleicht ist das überall so.

Das Neue ist lediglich, daß ich mich in meinem Philosophieren *nicht mehr* »verstecke«. Es hat irgendwo einen Ruck gegeben. –

Die Frankfurter haben nun offenbar doch nicht den Mut gehabt, meinem Rat zu folgen. Ende vorigen Semesters wurde ich vom Dekan der philosophischen Fakultät[1] im Auftrag der Kommission gebeten, aus den Namen: Grisebach[2], Jaspers, Kroner, Tillich[3], Wertheimer[4] eine Dreierliste zu machen – weil kein Fachvertreter zur Beratung da sei.[5] Das war nicht schwer. Und ich schrieb ihnen, es sei eine völlige Unmöglichkeit, Sie mit den übrigen auch nur zu nennen. Der einzige Weg: Jaspers unico loco – über alle anderen habe sich übrigens auch Scheler in einer Weise geäußert, daß er sie nicht als Nachfolger hätte wünschen können.

Aber vielleicht haben die Frankfurter eine neue Ablehnung befürchtet und durch eine volle Liste vorgebaut. Ich dachte gar nicht, daß die Frankfurter Sache schon so weit gediehen sei.

Hoffentlich haben Sie mit Ihrer Frau »auch sonst noch« in Berlin schöne Tage gehabt.

Ich bin sehr gespannt, nicht nur vom Resultat in Ihrer Sache zu hören, sondern von diesem Besuch im Ministerium überhaupt. Aber freilich kann ich Ihnen jetzt in dieser Zeit und zu Semesterbeginn nicht einen langen Brief zumuten.

Herzliche Grüße von Ihrem

Martin Heidegger.

75 Karl Jaspers an Martin Heidegger

Heidelberg   12/11 28.

Lieber Heidegger!

Mit mir ist noch alles in der Schwebe. Aus Karlsruhe[1] hat man mir bisher nur Allgemeinheiten gesagt, ein Angebot überlegt man noch, ich fürchte allzu niedrig.[2] Die Luft wehte etwas lau. In Berlin umgekehrt, aber doch ein Angebot, mit dem ich schwer nach Bonn gehe; es wurde mir gesagt, es sei nicht das letzte. Ziffern schreibe ich Ihnen, wenn es am Ende ist. Jetzt ist es zu umständlich.

In Frankfurt war ich zu gleicher Zeit mit Ihnen geladen, aber zu *mündlichem* Vortrag in der Kommission. Ich ging hin, redete über viele Namen, nach denen man mich fragte. Zunächst gab man mir eine Liste von 180 Namen! Darauf schien es mir entsprechend, sie auf etwa 200 zu erhöhen. Einer Frage nach den Dreier-Listen gab ich nie eine Antwort, sondern erklärte es für das Schicksal einer Fakultät, wie sie auf Charakteristiken reagiere. Ich hatte die Vorstellung, daß Sie und ich die philosophischen Lehrstühle und Wertheimer den psychologischen haben sollten, und kokettierte etwas mit dem Gedanken, wenn er auch unmöglich schien, da Sie kaum nach Frankfurt und ich jedenfalls sehr ungern gegangen wäre. Immerhin hätte die reale Situation eines Angebots doch vielleicht etwas bedeutet. Entsprechend redete ich über Sie als Freund, umständlich, mit Wärme und möglicher Gegnerschaft, schilderte ein Philosophieren, das nur durch Berufungen möglich wäre, in denen die Berufenen in Korrelation zu einander ständen. Außerdem habe ich Frank, Becker, Baeumler entsprechend, aber kühler behandelt – und noch viele andere. Ob die Fakultät es merken würde? Sie hat es *nicht* gemerkt, denn statt an *drei* Stellen primo loco hat sie unsere drei Namen auf *eine* Liste gesetzt. Diese Liste ist, wie ich höre (aus indirekter Quelle), nach Frankfurt aus Berlin zurückgeschickt worden.

In Berlin fragte ich Windelband[3] nach Becker. Darauf er etwa: »Sie haben uns im Sommer Frank, Becker und Baeumler empfohlen. Nach Marburg haben wir Frank berufen, weil wir den Lehrstuhl nicht zum traditionellen Besitz der Phänomenologen werden lassen wollen. Becker kommt dran. Die jetzige Berufung Franks ist nicht *gegen* Becker gemeint. Von Baeumler haben wir auch sonst gute Auskünfte.« – Ich habe *nicht* gefragt, ob ungünstige Urteile über Becker zu ihnen gelangt seien, weil die Frage mir zu indiskret schien. Ich hatte aber *nicht* den Eindruck. Darum: für Becker guten Mut zu haben, scheint mir berechtigt.

Sonst in Berlin nur über Bonn und mich geredet! Ich erzähle Ihnen später mal. Ich war sehr ungeschickt, kann aber zufrieden sein.

Was Sie über den verlorenen Posten schreiben, bewegt mich, besonders weil es doch auch die Situation in Bonn ist.

Ich bin innerlich gespannt und unruhig – so ist es, wenn man nicht weiß, was man will. Ich warte ab, es wird schon kommen. Das Materielle ist sehr wichtig, aber nicht entscheidend – nur insofern, als ich nur mit sehr viel Einkommen nach Bonn gehe. Ohne das würde ich es nicht wagen. In Heidelberg fühlte ich mich nie eng. In Bonn fürchte ich die Stimmung provinzieller Enge, wenn nicht finanzielle Unabhängigkeit Schönheit und Beweglichkeit des Lebens möglich macht.

Müde am Abend – entschuldigen Sie Schrift und Stil!

Herzliche Grüße
Ihr Karl Jaspers

Karl Jaspers an Martin Heidegger

Heidelberg 1/12 28.

Lieber Heidegger!

Wir bleiben in Heidelberg. Es war ein langer Prozeß. Es gab eine Woche, wo wir so gut wie sicher schon in Bonn waren. Das völlige Einleben in die Möglichkeiten – auf Grund der realen Wahrnehmungen – ist die Voraussetzung eines sinnvollen Entschlusses. Das Materielle ist Bedingung, aber nicht allein entscheidend. In Preußen würde ich mehr verdienen (23 300 mit dem Zusatz, ich möchte sagen, was ich brauche, es sei nicht ihr letztes Wort, – in Baden 20 700, aber mit Äquivalenten, die das Zurückbleiben fast ausgleichen, besonders durch Wohnung[1])[2], aber in jedem Falle ist es genug[3], und die Entscheidung war unabhängig davon möglich (die Zusammensetzung wird Sie interessieren: Grundgehalt 14 000, Wohnungsgeld 1700, Kolleggeldgarantie 5000)[4]. Immerhin bedeutet Geld so viel, daß ich für 30 000 Mk nach Bonn gegangen wäre, zumal die Institutsmöglichkeiten mich sehr lockten. Aber ich mochte diese unverschämte »Forderung« nicht stellen, mochte auch nicht »handeln«, und bin daher bei den »ersten« Angeboten von beiden Regierungen stehen geblieben, und habe nach Berlin abgeschrieben, ohne das letzte Wort über Einkommen noch einzuholen. Die Noblesse der badischen Regierung hat es mir möglich gemacht. Wäre sie anders gewesen, hätte ich den Weg des Schacherns doch beschritten. Es ist mir keine unbedingte Forderung, ihn zu meiden. Nur wenn es keine Lebensfrage mehr ist, *darf* man selbst »nobel« sein. Oder besser: man kann nobel sein, wenn die andern es auch sind.

Nun freue ich mich, mit Ihnen im gleichen Bereich zu bleiben. Zusammen werden wir doch wohl nur kommen, wenn wir uns einmal in Berlin treffen – was sehr fraglich ist.

Seien Sie mit den äußerlichen Mitteilungen, bitte, zufrieden. Ich habe natürlich sehr viel zu tun und so schrecklich viel zu schreiben – und bin zur Zeit in meinem Gemütsleben fast aus-

113

gelaugt. Nun wird die neue Ruhe es wohl wieder möglich machen, zum eigentlichen Leben zu erwachen; jetzt ist alles so unwirklich geworden, sehr lehrreich, nun aber genug.

Herzlichste Grüße von uns beiden
an Sie beide

Ihr Karl Jaspers.

77 *Martin Heidegger an Karl Jaspers*

Freiburg i. Br., 3. Dez. 28.

Lieber Jaspers!

Herzlichen Dank für Ihren Brief. Nun gratuliere ich mir, daß Sie in Heidelberg bleiben. Ich freue mich auch als Badener, daß sich die Regierung gut benommen hat.

Oft habe ich in diesen Tagen mit Bangen daran gedacht, wie wohl Ihre Entscheidung fallen wird. Ich habe Sie auch schon in Bonn gesehen. Ich glaube doch, daß Sie das bessere Milieu gewählt bzw. behalten haben. Und ich bin dieser Überzeugung, daß Sie durch diese Wahl sich Heidelberg erneut zugeeignet haben.

Es kann nicht mehr das alte Heidelberg Max Webers sein. Sie müssen es neu schaffen. Das ist – meine ich – nicht das Schwierigste – aber daß man in diesen Jahren der wirklichen positiven Arbeit meist darauf verzichten muß, so ganz ungeteilt und jugendlich lebende Vorbilder still verehren zu dürfen, das ist es, was so eine merkwürdige Vereinsamung ins Dasein bringt – jenes dunkle Stehen vor dem eigenen anderen, was man glaubt der Zeit bringen zu müssen. –

Vielleicht werden Ihnen diese letzten Wochen ganz gut bekommen. Die eigene Arbeit, die im Stadium der »Ausarbeitung« leicht etwas Blasses und Allzubekanntes wird, erhält wieder mehr Wirklichkeit. –

Ich bin hier in vollem Schwung und kümmere mich um das

muffige Milieu gar nicht. Wenn ich in Ruhe gelassen werde, soll es gut sein.

Es sind hier im Unterschied zu Marburg sehr viel junge Semester, um so wesentlicher ist es, was man und wie man es gibt.

Während ich noch bis vor wenigen Semestern immer nur einen Weg und diesen möglichst langsam und bestimmt ging, versuche ich jetzt den Angriff aufs Ganze.

Künftig werde ich jeden Sommer neben der Hauptvorlesung eine »Einführung in das akademische Studium«[1] als Publikum lesen.

Unser Haus ist jetzt fertig – selbst der Garten ist angelegt. Und demnächst ist ein kleines Einweihungsfest. Und es ist schade, daß Sie nicht mit Ihrer Frau auf einen Sprung herüber kommen können.

Aber ein neuer Weg des Verkehrs ist insofern gelegt, als wir jetzt Telephon haben: 7104.

Wenn also gerade mal die Lust zum Plaudern kommt oder die Notwendigkeit eines wesentlichen Gesprächs, ist dies eine Erleichterung.

Gestern waren wir alle vier auf dem Schwarzwald im schönsten Schnee – und ich dachte mir zwischendurch, wenn jetzt J. noch in Heidelberg bliebe, dann fehlt nichts mehr. Als wir abends zurückkamen, war Ihr Brief da.

W. Jaeger schickte mir dieser Tage seinen Sonderdruck aus den Sitzungsberichten der Berliner Akademie: »Über Ursprung und Kreislauf des Philosophischen Lebensideals.«[2]

Ich will mir die Sache in den nächsten Tagen ansehen, und wir müssen darüber wohl mal sprechen, schon aus geistespolitischen Gründen.

Mit herzlichen Grüßen an Sie und Ihre Frau

    bin ich Ihr

        Martin Heidegger.

Meine Frau läßt Sie beide gleichfalls herzlich grüßen.

78 Karl Jaspers an Martin Heidegger

Heidelberg   19/12 1928

Lieber Heidegger!

Herzlich danke ich Ihnen für Ihren letzten Brief. Ich habe Ihnen viel zu schreiben – aber das hat Zeit. Heute nur muß ich ganz eilig etwas bei Ihnen anfragen:

In unserer Kommission für die Neuberufung des Kunsthistorikers[1] wird sehr lebhaft Jantzen[2] (Freiburg) propagiert. Einige Mitglieder – darunter ich – haben, noch ohne genügend Bescheid zu wissen, also im Stadium der Prüfung, einige Sorgen; er *könnte* rein fachlich, »deutsch«, und könnte in Aufgabenstellung trivial sein. Er wird von allen »Autoritäten« enorm gelobt. Könnten Sie mir sagen, wie seine Lehrwirksamkeit in Freiburg ist? Ob und wie seine Schule anspricht[3]? Ob seine Wirkung auch in die Breite geht? so daß er die geschichtlichen Studien in Freiburg mitbestimmt?

Wir denken an Panofsky[4], ferner an jüngere Leute, die *vielleicht* eigenständiger sind. Es ist noch alles unentschieden.

Wenn Sie es für zweckmäßig halten, schreiben Sie eventuell zwei Briefe – einen, den ich der Kommission vorlegen kann, und einen, in dem Sie mir eventuell noch rückhaltloser sagen, was man nicht gern mehreren mitteilt.

Ich wäre Ihnen für *umgehende* Antwort *sehr* dankbar, da – *falls* bei Jantzen ernstliche Bedenken berechtigt wären – Gefahr im Verzuge ist.

Herzliche Grüße!
Ihr Jaspers

79 Martin Heidegger an Karl Jaspers

20. XII. 28.

Lieber Jaspers!

Gern antworte ich auf Ihre Anfrage bezüglich Jantzen. Seine jetzige Lehrtätigkeit kann ich noch nicht beurteilen, dagegen sehr wohl die aus meiner ersten Freiburger Zeit 1919–23. Ich hatte damals eine Reihe ungewöhnlich tüchtiger und aufgeschlossener Schüler von Jantzen ständig in meinen Übungen.

Jantzen, Hamburger, seiner Natur nach zurückhaltend und etwas schwer beweglich, zeichnet sich aus durch große Sachlichkeit und Vorsicht in Auffassung und Urteil. Wenn man ihn nicht näher kennt, macht er leicht den Eindruck eines trockenen Gelehrten. Aber im Grunde ist er ganz anders – viel gereist und weltoffen – und zugleich brennend interessiert für grundsätzliche Fragen. Aus vielen Gesprächen über das Mittelalter weiß ich, wie energisch er sich in die allgemeine Geistesgeschichte einarbeitet und auch nicht schwierigere Arbeit scheut, mittelalterliche Philosophie, die nicht in sein Gebiet gehört.

Jantzen gehört zu denen, die nicht nur das verstehen und kennen, worüber sie gerade reden und schreiben.

Er ist im Herbst von einer spanischen Reise zurückgekommen und hat, wie ich merkte, mit ganz weiten Perspektiven die Dinge gesehen.

Seine Seminare werden ganz außerordentlich geschätzt und gerade nicht nur von Leuten der Zunft besucht.

Menschlich sehr sympathisch, zielbewußt und entschieden. –

Ich hoffe in den Ferien zu einem ausführlichen Brief zu kommen.

Herzlich grüße ich Sie

Ihr   Martin Heidegger.

80 *Martin Heidegger an Karl Jaspers*

21. XII. 28.

Lieber Jaspers!

Jantzen ist in jeder Hinsicht ordentlich – aufregen wird er nicht und neue Wege kaum noch einschlagen.

Ich habe nichts Negatives geschrieben: 1. weil ich ihn in seiner Art schätze. 2. weil er äußerlich mit vier erwachsenen Kindern in einer ziemlich scheußlichen Lage ist (Rufe nach München und Leipzig sind ihm daneben gegangen). Ob er bei dem Wechsel in Baden etwas herausschlägt, ist eine andere Frage. Und schließlich war er neben Husserl und Fabricius[1] derjenige, der sich am meisten für meine Rückberufung eingesetzt hat.

Bei dem Volk der Kunsthistoriker, wo so viel und leicht mit Phrasen und weitläufigem, ungegründetem Geschwätz gearbeitet wird, ist mir jemand von der Art Jantzens viel lieber.

Panofsky ist geistreicher, theoretisch begabter und scharfsinniger – aber m. E. viel einseitiger und in seiner Art dogmatischer; ich sah ihn einmal in Hamburg – mir nicht sympathisch.

Die »Deutschheit« Jantzens ist recht harmlos; so entschieden er in seiner Wissenschaft ist, so zugänglich ist er für Argumente und vernünftige Stellungnahmen.

Wenn Sie nicht einen ganz ungewöhnlich begabten und in seiner Entwicklung schon etwas sicheren jüngeren Vertreter haben, würde ich Jantzen unbedingt vorziehen. Ob er freilich ganz in das Heidelberger Milieu paßt, weiß ich nicht, denn dieses Milieu ist ja nicht stabil – und hat auch seine Schattenseiten.

Ich nehme an, daß Sie auch eine Einladung nach *Davos*[2] bekommen haben. Ich werde zusagen, schon allein der Skihochtouren wegen – Thema: Kants Kritik der reinen Vernunft und die Aufgabe einer Grundlegung der Metaphysik. Kommen Sie doch auch, und zwar so, daß wir zusammen oben sind. Ich soll zwischen 17. und 27. März sprechen. –

Ich bin froh, daß Ferien sind. Wir freuen uns auf die Hütte. Der Winter hat ja in der schönsten Form eingesetzt.

Herzliche Grüße von Haus zu Haus

        Ihr

        Martin Heidegger.

81   *Karl Jaspers an Martin Heidegger*

                                  Heidelberg 6.4.29.

Lieber Heidegger!

Sie werden wahrscheinlich aus Davos zurückgekehrt sein. Jetzt ist die Zeit, wo ich Chance habe, Ihren Besuch zu bekommen. Haben Sie Lust? Vielleicht im letzten Drittel des Monats?

Im letzten Semester war mit mir nicht viel los. Ich machte meine Vorlesungen[1], kam aber an der Arbeit nur indirekt weiter. Jetzt in den Ferien bin ich glücklicherweise wieder ganz darin.

Meine Frau ist in Rom bis Ende des Monats.

Wenn Sie nicht kommen sollten, schreibe ich mal einen längeren Brief und erzähle. Sonst geht es besser mündlich.

                              Herzliche Grüße
                                  Ihr Karl Jaspers.

82 Martin Heidegger an Karl Jaspers

Freiburg, 14. IV. 29.

Lieber Jaspers!

Herzlichen Dank für Ihre Einladung. Ich freue mich, daß ich so mindestens mal wieder ein Lebenszeichen von Ihnen habe. »Lust« hätte ich schon. Aber ich muß bis Ende des Monats das Manuskript meiner Kantinterpretation[1] fertig haben, die ich jetzt schon mehrfach vorgetragen habe und daher lieber selbst veröffentliche, als daß sie in unkontrollierbaren Nachschriften umläuft. Daher bin ich sehr angespannt. Und dazu ohne rechte Semestervorbereitung. Deshalb kann ich auch jetzt noch nicht erzählen und muß Sie auf später vertrösten.

Aber schreiben Sie mal ausführlicher.

Sobald ich freier bin, mehr. Im nächsten Monat muß ich auch die zweite Auflage[2] drucken, die ich als »durchgesehene« herausgebe. Schön, daß Sie im Zug sind!

Bei uns ist alles gesund und froh im schönen Haus am Lande.

Herzliche Grüße
Ihr

Martin Heidegger.

83 Karl Jaspers an Martin Heidegger[1]

20/6 29

Lieber Heidegger!

Dieses Mal war ich recht traurig, daß wir uns gar nicht gesprochen haben. Zumal als ich dann von der Davoser Tagung in den Zeitungen[2] las, hätte ich zu gern von Ihnen direkt gehört.

Es hat sich in der langen Zeit von mehr als einem Jahr soviel aufgesammelt, daß nun aber wieder manches vergessen wird oder abbröckelt, das einmal zur Unterhaltung drängte. Unsere uns gemeinsame Unlust zum Briefeschreiben, außer in sachlich dringenden Angelegenheiten, macht eine allzu lange Unterbrechung unserer Kommunikation schmerzlich. Hoffentlich im Herbst!

Sie haben Ihren öffentlichen Gang begonnen und können, wie mir scheint, zufrieden sein mit dem Ernst der Diskussion, durch die Sie aufgenommen werden. Über den Gehalt der damit begonnenen Vorgänge, der mir keineswegs nichtig zu sein scheint, auch wenn Sie unzufrieden sein sollten, müssen wir in Wechselrede sprechen.

Für Ihren Aufsatz[3] danke ich herzlich. Ich habe ihn noch nicht lesen können, da ich seit Frühjahr gut in der Arbeit bin und mich bis jetzt noch durch nichts habe ablenken lassen.

Zu berichten wären von mir aus die Berufungsanfragen, aus Erlangen kamen im Laufe der Zeit vier Leute, so daß sich bei mir ein kleines Aktenfaszikel entwickelte. Wie es nun geworden ist, weiß ich heute noch nicht. Meine Kandidaten waren auch Ihre, wie ich aus unseren früheren Unterhaltungen schließe: Baeumler, Becker, Ebbinghaus. Auf eine Anfrage, ob ich Bekker oder Ebbinghaus vorziehen würde, habe ich geantwortet, daß ich bei jeder Wahl hier das Gefühl hätte, dem andern geschehe ein Unrecht, Becker sei nach seinen Leistungen der mehr bewiesene, Ebbinghaus als philosophierender Mensch wohl entschiedener, und *nach Berichten* der bessere Lehrer. Müßte ich selbst entscheiden, würde ich Ebbinghaus wählen aus nicht objektiven Gründen, die in der Persönlichkeit liegen und keine allgemeine Geltung beanspruchen können.

Der eigentliche Anlaß, daß ich heute schreibe, ist folgender: Frl. Arendt hat im Winter promoviert[4], die Arbeit ist im Ganzen nicht so glänzend geworden, wie wir nach dem ersten Teil erwarteten, aber doch philosophisch gut (historisch die Zitate z. T. bedenklich, Korrekturen handgreiflicher Fehler sind z. T. vergessen, wo ich sie gefunden habe; da ich nicht länger als 1½ Tage auf die Arbeit verwenden wollte, fürchte ich, sind noch einige davon geblieben.[5] Die Arbeit ist als ein wirkliches Anliegen dessen, was sie bei Ihnen methodisch gelernt hat, vortrefflich, und an der Echtheit ihrer Beteiligung an den Problemen ist nicht zu zweifeln. Nun möchte sie ein Gesuch an die Notgemeinschaft[6] machen für ein Forschungsstipendium mit dem Zweck, eine Arbeit über Rahel Varnhagen[7] zu machen. Dazu ist sie durch ihre Vorbildung und Neigung m. E. prädestiniert. Wollen Sie ihr auch ein kurzes Zeugnis schreiben? Dann wäre ich Ihnen dankbar. Sie können es an mich senden oder ihr direkt: Hannah Arendt, Neubabelsberg bei Berlin. Merkurstr. 3 bei Luer. Im letzten Fall bitte ich Sie um Benachrichtigung an mich.

Von unserer Kunsthist. Prof. und soviel anderem Zeug mag ich nicht schreiben. Ihr Brief über Jantzen hat mich seinerzeit für Jantzen umgestimmt, gegen den ich bis dahin war. Zur Zeit ist nach Jantzens Ablehnung hier alles durcheinander.

Herzlich

Jaspers

84 *Martin Heidegger an Karl Jaspers*

Freiburg, 25. VI. 29.

Lieber Jaspers!

Herzlichen Dank für Ihren Brief. Das gewünschte Zeugnis liegt bei.

Ich freue mich, von Ihnen ein Lebenszeichen zu haben und vor allem die Nachricht, daß Sie gut in der Arbeit sind.

Auf den Herbst freue ich mich, denn so kann es nicht weiter gehen; zwar philosophiere ich im stillen immer mit Ihnen.

Mit Berufungsfragen werde ich gottlob nicht mehr behelligt. Weniger angenehm ist mir die öffentliche Existenz, in die ich hineingeraten bin.

Andererseits – bei allem Unerfreulichen und dem, was zu meinem Stil nicht paßte – in Davos habe ich doch unmittelbar und stark erfahren, daß es noch einen Sinn hat, da zu sein; und so muß man es in Kauf nehmen, daß man ins Gerede kommt.

Zur Zeit lese ich zum ersten Mal über Fichte, Hegel, Schelling[1] – und es geht mir wieder eine Welt auf; die alte Erfahrung, daß die anderen nicht für einen lesen können.

Die ersten 14 Tage des August würden Ihnen wohl kaum angenehm sein für einen Besuch.

Mir auch nicht besonders; aber in der Zeit ist meine Frau mit den Kindern am Starnberger See, so daß ich nicht allein auf die Hütte kann.

Schreiben Sie bitte kurz darüber.

Mit herzlichen Grüßen von Haus zu Haus
Ihr getreuer

Martin Heidegger.

Ich bitte, den Zeugnisumschlag zu schließen.

85 *Karl Jaspers an Martin Heidegger*

Heidelberg, 7. Juli 1929

Lieber Heidegger!

Herzlichen Dank für Brief und Zeugnis. Ich bin sehr froh, daß wir uns im Herbst sehen werden, und auch ungeduldig, es möchte bald sein. Aber trotzdem paßt mir die erste Hälfte August nicht gut. Ich zöge das Ende der Ferien vor. Denn, wenn ich arbeiten kann, möchte ich gern ein Kapitel fertig bringen, das einzige, dessen Grundgedanken ich noch nicht klar sehe, obgleich viel Stoff da ist, worin er erscheint. Es ist das, was mich jetzt dauernd interessiert, und erst heraus muß, bevor ich für anderes offen werde. Kann ich aber nicht, so möchte ich kurze Zeit in der Natur mich völlig abspannen, oder meine Eltern besuchen.

Für den Winter habe ich Urlaub, wohl den letzten in meinem Leben. Aber es dauert noch *mindestens* ein Jahr, bis ich meine Sache zum Druck bringen kann.

Hier hörte ich, Sie hätten eine Rede zu Husserls Geburtstag[1] gedruckt. Soll ich die nicht haben?

Nach Erlangen ist Herrigel[2] berufen. Er stand an 4. Stelle. Ich hatte dringend gewarnt. Für dieses Resultat hat die Fakultät dort ein halbes Jahr Beratungen gebraucht.

Hier war gestern in einer Sitzung des großen Senats wieder Unheil und eine erstickende Atmosphäre: eine Rektorwahl[3] im Kampf. Wir hatten die Niederlage. Das Gute ist meistens in der Minorität. Es ist eine aufregende Frage, wodurch es einmal die Majorität erlangen kann, ohne damit schon denaturiert zu sein.

Herzliche Grüße

Ihr Karl Jaspers.

86 *Karl Jaspers an Martin Heidegger*

Heidelberg 14. Juli 29.

Lieber Heidegger!

Für Ihr Kant-Buch[1] und Ihre Husserl-Rede danke ich Ihnen herzlich. Ich habe jetzt in das Buch nur flüchtig hineinsehen können und freue mich auf die Lektüre. Es ist offenbar eine völlig neue Interpretation, in sich geschlossen, mir fremdartig und noch ohne Beziehung zu dem, was mir Kantische Philosophie ist, aber jedenfalls ergiebig für Strukturen bei Kant, die mir so – nach erstem Eindruck – gewaltsam überbetont scheinen –, was an sich kein Schaden ist. Aber wir müssen sprechen – der Stoff ist nun noch vermehrt. Zur Husserl-Rede habe ich einige impertinente Fragen[2].

Herzlichst

Ihr Karl Jaspers.

87 Martin Heidegger an Karl Jaspers

30. Juli 29.

Lieber Jaspers!

Ich bin mit der Verwendung des Zeugnisses[1] einverstanden. In Eile!

Mit herzlichem Gruß

Ihr Martin Heidegger.

88 Martin Heidegger an Karl Jaspers

Wiesbaden, 8. Okt. 29.

Lieber Jaspers!

Ich werde am 13. oder 14. Oktober von Frankfurt her, wo ich einige Tage bei Riezler[1] (Marienstr. 1) bin, zu Ihnen kommen. Wenn es Ihnen nicht paßt oder erst später, dann geben Sie mir bitte an die Frankfurter Adresse Bescheid.

Auf Bitten von Frau Scheler[2] war ich in Köln, um den Nachlaß Max Schelers durchzusehen.

Mit herzlichen Grüßen Ihnen und Ihrer Frau
    Ihr

        Martin Heidegger.

89 Karl Jaspers an Martin Heidegger

Oldenburg[1] 10/Okt. 1929.

Lieber Heidegger!

Ich danke Ihnen herzlich.

Leider bin ich nun nicht in Heidelberg. Davon habe ich Sie telegraphisch benachrichtigt. Ich kann meine Eltern[2] jetzt nicht schneller verlassen, vielleicht um ein paar Tage, aber es klappt doch nicht mit Ihrer Rückkehr aus Frankfurt.

Ich hoffe, daß Sie kurz vor dem Semester doch noch zu mir kommen können. Es wäre sehr schmerzlich, wenn es auch diesmal wieder nichts würde. Mir wären die letzten zehn Tage des Monats für Sie frei, wann und wie lange Sie wollen.

Herzliche Grüße, auch von meiner Frau,

Ihr K. Jaspers

90 Martin Heidegger an Karl Jaspers

Freiburg-Zähringen, 18. X. 29.

Lieber Jaspers!

Ich danke Ihnen für Ihren Brief. Ich habe mir hin und her überlegt, wie ein Aufenthalt in Heidelberg zustande kommen könnte. Aber ich wollte und konnte nicht bis zum 20. in Frankfurt bleiben. Andererseits fangen wir dieses Semester nach Senatsbeschluß (ich selbst habe im Senat mitgestimmt) die Vorlesungen schon am 24. Oktober an.

Dieser Tage bekam ich eine Einladung der Deutschen Fachschaft an der Universität Heidelberg zu einem Vortrag. Ich werde für den 5. bzw. 6. Dezember zusagen und kann dann vielleicht zwei Tage bei Ihnen bleiben. Es ist das mindestens ein vorläufiger und geringer Ersatz. Ich werde das Thema meiner hiesigen Antrittsvorlesung[1] behandeln: Was ist Metaphysik?

Ich war gar nicht darauf gefaßt, daß Sie um diese Zeit in Oldenburg sein sollten, darum habe ich nicht früher geschrieben.

Mit herzlichen Grüßen von Haus zu Haus
Ihr

Martin Heidegger.

91 Karl Jaspers an Martin Heidegger

Heidelberg 21. 10. 29.

Lieber Heidegger!

Daß Sie Anfang Dezember kommen, freut mich sehr herzlich. Nun kommt hoffentlich nichts dazwischen. Die deutsche Fachschaft verdient ein hohes Lob.

Ich wünsche Ihnen ein gutes Semester!
Anliegend die für Sie hier eingetroffene Post.

Herzliche Grüße

Ihr K. Jaspers

92 *Martin Heidegger an Karl Jaspers*

Freiburg, 1. Dez. 29.

Lieber Jaspers!

Ich komme nächsten Donnerstag 12^{41} in Heidelberg an. Wenn es Ihrer Frau und Ihnen recht ist, möchte ich bis Sonntag bleiben.

> Mit herzlichen Grüßen
> von Haus zu Haus
> Ihr
>
> Martin Heidegger.

93 *Karl Jaspers an Martin Heidegger*

Heidelberg 2. 12. 29 (Poststempel)

Lieber Heidegger!

Am 5. ist Ihr Vortrag. Ich wäre Ihnen dankbar für eine kurze Nachricht, wann Sie ankommen, und wie lange Sie bei uns bleiben können. Ihr Zimmer wird wohl am besten geheizt. Haben Sie irgendwelche Wünsche?

> Mit herzlichem Gruß, in der
> Freude auf das endliche Wiedersehen
>
> Ihr Karl Jaspers

Bitte so lange als möglich! Auf Wiedersehen! Und Grüße für Sie alle!

> Gertrud Jaspers

94 *Karl Jaspers an Martin Heidegger*

Heidelberg 2. 12. 29 (Poststempel)

Lieber Heidegger!

Vor wenigen Stunden ging meine Karte ab. Da erhalte ich schon auf meine Fragen die wesentlichste Antwort. Wir freuen uns *sehr* bis Sonntag.

An der Bahn wird wie sonst niemand sein. Wir erwarten Sie hier in unserer Wohnung.

Herzlichste Grüße
Ihr Karl Jaspers

95 *Karl Jaspers an Martin Heidegger*

5/12 29

Lieber Heidegger!

Seit undenklichen Zeiten habe ich niemandem so wie heute Ihnen zugehört. Wie in der reinen Luft war mir frei zumute in diesem unablässigen Transzendieren. Das uns gemeinsam so ganz Selbstverständliche hörte ich in Ihren Worten, zum Teil mir fremd, doch als das Identische. Es wird noch philosophiert!

Gute Nacht!

Herzlichst

Ihr Karl Jaspers.[1]

96 *Martin Heidegger an Karl Jaspers*

Freiburg i. Br., 29. III. 30.

Lieber Jaspers!

Gestern nachmittag habe ich aus dem blauen Himmel telegraphisch einen Ruf nach Berlin erhalten.[1]

Ich bin zum 7. April zu Verhandlungen dorthin gebeten. Ich wäre Ihnen sehr dankbar, wenn ich vor meiner Reise, die wohl am 5. IV. erfolgen wird, mich ausführlich mit Ihnen beraten könnte.

Mit herzlichen Grüßen von Haus zu Haus

Ihr getreuer

Martin Heidegger.

97 *Karl Jaspers an Martin Heidegger*

Heidelberg 29. März 1930

Lieber Heidegger!

Eben lese ich in der Zeitung, daß Sie den Ruf nach Berlin erhalten haben. Ich beglückwünsche Sie von Herzen. Ihnen ist nicht nur die größte Ehre zugefallen, die einem Universitätsphilosophen beschieden ist; Sie treten an den sichtbarsten Posten und werden dadurch bisher nicht gekannte Impulse Ihres Philosophierens erfahren und verarbeiten. Es gibt, wie ich glaube, keine bessere Chance.

Daß ich selbst mir einmal Hoffnung auf Berlin gemacht habe, läßt mich einen leisen Schmerz empfinden. Aber er ist der geringstmögliche, da Sie nun diesen Ruf haben. Denn das Bewußtsein, daß einmal das Richtige geschieht und daß in diesem Augenblick es schlechthin einwandfrei und gerecht ist, daß Sie diese Wirkungsmöglichkeit ergreifen, ist eine so positive Freude, daß der Schmerz als ganz persönlicher, privater nur ruhig sich auswirkt und schon im Ursprung auch im Verschwinden ist.

Werde ich Sie auf Ihren Berliner Reisen jetzt auch in Heidelberg sprechen? Ich würde mich freuen, wenn das durch Ihre Dispositionen möglich würde.

>Mit herzlichem Gruß –
>und alles Gute!

>Ihr Karl Jaspers.[1]

98 *Karl Jaspers an Martin Heidegger*

>Heidelberg 30. März 30.

Lieber Heidegger!

Ich bin sehr erfreut, daß Sie vor Berlin zu mir kommen. Bitte melden Sie sich nur an, wann Sie bei uns eintreffen.

>Herzlichst
>Ihr Karl Jaspers.

99 *Martin Heidegger an Karl Jaspers*

>Freiburg, 1. April 30.

Lieber Jaspers!

Für Ihren Brief danke ich Ihnen herzlich.

Daß ich vor den Verhandlungen zu Ihnen komme, sollte *Ihnen* sagen, daß ich diese Reise nicht als private Angelegenheit nehme.

Ich komme Freitag 11^{09} und fahre Samstag 13^{02} weiter.

Mit herzlichen Grüßen von Haus zu Haus

>Ihr Martin Heidegger.

100 *Martin Heidegger an Karl Jaspers*

2. IV. 30.

Lieber Jaspers!

Wenn es Ihnen recht ist, komme ich schon morgen (Donnerstag) abends ½9 Uhr zu Ihnen.

Sollte es nicht passen, dann geben Sie bitte bis 4 Uhr nachmittags Bescheid.

Auf Wiedersehen

Ihr

Martin Heidegger.

101 *Martin Heidegger an Karl Jaspers*

Freiburg, 17. Mai 30.

Lieber Jaspers!

Neues kann ich Ihnen nicht berichten und nur das sagen, was ich Ihnen aus der Gesinnung der Freundschaft heraus schon anvertraut habe. Vor einigen Tagen habe ich den Ruf nach Berlin abgelehnt.

Das Angebot war von vornherein in der Bahn, die wir für unerläßlich hielten. Vor allem war die Kolleggeldgarantie unabhängig von der Stundenzahl der Vorlesung. Diese selbst sollte in meinem Belieben stehen, ob ich 1 oder 2 oder 4 Stunden in der Woche lese. Im übrigen keine Verpflichtungen.

Die badische Regierung konnte natürlich nicht dagegen ankommen, was ich auch nicht verlangte. Aber sie hat sich doch angestrengt. Allein, das Ganze stand für mich von vornherein diesseits von Angebot und Gegenangebot. –

Ich hatte sogleich ein längeres Gespräch mit dem Minister, der einen ausgezeichneten Eindruck machte. Er unterrichtete mich auch sofort über die Vorgeschichte der Berufung. Die Fakultät hatte unico loco Cassirer vorgeschlagen, Hartmann abgelehnt und mich »genannt«, aber Bedenken geäußert bezüglich der Jugend und so fort.

Man wollte also zu den vier Mittelmäßigen und Minderwertigen noch einen fünften Ungefährlichen.

Es ist also heute schon fatal geworden, wenn man von einer Berliner Fakultät ausdrücklich vorgeschlagen wird.

Vertraulich: Nachdem die Berufung heraus war, haben einige in der Fakultät, darunter Jaeger, entdeckt, daß sie »eigentlich« mich gewollt hätten. Aber – die Bonzen. Ob solche Feiglinge die rechten Leute sind, um einem Neu-Humanismus auf die Beine zu helfen, ist mir nicht erst jetzt zweifelhaft geworden.

Wenn mir das Ganze auch keine innere Beunruhigung brachte, so doch viel Störung und unnötiges Hin- und Hergerede.

Nach erfolgter Ablehnung macht der Minister in einem längeren Brief den Versuch, einen neuen Weg zu finden, mich nach Berlin zu ziehen. Zu diesem Zwecke will er mir Richter zu einer erneuten Besprechung nach Freiburg schicken.

Richter empfing mich übrigens in Berlin mit dem Ruf: »So sehen wir uns wieder!« / Mir ist es lieber, wenn er in Berlin bleibt, ich verzichte gern auf die »Genugtuung«; sie wäre mir sogar peinlich.

In der Pfingstwoche wollen wir, meine Frau und ich, mit Freunden auf dem Main oder der Weser oder auf Heideflüßchen paddeln. Bei dieser Gelegenheit können wir vielleicht bei Ihnen hereinsehen.

    Mit herzlichen Grüßen und Wünschen zur Vollendung Ihres Werkes

                    Ihr Martin Heidegger.

Grüßen Sie bitte auch Ihre Frau vielmals.
Meine Frau läßt Sie beide gleichfalls grüßen.

102 *Karl Jaspers an Martin Heidegger*

Heidelberg 24. Mai 1930

Lieber Heidegger!

Ich danke Ihnen herzlich für Ihren Brief. Ihre endgültige Ablehnung hat mich doch noch einmal bewegt. Nachträglich verstehe ich aus Ihnen. Die Gewißheit Ihres Entschlusses läßt keinen Zweifel daran aufkommen, daß Sie recht gewählt haben. Was philosophisch noch in Ihnen schlummert und nur Ihnen selbst fühlbar ist, kann hier im Süden in einer der Oasen der gegenwärtigen Wüste besser zutage kommen. Trotzdem empfinde ich das Faktum, daß das Philosophieren nun nicht in Berlin angesichts der gegenwärtigen Wirklichkeit und in ihrer Gefahr geschieht, nicht gleichgültig. Es liegt von Ihrer Seite darin ein Verzicht und ein Anspruch, dessen letzte Bedeutung ich noch nicht erfasse. Es wird etwas Gutes dabei herauskommen. Ich wünsche Ihnen das Beste für Ihre Arbeit auf dem von Ihnen nun so entschieden ergriffenen Grunde.

Im Augenblick hat Ihr Entschluß eine objektive Bedeutung für unsere deutsche Universität überhaupt. Denn er wird für viele eine Suggestion sein: Berlin sinkt im Wert, die kleinen Universitäten steigen. Ich glaube nicht, daß man *das* schnell vergißt.

Nun bleibt für Sie Heidelberg.[1] Wenn Sie schließlich wirklich wollen, werde ich mit Ihrer Hilfe alles tun, daß Sie hierher kommen. Es wird dann vielleicht doch zweckmäßig sein, rechtzeitig anzufangen. Die Schwierigkeit ist Hoffmann, der leider einen großen Teil der Fakultät hinter sich hat, aber eingekreist vielleicht von vornherein sich für Sie erklärt. Die andere Schwierigkeit ist Karlsruhe[2], wo Sie aber wohl finanziell den Vorzug vor Cassirer haben, da man an Ihre Stelle nach Freiburg einen Billigeren berufen könnte – wenn Karlsruhe überhaupt drei Ordinariate in Heidelberg, die nicht geplant und nie vom Landtag bewilligt sind, aufrechterhält. Doch das sind alles Sachen, die wir später besprechen können.

Ihr Kommen nach Heidelberg wäre für mich natürlich von allen Möglichkeiten die einzige, die etwas bedeutet. Es würde sich entscheiden, ob wir beide in der Lage sind, kommunikativ auch in radikalster Diskussion zu philosophieren, oder ob der alte solipsistische Weg, wie er immer an den Universitäten war, weitergeht: wo es nur Polemik, aber keine Verwirklichung gab, und wo man sich »nicht zu nahe trat«. Es würde uns wie eine Bewährung der Existenzphilosophie werden, die man doch nicht geradezu wollen und machen kann. Wenn das in der Situation der Öffentlichkeit als eine durch einige Jahre zu vollziehende Bewegung gelingt, so würde es im Philosophieren eine neue Verifikation und einen Appell an die anderen geben, der etwas, das Wirklichkeit ist, stiften könnte. Wenn es nicht gelingt, so wäre der Schmerz für mich und ich glaube auch für Sie von einziger Art. Eine Angst davor läßt meinen Wunsch nach örtlicher Gemeinschaft wohl einmal in Frage stellen. In Berlin wäre das ganz anders als in der gefährlichen Enge der Öffentlichkeit einer kleinen Stadt. Die Schwierigkeiten sind groß, aber das Gelingen um so wesentlicher.

Ob der Verfall Heidelbergs durch Ihr Herkommen aufzuhalten wäre, läßt sich nicht sagen. Es handelt sich ja wesentlich nur um Berufungen und Habilitationen. Wir haben viele Ablehnungen erfahren (Buschor[3], Panofsky[4]). Wenn Sie kommen, so würde wohl eine Steigerung des Werts von Heidelberg in der allgemeinen Stimmung entstehen. Meistens sind wir den Leuten, welche hier planmäßig auf die Berufung von Mittelmäßigkeiten gehen, erlegen. Sie bekommen die Majorität. Wenn Sie kämen, würde vielleicht eine Solidarität zweier (bei der wir auf Weber und Gundolf wohl stets so gut wie sicher rechnen könnten) eine Macht haben, die ich bisher nur augenblicksweise kennenlernte. Aber auf mich ist kein physischer Verlaß, und wie lange ich lebe, für Sie auch zu bedenken. Der Plan einer aristokratischen Universität, den wir neulich besprachen, ist vorläufig utopisch. Wir brauchen ihn aber nicht durchaus fallen zu lassen. Wenn das Reich wirklich einmal eine »Reichsuniversität«

will, so *könnte* eine Chance sein. Sie wären dann unentbehrlich. Denn in solchem Falle sind die politisch entscheidenden Probleme, wie das katholische Wesen mitwirkt. Da sind wir hier alle Kinder, während Sie Bescheid wissen und vielleicht die Vorschläge finden, die dem Zentrum[5] genügen und die Universität nicht ruinieren.

Wenn ich an die Möglichkeit Ihres Kommens denke, habe ich einen Schwung, der den Wunsch steigert – denke ich dann an Ihre Stummheit in unseren Gesprächen, so sehne ich mich vor allem nach der gegenseitigen radikalen Erörterung, die früher stattfand, jetzt aber schon so lange ruht. Seit einem Jahr allerdings liegt die Schuld wesentlich bei mir. Eine Ausarbeitung ist wie ein Sklavendienst, den man vollenden muß, um wieder frei zu sein. Wenn nicht Krankheit und dgl. dazwischen kommt, glaube ich im Winter damit fertig zu werden.

Ihr Brief traf mich im Bett. Die Vorlesungen nach neun Monaten Pause brachten meine Bronchien zunächst zur Renitenz. Doch konnte ich ohne ausfallen zu lassen durchhalten. Jetzt benutze ich den ersten freien Tag, Ihnen zu antworten. Auf Ihren und Ihrer Frau Besuch in den Pfingstferien freuen wir uns sehr. Hoffentlich bleibt er bei Ihren Plänen möglich.

Herzliche Grüße

Ihr Karl Jaspers.

103 *Karl Jaspers an Martin Heidegger*

Heidelberg 5. Juli 1930.

Lieber Heidegger!

Hier ist jetzt die Besetzung des romanistischen Extraordinariats akut. Würden Sie mir wohl, *möglichst* umgehend, Ihre Ansicht über *Rheinfelder*[1] schreiben, über den Menschen, Lehrerfolg, die Antrittsvorlesung etc.? Ich hörte Ihre Meinung, die Sie Besseler[2] mitgeteilt haben. Ihren Brief möchte ich der Kommission vorlegen. Er wird vermutlich entscheidend sein, so wenigstens sagte mir für seine Person Olschki[3]. Der übliche Automatismus – der billigste Weg für die Regierung – drängt zu Rheinfelder.

Herzliche Grüße

Ihr K. Jaspers.

104 *Karl Jaspers an Martin Heidegger*

Heidelberg 13. 7. 30 (Poststempel)

Lieber Heidegger!

Sie haben mir noch nicht geantwortet. Daher schreibe ich Ihnen für alle Fälle, daß *Mittwoch* die Kommissionssitzung ist, in der der endgültige Beschluß gefaßt werden soll.

Mit herzlichem Gruß

Ihr K. Jaspers.

105 *Martin Heidegger an Karl Jaspers*

Freiburg, 15. Juli 30.

Lieber Jaspers!

Gestern hatte ich einen Vortrag in Karlsruhe und habe bis dahin alles andere vergessen und liegen lassen. So komme ich mit der Antwort vielleicht zu spät.

Über Rheinfelder kann ich natürlich nicht fachlich urteilen.

Ich habe die Habilitation miterlebt, wo man meist schon aus der Abfassung des Lebenslaufes das Meiste entnehmen kann. Ich meine nicht den Inhalt der Lebensgeschichte. Auch sonst habe ich Rheinfelder kennengelernt und nach ihm mich umgehört.

Der Lehrerfolg ist zahlenmäßig sehr groß –; aber da handelt es sich ja um einen reinen Paukbetrieb und die billige Gelegenheit, die Seminarscheine zu hamstern. Rheinfelder genügt seiner Aufgabe vollkommen. Er hat einen großen Eifer und braucht ja sonst an diese furchtbare Dutzendware der Neuphilologen keine weiteren Anforderungen zu stellen.

Nach dem, was ich von ihm kenne und gehört habe, kann er das aber auch gar nicht. Seine Antrittsvorlesung war nach fast allgemeinem Urteil einfach kläglich. Es sollte da über die »geistige Persönlichkeit« etwas gesagt werden, und wir verlangten gerade das Pascalthema, damit der Kandidat nicht nur immer beweise, daß er ein ohnehin nicht schwieriges Handwerk ganz bieder gelernt habe und mit dessen Hilfe zu sogenannten Forschungsergebnissen komme, sondern Gelegenheit bekomme, die Fakultät zu überzeugen, daß die lebendige Welt von deren Literatur und Sprache er handeln soll, ihn selbst bewege.

Rheinfelder bekam diese Gelegenheit, aber die Fakultät bekam von irgend einem lebendigen Verhältnis gar nichts zu spüren. Ich möchte noch nicht einmal verlangen, daß dieses lebendige Verhältnis ein *originales* sei, das in der Forschung Anstöße zu geben vermöchte.

Nicht einmal die spezifisch katholische Welt Pascals erhält durch Rheinfelder, der ernsthafter Katholik ist, irgendwelche Beleuchtung. Einfach kläglich.

Auch in diesem, wie in anderen Fällen spielt die Bedürfnisfrage eine Rolle. Der Betrieb ist ohne solche Pauker nicht mehr zu bewältigen. Gewiß.

Aber dahinter steht die Frage: soll die Philosophische Fakultät eine Paukanstalt für Sprachlehrer und -lehrerinnen werden mit Beigaben von zweifelhaften ästhetischen Brühen – oder etwas anderes. Mir ist aus Erfahrungen der letzten Zeit klar geworden: Habilitation und Berufungen von solchen Kandidaten wie Rheinfelder – die man gewiß in den dazugehörigen Regionsblättern eifrig loben wird – dürfen überhaupt nicht mehr von Fall zu Fall verhandelt werden, weil dann die Sache schon verloren ist; sie müssen, wenn den philosophischen Fakultäten an sich selbst noch mehr gelegen ist als an dem Fortgang eines Betriebes, a limine unterbunden werden. Und warum denn – auf Teufel komm heraus – jede freigewordene Stelle besetzen und warum gerade mit solchen, die das betreffende Kittelchen anhaben. Fragen Sie einmal nach, warum die Göttinger math. naturwiss. [Fakultät] sich auf der Höhe halten kann? Weil sie riskiert, ein Fach auch einmal doppelt zu besetzen oder durch einen Vertreter einer ganz anderen Disziplin – wenn er nur ein Kerl ist. –

Was soll das für eine Generation von Romanisten werden / und bei anderen Fächern ist es ebenso / wenn von den Fakultäten so verfahren wird. Aber vielleicht ist Herr Rheinfelder heute schon ein großer Romanist.

Das müssen Ihre Fachleute entscheiden.

Herzlichen Gruß

Ihr M. Heidegger.

106 *Martin Heidegger an Karl Jaspers*

19. Mai 31.

Lieber Jaspers!

Eine äußere Gelegenheit veranlaßt diese Zeilen. Der Überbringer, Prof. Myake[1], ist keiner der vielen neugierigen Japaner, sondern ein ernster Arbeiter. Vielleicht haben Sie einige Augenblicke übrig für ihn. –

Sonst möchte ich weiter schweigen und warten, bis Sie mit Ihrem Werk fertig sind.

Zwar fragt man viel danach; aber ich bin jedesmal froh, auch nichts zu wissen.

Möge Ihnen die Vollendung gelingen. Je größer der Lärm um meinen »Namen«, um so einsamer lebe ich meiner Arbeit. Im August geht die ganze Familie nach Spiekeroog.[2]

Mit herzlichen Grüßen auch Ihrer Frau

Ihr Martin Heidegger.

107 *Martin Heidegger an Karl Jaspers*

Freiburg, 24. Juli 31.

Lieber Jaspers!

Ich komme heute mit einer eiligen Bitte. Becker hat eben einen Ruf nach Bonn erhalten.

Ich brauche einen Ersatz zur sofortigen Wiederbesetzung der Assistentenstelle, sonst wird mir diese gestrichen.

Eigene »Schüler« habe ich nicht und wünsche eigentlich etwas anderes. Ich habe an Brock[1] gedacht, der mir an Pfingsten einen sehr guten Eindruck machte und sich jetzt leicht umhabilitieren könnte. Ich möchte aber nicht ganz auf eigene Faust handeln.

Sie kennen ihn doch.

Schreiben Sie mir bitte – wenn Ihnen das nicht ganz ungelegen kommt – einiges über ihn.

Mit herzlichen Grüßen
auch an Ihre Frau

Ihr

Martin Heidegger.

Mit seiner schamlosen »Heidelberger Tradition«[2] (die eine Kläglichkeit ist) will sich Rickert wohl öffentlich festlegen für die kommende Berufungspolitik.

Heidelberg, den 25. VII 1931

Lieber Heidegger!

Beckers Ruf nach Bonn ist sehr erfreulich. Sagen Sie ihm, bitte, einen herzlichen Glückwunsch von mir.

Über Brock ist nicht einfach zu schreiben. Obgleich ich ihn zehn Jahre kenne, weiß ich über ihn nicht im letzten Grunde Bescheid. Er ist einer der ganz wenigen, die mich dauernd interessiert haben.

Zunächst: er hat etwas gelernt. Sein Medizinstudium, das bis zum Abschluß durchgeführt ist und nach anfänglichem Philosophiestudium begann, als er schon in einer Bildungswelt lebte, hat ihm viel an Wirklichkeitssinn und an Sinn für wissenschaftliche Methoden gebracht; er weiß, was Wissenschaft ist. Trotzdem ist er gar kein »Mediziner«, ohne Neigung zum Arztsein, vielmehr von je und während des Studiums eigentlich nur von Philosophie bewegt.

Dann: er hat eine unerhörte Einfühlungsfähigkeit, tritt in fast unheimliche, wissende Nähe zu Menschen und ist dadurch mit entscheidenden Gehalten mindestens in Berührung gekommen. Denn sein Umgang mit Menschen war ihm nicht nebenher, sondern, wie ich glaube, erschütternde Erfahrung, die ihn, wie es scheint, einsam gemacht hat, obgleich er gute Freunde und Beziehungen zu trefflichen Menschen hat. Er hat ein sicheres Gefühl für Niveau. Von der übergroßen Mehrzahl unterscheidet er sich, weil er in den Raum getreten ist, wo alle Hüllen fallen und der eigentliche Ernst erst möglich wird.

Meine hohe Schätzung für ihn hat eine Einschränkung: Zwar zweifle ich nie an dem Ernst, auch nie an dem Anstand. Aber es ist eine gefährliche Übersteigerung und darum plötzliches Versagen bei ihm möglich. Der Ballast, der jederzeit das Schiff aufrecht stehen läßt, ist bei ihm nicht groß. Wenn Sie das Wort nicht als Schimpfwort nehmen, sondern als Ausdruck einer Begabung und Gefahr zugleich: er hat eine Seite, die auf mich als hysterisch wirkt.

Was seine handwerkliche philosophische Leistung betrifft, so weiß ich nicht Bescheid. Er kann gewiß noch viel lernen, da er zwar stets philosophierte, aber nicht stets Philosophen studierte. Ich erwarte etwas von ihm, da er wirkliche Gehalte im Herzen und einen Kopf hat.

Vor mehreren Jahren (ich schätze 1927) war Brock bei mir und wollte bei mir promovieren mit der unausgesprochenen Absicht, sich später zu habilitieren. Ich habe ihm damals abgeraten, erstens, weil ich die Mitverantwortung nicht zu übernehmen wagte, daß er nach abgeschlossenem Medizinstudium ohne versuchte Praxis und ohne wissenschaftliche medizinische Arbeit sofort abbrechen wollte, und zweitens, weil seine Chance für Philosophie größer sei, wenn er anderswo promoviere und sich dort habilitiere. Meine Weigerung hat er damals schwer empfunden und sie mir wohl nicht ganz verziehen, aber er hat sie hingenommen und ist mir treu geblieben.

Im Sommer 1929 war er wieder in Heidelberg. Damals war er hier bekannt, weil er Mannheim in dessen Seminar philosophisch vernichtete. Ich hatte an jeder Unterhaltung mit ihm große Freude. Er versteht die letzten Dinge, das leiseste Andeuten findet ein entgegenkommendes Verstehen bei ihm.

Er hat den Vorzug, niemandes »Schüler« zu sein. Es ist eine freie Atmosphäre um ihn.

Ich würde, wenn ich eine Assistentenstelle zu besetzen hätte, unter den mir gegenwärtig bekannten jungen Leuten sicher Brock wählen. –

Rickerts Schrift ist von ihm gewiß auch als Suggestion für seine Nachfolgeschaft[1] gemeint. Ich habe kürzlich zu Hoffmann gesagt, daß mich eine Berufung nur interessieren würde, falls Sie oder Cassirer in Frage kämen. Andernfalls brauchten wir niemand. Hoffmann stimmte zu. Cassirer käme nicht, da der badische Staat nicht 30 000 Mark für einen neuen Professor ausgeben kann. Vermutlich wird das badische Sparprogramm überhaupt jede Berufung bei mehrfach besetzten Fächern unterbinden.

Sie gehen nach Spiekeroog, der von meinem Vater und unserer ganzen Familie geliebten Insel! Hoffentlich fühlen Sie sich da wohl.

Ich bleibe zu Hause, bis mein Manuskript druckfertig ist. Ein Vorläufer[2] (eine Art konkreter Vorrede) ist gesetzt und erscheint wohl im September. Das Buch wird dann hoffentlich auch bald im Satz sein können.

Mit herzlichen Grüßen, auch an Ihre Frau,

Ihr Karl Jaspers.

109 *Martin Heidegger an Karl Jaspers*

Freiburg i. Br., 20. Dez. 31.

Lieber Jaspers!

Heute und zu Weihnachten kommt nur erst dieser Brief des *Dankes* für das Geschenk, das Sie mir mit Ihrem großen Werk und seinem kleineren Vorläufer gemacht haben.[1]

Bisher konnte ich nur gelegentlich in der »Metaphysik«, und zwar in den beiden letzten Kapiteln »von hinten« lesen. Ich brauche sehr lange, um zu begreifen und verstehe nur, wenn gerade eigene Notwendigkeiten zu einer Auseinandersetzung zwingen.

Weil ich irgendwo im voraus ganz mit Ihnen einverstanden bin, kann ich zunächst weniger »darüber« sagen als andere.

Zufällige Bedenken und nachhinkende Einwände, die wohl zumeist auf der Unkenntnis des Ganzen beruhen, möchte ich jetzt nicht vorbringen.

Wesentlich bleibt, daß endlich in der Philosophie heute mit Ihrem Werk etwas *Unumgängliches* und *Ganzes* da ist. Sie sprechen aus der klaren und entschiedenen Haltung des Siegers und aus dem Reichtum des existentiell Erprobten.

Das Werk wird indirekt die versteckte Unkraft der Schwachen und lediglich Geschickten an den Tag bringen, alle echt Strebenden, aber Kleinen bescheiden machen und jene uns Unbekannten, die eine Aufgabe mitbekommen haben, beflügeln.

Seit das Werk da ist, bin ich nur über eines traurig: daß es nicht bekannt war, als die Besetzung der Berliner Stelle vollzogen wurde.

Sie haben jetzt nicht nur den Boden, die reichsten Horizonte und die Sicherheit der Haltung, sondern auch den eindeutigen Mut, um *wirklich* dort stehen zu können. Statt dessen ist nur ein Belangloser mehr zu den dortigen Überflüssigen hinzugekommen. –

Viele verschwiegene Leser, die in das Wirkungsfeld Ihres Werkes kommen mögen, werden mithelfen, den Boden umzupflügen, um so an der von Ihnen geführten Erneuerung zu arbeiten.

Was man darüber schreiben wird, muß belanglos bleiben, es sei denn, daß selbst diese Äußerungen unter den geheimen Zwang des Unumgänglichen geraten.

Möge die freudig bewegte Entspannung nach der Vollendung *dieses* Ganges Sie bereit machen zu dem *zweiten* entscheidenden Gang des »wissenden« Führers und Wächters in die *echte* Öffentlichkeit.

Ihr Werk gibt mir nun auch die nachträgliche Bestätigung, daß ich seit zwei Jahren recht tat, Sie nicht zu stören. Zu sagen hätte ich ohnedies nichts gehabt. Denn seit geraumer Zeit – schon vor der Berliner Episode – bin ich über meinen »zweifelhaften« Erfolg[2] erschrocken und weiß seitdem, daß ich mich zu weit vorgewagt habe, über die eigene existenzielle Kraft hinaus und ohne die Enge des sachlich von mir Erfragbaren klar zu sehen.

Seitdem existiere ich in der Rolle eines Aufsehers in einer Galerie, der unter anderem darauf zu achten hat, daß die Vorhänge an den Fenstern in der rechten Weise auf- und zugezogen sind, damit die wenigen großen Werke der Überlieferung für die zufällig zulaufenden Beschauer eine einigermaßen ordentliche Beleuchtung haben. Ohne Bild – ich lese und arbeite nur noch Geschichte der Philosophie, d. h. ich versuche ohne Rücksicht auf die Ökonomie der Vorlesung auszulegen, was mir zu einer Auflockerung des Philosophierens wichtig erscheint. Als halber Schwabe bin ich nun auch im Schwabenalter, wo man gescheit genug wird, um zu wissen, was man kann und darf und was nicht. –

Meiner Frau und den Buben geht es gut. Alle drei kamen höchst begeistert und sehr gekräftigt von Spiekeroog zurück.

Brock ist sehr eifrig, gewissenhaft, noch etwas zu aufgeregt und unsicher; er nimmt das heideggernde Gegacker einiger noch mitlaufender »Schüler« noch zu ernst.

Morgen ziehen wir auf die Hütte für die ganzen Ferien. Dann gibt es wieder Schneesturm und das Heulen der Füchse im verschneiten Wald und den hohen nächtlichen Himmel und die einsamen Fahrten in den stillen Hochtälern.

Ich grüße Sie und Ihre Frau herzlich.

 In treuer Freundschaft

  Ihr

    Martin Heidegger.

110 *Karl Jaspers an Martin Heidegger*

        Heidelberg 24/12 31

Lieber Heidegger!

Beim Lesen Ihres Briefes empfand ich das ungewöhnliche Glück, ein mir relevantes und bejahendes Wort zu hören. Ihre freundschaftliche Gesinnung, mit der Sie meine gedruckten Sachen empfangen haben, läßt mich hoffen, daß zwischen uns noch etwas geschehen wird. Vor 12 Jahren – so scheint mir – war in meiner Weltanschauungspsychologie vielleicht ein eben glimmender Funke kaum sichtbar. Ihnen dankte ich durch Jahre Ihre kritische Haltung und die Bejahung des Möglichen. Sie waren der einzige Fachgenosse, der wußte, was mir *nicht* gelungen war. Als dann in »Sein und Zeit« wirklich ein Flämmchen sichtbar war, war es doch so eingerichtet, daß der Leser durch die Schlacken und Aschen der Phänomenologie, weil sie wie ein konstruktiver Stahlbau fesselten, abgelenkt werden konnte zu dem, was Sie die Heideggerei nennen. Wenn es mir jetzt gelungen sein sollte, ein zweites Flämmchen zu entzünden, so doch keinesfalls mehr als das. Mein Werk ist sehr unvollkommen; die Kraft meines Denkens reicht nicht zu mehr als augenblicklichen Hellsichten, und nur die Geduld, langsam dem Immerversinken etwas und noch etwas abzulisten, mit Tropfen zufrieden zu sein, ließ ein Buch zusammenwachsen, das doch voller Unstimmigkeiten bleiben muß. Unsere Sache ist verloren, wenn sie dogmatisiert wird und als Werk besteht. Ich fühle mich daher gar nicht als »Sieger«, wie Ihre freundschaftliche, aber gefährlich distanzierende Formel sagt, sondern wie *vor* der Tür, als ob das Außerordentliche noch offenbar werden müßte, als ob ich nicht zureiche, es im Gedanken zu fassen – ich sehe von den seltenen Augenblicken eigenen Lebens ab –, als ob aber vereinte Kraft Geahntes und Wegleitendes werde halten können. Die Form für die Öffentlichkeit würde nicht ein Werk sein, das nun die Wahrheit hätte, sondern die Bewegung einer Auseinandersetzung, die zum ersten Mal in die philosophische Welt statt der Polemik die kommunikative Kritik brächte. Ich müßte Ihr »Sein und Zeit«, Sie müßten mein Buch in einer Weise auflockern, daß Kern und Möglichkeit aus dem Zerstörten erst recht zu leuchten anfangen: das, worin wir »im voraus einig« sind. Wir müßten aufgrund dessen dann das Hin und Her fortsetzen und das Ganze dann als gemeinsames Tun der Öffentlichkeit vorlegen. Aber so etwas kann man nicht geradezu wollen; es kann sich ergeben.

In den letzten Jahren lag eine Trauer über meiner Beziehung zu Ihnen. Auf meinen Brief vom Frühjahr 1930[1] über die Möglichkeit Ihres Kommens nach Heidelberg – ein Brief aus Sorge und Furcht, die durch ein Wort zerstreut werden wollten – glaubte ich keine andere Antwort zu bekommen als: »wir haben doch kein Kompagniegeschäft«, das Wort, das Sie mir Pfingsten[2] anläßlich Sternbergers[3] sagten und das ich nicht vergessen konnte, weil es zu dem Briefe, auf den ich sonst nichts hörte, zu passen schien. Aber ich habe mich geirrt. Darum ist die bloße Möglichkeit des andern mir jetzt schon wie genug.

Den Weg in die »echte Öffentlichkeit« werde ich kaum zu gehen vermögen. Die physischen Ursachen meiner Begrenzung sind nicht zu ändern. Die Philosophie der deutschen Universitäten liegt aller Voraussicht nach auf die Dauer in Ihren Händen. Solange ich lebe, werde ich doch nur mit Feder und Papier arbeiten können. Es ist mir ein tiefer Schmerz, der nur wiederholt, was mein Leben lang war: daß ich nicht in die Welt kann, nicht in lebendiger Gegenwart die Menschen am Kopfe fassen und mich fassen lassen darf.

Was Sie über Ihre Arbeit – ausschließlich an der Geschichte der Philosophie – schreiben, nehme ich auch für mich in Anspruch. Meine »Philosophie« will nicht als eine neue neben die alten treten. Ich fühle mich wie Sie im Dienste der Großen. Meine Philosophie will, wie irgendwo darin gesagt ist, Organon der Aneignung dieser Großen sein, nicht mehr. Das Mehr ist für uns beide der Sinn und die Bewußtheit dieses Aneignens, darum die Möglichkeit einer neuen Kritik und Kommunikation. Das haben Sie früh als »kommentierender« Philosoph erfaßt, der einzig in unserer Zeit in die Texte einzudringen vermochte und dadurch mit dem Ursprung in Fühlung kam; das habe ich aus der Qual des Alleingelassenwerdens und der dann doch gelingenden Kommunikation erst spät in die Beschäftigung mit philosophischen Werken übertragen. Wir haben uns darin längst getroffen – das glaube ich trotz Ihres Kant-Buches.[4]

Daß Sie freundlich über Brock schreiben, freute mich.

In Ihrer Hütte werden Sie es unvergleichlich schön haben. Ja, könnte ich Sie in den Hochtälern mal an einer Waldecke treffen!

In herzlicher Gesinnung

Ihr K. Jaspers

Gleichzeitig schicke ich Ihnen eine Notiz von mir in der Frankfurter Zeitung[5], die ich grade kouvertierte, als das Mädchen mir Ihren Brief brachte.

111 *Martin Heidegger an Karl Jaspers*

Freiburg, 8. Dez. 32.

Lieber Jaspers!

Groß, schön, einfach und klar ist Ihre neue Schrift.[1] Ein Zwiegespräch mit M. W.[2] im dankbaren Atemholen nach der Vollendung Ihres großen Werkes.

Das bringt mich auf den Gedanken: Sie müßten jetzt neben die »Philosophie« das Werk stellen, das hieße: »Philosophen«. Das wäre ein ganz anderes als die übliche Philosophiegeschichte und vielleicht die wirksamste ›Logik der Philosophie‹. – Und noch aus einem anderen Grund bin ich froh. Es gibt heute so weniges, wo man noch bewundern kann und geistige Kraft am Werke spürt.

Und wer versucht, die Größe der Alten zu erwecken, verbraucht die ganze Kraft, bis das Bild steht, wenn es überhaupt noch gelingt.

M. W. kenne ich freilich nicht genug, und er wird mir wohl auch immer im Letzten fremd bleiben. Ich vermute, daß auch in Ihrem Werk etwas anderes da ist. Ich sage »vermute«, weil ich das Werk immer noch nicht wirklich durchgearbeitet und zur inneren Auseinandersetzung für mich reif gemacht habe. Die Erfahrungen, die ich mit Stellungnahmen anderer am eigenen »Leibe« gemacht habe, machen mich noch vorsichtiger. Den eigentlich schaffenden Grundzug eines solchen Werkes wirklich zu fassen, traue ich mir heute noch nicht zu. Eines Tages muß es ja gelingen.

Meine eigenen Versuche nehme ich jetzt wieder *etwas* hoffnungsvoller; denn es ist nun endlich so weit, daß ich auf der ganzen Linie dessen, was sich so »Philosophie« nennt, einmütig abgelehnt werde. Der Lärm ist vorbei, und ich fühle mich in die wohltuende Anonymität vor 1927 zurückgestellt.

Ich habe die letzten Jahre ganz den Griechen gewidmet, und sie lassen mich auch in diesem Urlaubssemester nicht los. Das kleine »Eigene« verschwimmt mir immer mehr in dieser scharfen Luft. Ob es gelingt, für die kommenden Jahrzehnte der Philosophie einen Boden und einen Raum zu schaffen, ob Menschen kommen, die in sich eine ferne Verfügung tragen?

Wann werden Sie den Freiburger Vortrag halten? Es wäre aus vielen Gründen wichtig, wenn Sie kämen.

Ich danke Ihnen für das kleine Buch
und grüße Sie herzlich

Ihr

Martin Heidegger.

112 *Karl Jaspers an Martin Heidegger*

Heidelberg 10. 3. 33.

Lieber Heidegger!

Sie haben von mir auf Ihren Brief, in dem Sie so bejahend für meine Schrift über Max Weber danken, noch immer keine Antwort. Heute will ich Ihnen nur sagen, wie sehr Sie mich damit erfreut haben. Vor allem aber möchte ich Sie fragen, ob Sie in diesen Ferien mich nicht wieder einmal besuchen wollen. Wir haben uns so lange nicht gesprochen – die letzten Male war[en] auch in ihrer Kürze nur wie Begrüßungen –, daß es eines Ruckes bedarf, uns wieder in Berührung zu bringen. Da das auch früher nicht durch unsere Schriften, sondern nur im Gespräch ging, wird es auch in Zukunft wohl so bleiben. Wenn die Schriften die Tendenz haben zu entfremden, muß um so mehr das Wort verbinden. Schließlich sind wir doch mehr als das, was wir schreiben. Ich würde mich sehr freuen, wenn Sie sich entschließen würden. Mir würde *jede* Zeit im März passen, besser als im April.

Mit herzlichen Grüßen von Haus zu Haus

Ihr Karl Jaspers.

113 *Martin Heidegger an Karl Jaspers*

Freiburg i. Br., 16. III. 33.

Lieber Jaspers!

Ich danke Ihnen herzlich für Ihren Brief und die Einladung. In diesen Märzwochen geht meine Urlaubsarbeit zu Ende. Da wir Ende März Besuch erwarten und ich den April für die Semestervorbereitung brauche, möchte ich lieber gleich zu Ihnen fahren. Wenn bis Freitag Abend keine Gegennachricht da ist von Ihnen, fahre ich am 18. III. früh mit dem Eilzug und bin 9^{52} in Heidelberg.

Ich möchte incognito dort sein, um weder Zeit noch Stimmung zu zersplittern.

Mit herzlichen Grüßen
von Haus zu Haus

Ihr

Martin Heidegger.

114 *Martin Heidegger an Karl Jaspers*

Freiburg i. Br., 3. April 33.

Lieber Jaspers!

Ich hoffte immer noch, irgendwelche bestimmten Nachrichten über die Pläne der Umgestaltung der Universitäten zu erhalten. Baeumler schweigt sich aus; sein kurzer Brief macht den Eindruck, als sei er verärgert. Von Krieck[1] in Frankfurt ist gleichfalls nichts zu erfahren. Karlsruhe rührt sich nicht.

Am 6. April soll eine Tagung der Arbeitsgemeinschaft der philosophischen Fakultäten stattfinden; der hiesige Abgesandte ist Schadewaldt[2]. Wer von Heidelberg geschickt wird, ist hier nicht bekannt.

Vielleicht ist bei dieser Gelegenheit vor allem durch die Berliner Vertreter etwas zu erfahren. Eine in Frankfurt gegründete – von Krieck bestimmte Arbeitsgemeinschaft stockt ebenfalls.

Unser Rektor[3], mit dem ich sprach, ist nur entsetzt über die Untätigkeit der Rektorenkonferenz.

Ich bin Ihnen sehr dankbar für die Tage in Heidelberg – sie wären gewiß noch fruchtbarer gewesen, wenn ich Ihre ›Philosophie‹ gerade in ihrer Konkretion mir zugänglich gemacht hätte. Andererseits habe ich aus unseren Gesprächen wichtige Fingerzeige gewonnen. Mir scheint, daß sich bezüglich unseres alten Hauptstreitpunktes von beiden Seiten her auf ganz verschiedenen Wegen eine Verständigung vorbereitet.

Ich verbrauche freilich als ›Commentator‹ für Handwerkliches viel Zeit und Mühe, so daß wesentliche Besinnungen meist nur ad hoc zustande kommen.

So dunkel und fragwürdig vieles ist, so spüre ich immer mehr, daß wir in eine neue Wirklichkeit hineinwachsen und daß eine Zeit alt geworden ist.

Alles hängt daran, ob wir der Philosophie die rechte Einsatzstelle vorbereiten und ihr zum Wort verhelfen.[4]

Falls ich Zeit finde, die Parmenidesauslegung zu diktieren, schicke ich sie.

Mit herzlichen Grüßen von Haus zu Haus

in alter Freundschaft

Ihr

Heidegger.

115 *Karl Jaspers an Martin Heidegger*

Heidelberg 20. 4. 33

Lieber Heidegger!

An die Tage mit Ihnen denke ich gern zurück. Ich danke Ihnen, daß wir wieder einmal vertraulich miteinander waren. In stillen Augenblicken, die ich nicht vergesse, ließen Sie mich in Ihre Ursprünge blicken, wie wohl schon manchmal, jetzt aber – durch Bestätigung und Wiederholung – für mich gewichtiger.[1]

Die Lust zum Philosophieren hat sich bei mir leider nicht verwirklicht. Ich war inzwischen in Berlin – Sorgen um Angehörige² –, heute Nacht kamen wir zurück. Von Universitätsdingen habe ich nichts gehört, wohl aber Berliner Atmosphäre wahrgenommen, wie sie in deutschnationalen und wie sie in jüdischen Kreisen aussieht. Ich freue mich der Tapferkeit – die echte geistige Linie sah ich noch nicht.

Jetzt gehe ich endlich an die Semesterarbeit. Sie müßte besser wie je getan werden.

Lassen Sie wieder einmal von sich hören!

Über die Parmenidesauslegung oder über die Deutung des Höhlengleichnisses würde ich mich sehr freuen.

Herzliche Grüße
in freundschaftlicher Gesinnung
Ihr Karl Jaspers.

Für Ihren Brief danke ich herzlich. Sie sind bewegt von der Zeit –, ich bin es auch. Es muß sich zeigen, was eigentlich in ihr steckt.

116 *Martin Heidegger an Karl Jaspers*

[Freiburg i. Br.] 24. Mai 33

Lieber Jaspers!

Leider kann ich nun doch nicht nach Heidelberg fahren, da ich noch Wichtiges für den Hochschultag am 1. Juni vorbereiten muß.

Herzliche Grüße von Haus zu Haus
in Eile
Ihr
Heidegger.

117 *Karl Jaspers an Martin Heidegger*

Heidelberg 23. 6. 33.

Lieber Heidegger!

Ich höre, daß Sie am nächsten Freitag in Heidelberg einen Vortrag halten.[1] Falls das wahr ist, würde ich mich sehr freuen. Für alle Fälle möchte ich Sie gleich einladen, bei uns zu wohnen.[2]

Herzliche Grüße

Ihr K. Jaspers.

118 *Martin Heidegger an Karl Jaspers*

Freiburg, 25. Juni 33.

Lieber Jaspers!

Mein Vortrag findet am Freitag statt. Ich werde gegen 5 Uhr in Heidelberg sein. Ich danke Ihnen für die Einladung und komme sehr gern. Hoffentlich kann ich die hiesige Arbeit so einrichten, daß ich Samstag noch in Heidelberg sein kann.

Herzliche Grüße
Ihr

M. Heidegger.

119 Karl Jaspers an Martin Heidegger

Heidelberg 23/8 33

Lieber Heidegger!

Ich danke Ihnen für Ihre Rektoratsrede.¹ Es war mir lieb, daß ich sie nach der Zeitungslektüre nun in authentischer Fassung kennenlernte. Der große Zug Ihres Ansatzes im frühen Griechentum hat mich wieder wie eine neue und sogleich wie selbstverständliche Wahrheit berührt. Sie kommen darin mit Nietzsche überein, aber mit dem Unterschied, daß man hoffen darf, daß Sie einmal philosophisch interpretierend verwirklichen, was Sie sagen. Ihre Rede hat dadurch eine glaubwürdige Substanz. Ich spreche nicht von Stil und Dichtigkeit, die – soweit ich sehe – diese Rede zum bisher einzigen Dokument eines gegenwärtigen akademischen Willens macht, das bleiben wird. Mein Vertrauen zu Ihrem Philosophieren, das ich seit dem Frühjahr und unseren damaligen Gesprächen in neuer Stärke habe, wird nicht gestört durch Eigenschaften dieser Rede, die zeitgemäß sind, durch etwas darin, was mich ein wenig forciert anmutet und durch Sätze, die mir auch wohl einen hohlen Klang zu haben scheinen. Alles in allem bin ich nur froh, daß jemand so sprechen kann, daß er an die echten Grenzen und Ursprünge rührt. –²

Beiliegend die Abschrift, die Sie zu kennen wünschten und die ich Sie zu vernichten bitte (Antrag des Führers der Studentenschaft).³

Ende Juli und Anfang August habe ich eine Schrift verfaßt, um Ihnen Vorschläge zur Reform des Medizinstudiums zu machen.⁴ Die Sache ging aber nur mit einem die Gesamtuniversität erfassenden Gedankengang – losgelöste Einzelvorschläge haben keinen Sinn, weil nur der Geist, in dem sie gemacht und durchgeführt werden, diesen Sinn gibt. Daher habe ich die Medizin selbst gar nicht behandelt. Die Schrift – hingeschrieben und nicht bearbeitet –, lasse ich im Schreibtisch liegen. Ich schicke sie Ihnen nicht. Wenn Sie mich das nächste Mal besuchen und die Lust haben, zeige ich sie Ihnen.

Gestern stand unsere neue Universitätsverfassung[5] in der Zeitung. Es ist ein außerordentlicher Schritt.[6] Seitdem ich aus eigener Erfahrung weiß, wie die bisherige Verfassung arbeitet, und seitdem ich mich jahrelang bewußt aller Initiative enthalten habe, weil alles an dieser Wand scheiterte, kann ich nicht anders, als die neue Verfassung richtig finden. Das Bedauern, daß eine große Zeit der Universität, deren Ende wir längst kennen, nun auch sichtbar und drastisch beendet wird, ist der Schmerz einer Pietät, der ich mich nicht versage. Die neue Verfassung scheint mir gut formuliert, nur fehlt m. E. ein wichtiger Punkt: Wer solche Machtbefugnisse hat, müßte – wenn die Verfassung *auf die Dauer* etwas leisten soll – auch haften für Fehler, sei es des Charakters oder der Einsicht, bei seinen Handlungen. Die Form, in der die Kritik zur *Erscheinung* und zur *Wirkung* auf eine richtende Instanz kommen kann, ist, wie mir scheint, nicht festgelegt. Die schriftlichen Meinungsäußerungen der beratenden Fakultätsmitglieder[7] sind vortrefflich, aber wie, wenn sie niemand kennenlernt, und wenn sie gar nicht eingeholt werden? Es wird wohl noch der Korrekturen und Erweiterungen der Verfassung bedürfen, wenn es vermieden werden soll, daß im Laufe der Jahre sich eine von Zufällen abhängige Intrigenwirtschaft entwickelt. Zunächst wird die erste Bewährung sein, wie weit die Führenden aller Grade, die die je Untergeordneten ernennen, die »Gabe der Unterscheidung der Geister« besitzen. Ich wünsche diesem aristokratischen Prinzip vollen Erfolg.

Wenn es Ihnen möglich wäre, im Oktober noch einmal wieder über Heidelberg zu kommen, würde ich sehr froh sein. Inzwischen ist viel geschehen und manches klar geworden. Ich spräche gern mit Ihnen, falls Ihnen an der Kenntnis meiner konkreten Erfahrungen und Meinungen gelegen ist.

Hoffentlich ist Ihnen Ihre Paddelfahrt mit Ihrem Sohn gut geglückt. Das heiße Wetter war wohl trefflich für eine solche Naturnähe? –

Herzliche Grüße

Ihr K. Jaspers.

120 *Martin Heidegger an Karl Jaspers*

Freiburg i. Br., 1. Juli 35.

Lieber Jaspers!

Auf meinem Arbeitstisch liegt eine Mappe mit der Aufschrift »Jaspers«. Ab und zu fliegt ein Zettel hinein; auch angefangene Briefe liegen drinnen, Stücke einer Auseinandersetzung gelegentlich des ersten Versuchs, den III. Band der »Philosophie« zu fassen. Aber es ist noch nichts Rechtes. Und da kommen schon Ihre Vorträge[1], in denen ich den Vorläufer zur ›Logik‹ vermute. Ich danke Ihnen herzlich für diesen Gruß, der mich *sehr* freute; denn die Einsamkeit ist nahezu vollkommen. Irgendwer berichtete mir gelegentlich, daß Sie an einem Nietzschebuch arbeiteten, so darf ich mich darüber freuen, wie sehr das Strömen bei Ihnen auch nach dem großen Werk anhält.

Bei mir ist es – um davon zu reden – ein mühsames Tasten; erst seit wenigen Monaten habe ich den Anschluß an die im Winter 32/3 (Urlaubssemester) abgerissene Arbeit wieder erreicht; aber es ist ein dünnes Gestammel, und sonst sind ja auch zwei Pfähle – die Auseinandersetzung mit dem Glauben der Herkunft und das Mißlingen des Rektorats – gerade genug an solchem, was wirklich überwunden sein möchte.

Die pflichtmäßige Äußerung in den Vorlesungen bewegt sich in Auslegungen; aber das ist nur eine neue Gelegenheit, um zu erfahren, wie groß der Abstand ist zu den Möglichkeiten eines wirklichen Denkens. –

Das Leben hier – halb auf dem Land –, die Wochen auf der Hütte, das Großwerden der Buben (Jörg, der ältere, ist im Lietzschen Landerziehungsheim auf Schloß Bieberstein und macht sich prächtig) – all das ist schön.

In herzlicher Freundschaft

           Ihr

                    Martin Heidegger.

Die beiliegende Sophocles-Übersetzung, die gelegentlich der Vorlesung[2] in diesem Sommer entstand, ist als *Wunsch* zu einer kleinen Gegengabe gedacht.

                Sophocles, Antigone V. 332–375.
                πολλὰ τὰ δεινὰ...

1. Strophe   Vielfältig Unheimliches waltet
                 Und nichts unheimlicher als der Mensch;
                 Der fährt aus auf die schäumende Flut
                 beim Südsturm des Winters –
                 und kreuzt unter den
                 in die Tiefe sich reißenden Wogen.
                 Der auch müdet ab
                 der Götter Erhabenste, die Erd',
                 die unzerstörbar mühelose,
                 umschaffend sie von Jahr zu Jahr,
                 her und hintreibend mit den Rossen
                 die Pflüge.

1. Gegenstrophe Und den leichtschwebenden Vogelschwarm
                 umgarnt er und jagt
                 die Tierschar der Wildnis
                 und das meerdurchwimmelnde Leben
                 mit geflochtenen Netzen,
                 der alles bedenkende Mann,
                 und überwältigt das Tier mit List,
                 das auf Bergen nächtigt und wandert:

                  den rauhmähnigen Nacken des Rosses
                  und den nie bezwungenen Bergstier
                  umhalsend zwingt er ins Joch.

2. Strophe   Und in das Lauten des Worts
                  in das windeilige Verstehen
                  fand er sich und in die Stimmung
                  des Herrschens über die Städte.
                  Und er ersann, wie er entfliehe
                  der Aussetzung unter die Pfeile
                  der Wetter und unwirtlichen Fröste.
                  Überallhin unterwegs und doch ohne Ausweg,
                  kommt er zu nichts.
                  Dem Andrang – dem Tod allein
                  vermag durch Flucht er nie zu wehren,
                  gelinge ihm auch vor notvollem Siechtum
                  schicklich noch der Entzug.

2. Gegenstrophe Unheimliches, über Verhoffen
                  beherrschend: die Machenschaften des Wissens –
                  verfällt er einmal auf Schlimmes,
                  ein ander Mal kommt er zu Wackerem.
                  Zwischen die Satzung der Erd' mitten hineinfahrend und den beschworenen Fug der Götter.
                  Hochragend im Staat verlustig des Staates
                  geht er, dem das Unseiende seiend
                  umwillen des Wagens.
                  Nicht sei Herdgenosse mir der
                  noch mit mir im Rat,
                  der Solches betreibt.

121 *Karl Jaspers an Martin Heidegger*[1]

Ich danke Ihnen für Ihren Brief vom Juli und für Ihre Übersetzung des πολλὰ τὰ δεινά...
Beides hat mich sehr gefreut.

Heidelberg, 14. 5. 36

Ihr Jaspers

122 *Martin Heidegger an Karl Jaspers*

Freiburg, 16. Mai 36.

Lieber Jaspers!

Großartig, wie Sie ein Werk nach dem anderen hinstellen. In Rom, wo ich den beiliegenden Vortrag über Hölderlin hielt[1], erfuhr ich, daß Sie an einem Werk über Nietzsche arbeiten. Im Februar dieses Jahres hatte ich für den kommenden Winter eine Vorlesung über Nietzsches ›Willen zur Macht‹ angekündigt; meine erste sollte es werden. Nun Ihr Werk vorliegt[2], brauche ich diesen Versuch nicht zu machen; denn eben dies war meine Absicht, was Sie im Vorwort klar und einfach sagen: zu zeigen, daß es an der Zeit sei, vom Nietzsche-lesen zur Arbeit überzugehen. Nun kann ich in der nächsten Stunde einfach auf Ihr Werk, das zudem für die Studenten erschwinglich ist, hinweisen. Und für den Winter werde ich eine andere Vorlesung wählen.[3]

Das beiliegende Heft mit dem neugefundenen ›Lebenslauf‹[4] des jungen Nietzsche bekam ich dieser Tage und wollte es Ihnen ohnehin schicken, da ich dachte, es käme noch für Ihre Arbeit zur rechten Zeit. Seit Herbst bin ich – sehr widerwillig, aber der Sache wegen – in der Kommission für die Nietzsche-Ausgabe. Ich werde nach Kräften dafür sorgen, daß Ihre »Wünschbarkeiten« nicht nur Wünsche bleiben.

Gelegentlich einer Sitzung in Weimar im Februar dieses Jahres bekam ich den gerade gefundenen Lebenslauf zu sehen; unter dem unmittelbaren Eindruck machte ich den Vorschlag, das Stück sofort herauszugeben, um der heutigen Jugend ein Beispiel zu zeigen, wie ein 19jähriger sein Leben sieht. Das Original ist auf Kanzleiformat, leider sind in der Wiedergabe die Seiten gebrochen; und leider ist das Heft zu teuer, trotzdem ich darauf gedrungen habe, es möglichst billig zu halten.

Ich denke, Sie werden daran eine Freude haben.

Rom und Italien – zum ersten Mal. Wir fuhren gleich alle zusammen, meine Frau und Jörg und Hermann. Eigentlich war ich die ganzen 10 Tage in Rom verwirrt, ärgerlich fast und wütend – warum, ist mir erst später deutlicher geworden; »Eindrücke« wirken bei mir überhaupt nicht unmittelbar; die Dinge sinken anscheinend einfach in einen hinein – und dann kommen sie eines Tages in der Erinnerung erst herauf; und diese scheint stärker zu sein als die Gegenwart – plötzlich ertappe ich mich dabei, daß ich ja vor Michelangelos Moses im Halbdunkel von San Pietro in Vincoli stehe oder auf der Piazza Navona oder in Tusculum; überhaupt die Landschaft –

Inzwischen bin ich wieder in der täglichen Arbeit – immer nur auslegen; dieses Mal nur Schellings Freiheitsabhandlung[5], so wie ich vor 15 Jahren am Aristoteles mich abmühte. In den Übungen Kants Kritik der *ästhetischen* Urteilskraft – langsam komme ich der Sache näher und staune und staune. Die Schwaben, zu denen ich mich ja rechnen muß, werden bekanntlich erst nach dem vierzigsten Jahr gescheit – und so reicht es gerade noch zu begreifen, was in der Philosophie eigentlich vor sich ging. Und dann wird das eigene Gezappel sehr gleichgültig und dient nur als Notbehelf – so als Strickleiter, um in den Abgründen und an den Steilwänden herumzusteigen. Zuweilen möchte man mehrere Köpfe und Hände haben.

Der Umschlag »Jaspers« auf meinem Arbeitstisch wird immer »dicker«.

Sonst ist es einsam.

Eigentlich dürfen wir es als einen wunderbaren Zustand gelten lassen, daß die »Philosophie« ohne Ansehen ist – denn nun gilt es, unauffällig für sie zu kämpfen; zum Beispiel durch so eine Vorlesung über eine Schellingabhandlung, was ja an sich absonderlich wirkt. Aber es wird doch zuweilen deutlich, was vor sich gegangen und was uns fehlt: nämlich das wahrhafte Wissen, *daß* uns welches fehlt.

Daß es Ihnen gut geht, dafür ist mir das neue Werk das beste Zeugnis. Ich wünsche Ihnen alles, was Sie zum nächsten Schritt brauchen.

In herzlicher Freundschaft

   Ihr

      Martin Heidegger.[6]

123 *Karl Jaspers an Martin Heidegger*[1]

Heidelberg 16. 5. 36.

Lieber Heidegger!

Eben erhalte ich Ihren Brief mit den kostbaren Geschenken. Ich freue mich, von Ihnen zu hören. Und ich freue mich besonders, daß Sie mit so offenbarer Kraft bei Ihrer Sache sind. Auf die Lektüre Ihres »Hölderlin«, den ich noch heute Abend vornehmen will, bin ich gespannt. Aber ich möchte jetzt doch im ersten Impuls schon Ihnen danken.

Ihre Haltung zur Philosophie in dieser Zeit ist wohl auch die meinige; Ihre Wertschätzungen – Nietzsche, Hölderlin – bringen uns nah. Daß ich trotzdem schweige, werden Sie verstehen und billigen. Meine Seele ist verstummt; denn in dieser Welt bleibe ich nicht mit der Philosophie »ohne Ansehen«, wie Sie es von sich schreiben, sondern werde ... doch mir stockt das Wort.

In der stillen Wirkung aber, solange sie vergönnt ist, können wir uns finden.[2]

Von Ihren Rom-Eindrücken las ich gern. Welch großartige Erfahrung, in diesem Alter zum ersten Mal Rom und Mittelmeerlandschaft zu sehen! Es ist merkwürdig, wie Sie die Weise Ihres Erfahrens schildern, ungegenwärtig und doch aneignend; die Rolle der Erinnerung wird gleichsam schaffend. Ich glaube, das vielleicht auch zu kennen, doch der Grundzug ist bei mir anders. Ich gebe mich an den Augenblick hin, werde enthusiastisch und unersättlich. Darum werde ich in meiner Wehrlosigkeit mehr Dummheiten machen und weniger arbeiten als Sie. Dann wird allerdings auch mir die Erinnerung Quelle des Philosophierens, der stets wieder belebende Grund und der Maßstab, und das Philosophieren selbst zu einem guten Teil der Dank.

Das Nietzsche-Manuskript, das ich gern noch einmal aus Ihrer Hand empfing, wurde mir vor einigen Tagen aus Weimar geschickt. Ich habe es gleich im Seminar[3] meinen Studenten gezeigt und erläutert. Dieses frühe Wissen, das in der Frage schon alles vorwegnimmt, und dieser Adel und dieser auf das Ganze gehende Ernst sind ergreifend. Ja, so soll der deutsche Student sein!

                         Mit herzlichem Gruß
                               Ihr

                               KJ

124 Karl Jaspers an Martin Heidegger[1]

Heidelberg 12. Oktober 1942

Lieber Heidegger!

Befangen bin ich, wenn ich Ihnen für Ihren Plato-Aufsatz[2] – und für Ihre Hölderlin-Interpretation[3] – nicht nur danken, sondern auch darauf antworten will. Ich weiß nicht mehr recht und klar, wem ich schreiben soll, denn seit bald 10 Jahren haben wir uns nicht mehr gesprochen, auf meinen Nietzsche 1936 schrieben Sie mir eine freundliche Empfangsbestätigung[4], und dabei einen Sie persönlich betreffenden Satz, gewichtig, aber ohne verborgene Frage und ohne mir – in der gegebenen Situation – eine wirkliche Äußerung dazu zu ermöglichen. Dann hörte ich nichts mehr von Ihnen, weder zu meinem persönlichen Schicksal seit 1937[5] noch zu zwei 1937 und 1938 Ihnen gesandten Büchern[6], von denen ich daher nur als wahrscheinlich vermuten kann, daß sie in Ihre Hand gelangt sind. Von Ihnen kamen nur diese beiden Aufsätze, beide unverkennbar Ihres Geistes, aber beide in einer Sprechweise, die ich vielleicht darum nicht ganz verstehe, weil mir der inzwischen bei Ihnen erwachsene Hintergrund unbekannt ist.[7]

Das alles schreibe ich nur, um begreiflich zu machen, daß ich befangen bin.[8]

Was Sie zu Platos Lehre von der Wahrheit schreiben, spricht mich an, weil Sie, wie so oft in Ihrem früheren Philosophieren, an den Ursprung zu dringen suchen. Was Sie selber dabei auf die Frage antworten, tritt an Bedeutung m. E. zurück gegen die Tatsache Ihrer Fragestellung und gegen den grundsätzlichen Anspruch, den Sie erheben. Wenn ich auch weder bei Hölderlin noch bei Plato von Ihnen in der »Stimmung« getroffen werde, aus der ich diese Texte verstehe, so bewundere ich doch Ihre außerordentliche Begabung, Philosophisches zu erspüren, wo es niemand sonst wahrzunehmen scheint. Es ist vielleicht mein schwaches Vermögen, daß mir darum Ihre inhaltlichen Ausführungen gegenüber Ihrem Ansatz zu kollabieren scheinen. Ihr erster Schritt scheint mir die rechte Ebene zu betreten, Ihr weiterer Gang aber den möglichen Gehalt nicht zu fassen, der Methode zu entbehren, an deren Stelle vielmehr nur Ordnung der Darstellung, Form des Ausdrucks, Gebärde des Ganzen zu setzen. Dieses meine ich in einem positiven, an sich zu bejahenden Sinn, aber für die eigentliche Methode scheint es mir doch nur Ersatz. Im einzelnen werde ich in meiner Stimmung, wenn ich Ihnen folge, verwirrt. Ein Beispiel gleich im Anfang: Das »Ungesagte« eines Denkers, dafür ich mich »verschwende«[9] – wahr, ich lese es in voller Einstimmung, tiefe Erinnerungen werden mir gegenwärtig, – dann aber: »inskünftig wissen können«[10] – es wirkt auf mich wie eine plötzliche Verdunkelung des eben noch offenen Raumes, denn solches Ungesagte, das ich nachher wissen kann, ist gerade nie das, dafür ich mich verschwende, sondern für das ich mich vielleicht mit meiner vollen Arbeitskraft, nicht mit mir selbst, einsetze. In der Folge bleibt mir die »Wendung in der Bestimmung des Wesens der Wahrheit«[11] zwar ein außerordentliches, von Ihnen gewiß mit Recht entworfenes Problem, aber in der Gestalt, die Sie ihm hier geben, historisch unglaubwürdig. Da merke ich, daß ich wohl nicht beurteilen kann, was Sie eigentlich wollen.

Das aber wird daran liegen, daß ich die Wahrheit als die Unverborgenheit in dem Sinne, den Sie meinen, noch nicht verstehe. Was Sie in den sechs Zeilen am Schluß andeuten[12], hätte ich gern entwickelt gelesen. Wenn die begrenzte Druckmöglichkeit zur Einschränkung zwingt, so wäre mir jenes unendlich wichtiger als die Platointerpretation, die doch erst als Folge jener Grundlage verständlich würde. So wirkt das Ganze auf mich als eine ständige Spannung ohne Lösung und wie ein Versprechen, das am Ende enttäuscht wird. Fast könnte ich sagen, ich fühle mich am Ende der Lektüre betrogen, denn immer war von der Unverborgenheit die Rede, ohne daß gesagt wurde, was das eigentlich sei. Zunächst schien die Sache vorläufig gestützt auf den griechischen Wortsinn, den ich einst auch bei Soden[13] las, dann am Ende aber wird verweigert, darüber etwas anderes mitzuteilen als ein auf mich leer wirkendes Zukunftsversprechen. So muß ich die Mängel meiner

Auffassungsfähigkeit bekennen, die nicht hindern, daß ich Ihre Leistung in der Sorgfalt und Bedächtigkeit, der interpretativen Kunst und dem Ernst des Untergrundes wahrzunehmen vermag.
Mit herzlichen Grüßen aus ferner Vergangenheit

125 *Karl Jaspers an Martin Heidegger*[1]

Professor Jaspers   Heidelberg, 1. 3. 1948.
Heidelberg/Plöck 66
[Stempel]

Lieber Heidegger!

Daß ich Ihnen heute schreibe, ist veranlaßt durch meine augenblickliche Situation vor der Übersiedlung nach Basel[2]*, aber begründet durch meinen längst gehegten Wunsch, nach so langer Zeit wenigstens ein Wort zu Ihnen zu sagen. Ich konnte keine Initiative ergreifen, nachdem sie bei Ihnen verschwunden war und ich schlechthin nicht wußte, zu wem ich sprechen würde. Ich weiß es auch heute nicht, aber des Schweigens scheint mir genug.*
Als 1945 die Gefahr seitens der nationalsozialistischen Zensur erledigt war, wartete ich auf einen Brief von Ihnen, der mir das mir Unbegreifliche erklären sollte. Da Sie 1933 stillschweigend jede Begegnung mit mir und schließlich jedes Wort zu mir aufgegeben haben[3]*, hoffte ich auf eine von Ihnen ausgehende, nun erst mögliche rückhaltlose Aussprache.*

Statt dessen geschah etwas anderes. Eine Freiburger Universitätskommission[4] *fragte mich unter Berufung auf Ihren eigenen Wunsch Ende 1945 nach Ihnen. Ich habe, da eine Ablehnung mir nach einigem Zögern unmöglich schien, geantwortet.*[5] *Ich ermächtigte den Empfänger, Ihnen von allen praktisch relevanten Stellen Kenntnis zu geben, falls Sie es wünschten. Auf alle Fälle lege ich eine Abschrift des damaligen Briefes bei. Seinen Inhalt halte ich auch heute für richtig.*

Als ich vor langen Jahren, etwa 1934, die zuverlässige Abschrift Ihres Briefes wegen Baumgarten nach Göttingen[6] *vollständig vor mir hatte, hätte ich Ihnen sagen mögen, was ich dachte. Ich habe es nicht getan aus Mißtrauen gegen jeden, der sich in dem Terrorstaat mir nicht positiv als wirklicher Freund erwiesen hatte. Ich folgte dem caute Spinozas*[7] *und dem Rate Platos: in solchen Zeiten sich unterzustellen wie bei einem Regensturm.*[8] *Was ich damals hätte sagen mögen, habe ich auch in jenem Briefe 1945 nicht gesagt. Nach Kräften gereinigt von persönlichen Betroffenheiten – Ihr Wort über den Intellektuellenkreis um Max Weber und Ihr Gebrauch des Wortes Jude kann ich nach seiner damaligen Bedeutung zwischen uns nicht vergessen – habe ich mich in dem Briefe nach Freiburg beschränkt auf das objektiv Relevante. In der Kühle dieser Äußerung können Sie nicht wahrnehmen, was in meinem Herzen liegt. Mein Brief war abgefaßt in der Absicht, das Unausweichliche zur Geltung kommen zu lassen und in der gefährlichen Lage für Sie*[9] *das Bestmögliche erwirken zu helfen, damit Sie Ihre Arbeit fortsetzen könnten.*

Die guten Erinnerungen, die uns aus einer lang vergangenen Welt verbinden, sind für mich nicht erloschen. Inzwischen haben wir seit 1933 ohne Berührung in verschiedenen Welten gelebt. Ein faktischer Abbruch ist erfolgt, nachdem eine wortlose Anknüpfung an Vergangenes wohl nicht gut möglich ist.

Aber es ist mir fremd und fast unerträglich, von einem Menschen, mit dem ich verbunden war, getrennt zu werden. Ich habe dadurch Ihnen gegenüber seit 1933 gelitten, bis, wie es im Gang der Zeiten zu geschehen pflegt, dieses Leiden schon in den dreißiger Jahren unter der Wucht viel schrecklicherer Dinge fast verschwand. Nur ferne Erinnerung blieb und ein gelegentliches, immer erneutes Verwundern.

Aber wie bisher möchte ich den Abbruch, wie er tatsächlich nicht ausdrücklich von Ihnen vollzogen wurde, nicht durch das Aussprechen seiner Faktizität endgültig machen. Vielmehr möchte ich, was mich angeht, die Möglichkeit bewahren, daß zwischen uns noch wieder ernsthafte Worte getauscht werden. Auch möchte ich gern, wenn es möglich ist, mit meinen geringen Kräften helfen, falls Ihnen etwa Publikationen nicht erlaubt würden. Es ist nicht nur ein für mich unauslöschbares, sondern, wie sich von selbst versteht, ein unbezweifelbares sachliches europäisches Interesse, daß Sie Ihre Arbeiten durch Druck bekannt machen. Ich benutze seit 1945 jede Gelegenheit, das auszusprechen.[10, 11]

Im Winter 1945 schickte ich Ihnen das erste Heft der »Wandlung« mit zwei ersten Äußerungen von mir zur Lage.[12] *Wie früher, erhielt ich keine Empfangsbestätigung. Ich würde Ihnen weiter gern meine Veröffentlichungen schicken, sofern Sie es mir nicht durch dieses anhaltende Schweigen verbieten; dem füge ich mich.*

Von uns und dem, was wir erlebt haben, schreibe ich nicht. Daß ich mit meiner Frau lebe, ist mir noch täglich wie ein Wunder gegenwärtig. Mein körperlicher Krankheitszustand ist unverändert. Meine Kräfte sind, wie von jeher, sehr gering.

Ich grüße Sie mit meinen besten Wünschen für Sie
Ihr

[Karl Jaspers]

126 *Karl Jaspers an Martin Heidegger*[1]

Basel 6. 2. 1949

Lieber Heidegger!

Schon lange wollte ich an Sie schreiben. Heute an einem Sonntag Morgen kommt mir endlich der Impuls. Ich versuche es.

Es war einst zwischen uns etwas, das uns verband. Ich kann nicht glauben, daß das restlos erloschen ist. Die Zeit scheint reif geworden, daß ich mich an Sie wende in der Hoffnung, Sie möchten mir entgegenkommen in dem Wunsche, gelegentlich ein Wort zu tauschen.

Die Voraussetzungen in uns beiden sind andere geworden, als sie vor 1933 waren. Ein Minimum von Sätzen ist unumgänglich, um die Anknüpfung an den Kern dessen zu finden, durch das wir – schon damals mit manchen wunderlichen Begleiterscheinungen – uns ansprachen.

1945 erwartete ich eine Erklärung von Ihrer Seite, – ich wartete, – mir schien, daß eine Initiative meinerseits alles, was damals möglich war, zerstören würde. Im Herbst 45 schickte ich Ihnen das erste Heft der »Wandlung«.[2] Vielleicht, so dachte ich, könnten Sie meine ersten öffentlichen Äußerungen, die darin standen, zum Anlaß nehmen, mir etwas zu sagen, was vor 1945 zu sagen nicht möglich war.

Im Dezember 45 schrieb ich auf Anfrage der Freiburger Kommission, die sich auf eine Anregung Ihrerseits berief, einen Brief über Sie.[3] Ich ermächtigte sie, für die praktisch entscheidenden Partien sogleich, für das übrige später, Ihnen den Brief zur Kenntnis zu bringen. Ob Sie ihn gelesen haben, habe ich nicht erfahren, aber ich darf es annehmen. Daraus wissen Sie, was mich zwang zu warten, ob Sie zu mir ein Wort fänden: Nicht allein Ihr schweigender Abbruch seit 1933, sondern vor allem Ihr Schreiben über Baumgarten, dessen Abschrift ich 1934[4] sah. Dieser Augenblick gehört zu den einschneidendsten Erfahrungen meines Lebens. Persönliche Betroffenheit war unlösbar von dem objektiven Gewicht des Geschehens. Nicht erwähnt hatte ich einen Brief, den ich im August 1933 in Ihrer eigenen Handschrift las. Ein junger Mann, an den er gerichtet war, kam mit ihm ratlos nach Oldenburg zu mir, um mit mir die Radikalität der Entscheidung zu begründen – die umgekehrte als die, die Sie in jenem Brief in einer mir bei Ihnen bis dahin unbekannten Sprechweise verlangten.[5]

Nun ist viel Zeit vergangen. Jetzt darf ich als Voraussetzung für das Weitere annehmen, daß Sie eine Erklärung in bezug auf diese Dinge, die uns beide persönlich betreffen (»der Jude

Fraenkel«, »der Intellektuellenkreis um Max Weber« u. a.)[6], mir gegenüber nicht für notwendig ansehen. Ich akzeptiere es.

Was Sie mir etwa, und vielleicht mit Recht, vorwerfen, weiß ich nicht. Meinerseits darf ich sagen, daß ich Sie nicht beschuldige, weil Ihr Verhalten in dieser Weltumwälzung nicht primär auf der Ebene für moralisierende Erörterungen liegt. Die unendliche Trauer seit 1933 und der gegenwärtige Zustand, in dem meine deutsche Seele nur immer mehr leidet, haben uns nicht verbunden, sondern stillschweigend getrennt. Das Ungeheure, das etwas ganz anderes ist als nur Politik, hat in den langen Jahren meiner Ächtung und Lebensbedrohung kein entsprechendes Wort zwischen uns laut werden lassen. Als Menschen sind wir uns ferner gerückt. Jeden Augenblick ist mir meine Frau[7] gegenwärtig, von der ich bei unserem vorletzten Zusammensein[8] sagte, daß sie für all mein Philosophieren entscheidend sei (ich sehe noch Ihr verwundertes Antlitz).

Das alles verschleiere ich mir nicht. Ich akzeptiere es als Faktum, das Interpretationen zugänglich sein mag, aber dessen vor Jahren von mir erwartete Aufhellung nicht Bedingung unseres Miteinandersprechens bleiben darf. Die Dunkelheit wird, wenn nicht Außerordentliches zwischen uns geschehen sollte, eine Voraussetzung bleiben, die nicht hindert, daß im Philosophieren und vielleicht auch im Privaten zwischen uns ein Wort vom einen zum anderen geht.

Dies kann, wie mir scheint, auch nicht dadurch verhindert werden, daß wir in der Philosophie wohl sehr Verschiedenes erstreben und ein philosophisches Selbstbewußtsein einander fremden Charakters haben. Die Tatsache, daß man unsere Namen in der Welt so oft zusammen nennt, ist Ihnen wie mir nicht angemessen. Darum haben wir, unabhängig voneinander, 1936 oder 37 in Briefen an Jean Wahl[9], die er veröffentlicht hat[10], dieses im Ton verschieden, im Sinne übereinstimmend ausgesprochen.[11] Auch dies ist kein Grund, daß wir gegeneinander schweigen. Denn in allen nicht einfach durchschaubaren, bis in die Tiefe eines Grundverhaltens gehenden Differenzen muß doch, was immer Philosophie ist, in Ursprung und Ziel verbunden sein. Das ist ein Glaube wie der an Kommunikation, – ein Glaube gegen den täuschenden Augenschein. Wenn meine Erinnerung mich nicht trügt, waren wir darin einmal einig.

Ich grüße Sie wie aus einer fernen Vergangenheit, über einen Abgrund der Zeiten hinweg, festhaltend an etwas, das war und das nicht nichts sein kann.

Ihr

[Karl Jaspers]

127 *Martin Heidegger an Karl Jaspers*

Freiburg i.Br., 22. Juni 49.

Lieber Jaspers!

Gestern sagte mir Heiß[1], Sie hätten mir im Februar geschrieben. Dieser Brief ist zu meinem größten Bedauern nicht angekommen. Ich hätte Ihnen gewiß und sogleich geantwortet. Es ist freilich nicht der erste Fall während der letzten Jahre, daß wichtige ausländische Post mich *nicht* erreicht.

Ich danke Ihnen herzlich für diesen Brief; *daß* Sie geschrieben haben, ist mir eine große Freude. Durch alle Irrung und Wirrnis und eine zeitweilige Verstimmung hindurch ist mir der Bezug zu Ihnen unangetastet geblieben, der im Beginn unserer Wege während der zwanziger Jahre gestiftet wurde. Seitdem wir uns räumlich noch näher gerückt wurden, empfand ich die Ferne um so schmerzlicher.

Der Wächter des Denkens sind in der steigenden Weltnot nur noch wenige; dennoch müssen sie gegen den Dogmatismus jeder Art ausharren, ohne auf Wirkung zu rechnen. Die Weltöffentlichkeit und ihre Organisation ist nicht der Ort, an dem das Geschick des Menschen*wesens* sich entscheidet.

Man soll nicht über Einsamkeit reden. Aber sie bleibt die einzige Ortschaft, an der Denkende und Dichtende nach menschlichem Vermögen dem Sein bei-stehen.

Aus dieser Ortschaft grüße ich Sie herzlich.

Ihr

Heidegger

128 *Karl Jaspers an Martin Heidegger*

Basel 25. Juni 1949

Lieber Heidegger!

Eben erhalte ich Ihren Brief vom 22. Juni. Ich danke Ihnen herzlich. Mein Brief an Sie vom Februar war handschriftlich. Aber ich hatte meine Frau gebeten, ihn für mich in die Maschine abzuschreiben. Nun schicke ich Ihnen beiliegend diese Abschrift. Wenn der Teufel oder die Technik uns ein Bein stellen will, so wollen wir unsererseits Geduld und Vorsicht haben. Hoffentlich kommt dieser Brief durch. Zur Verstärkung der Chance will ich ihn diesmal eingeschrieben schicken.

Zu meiner großen Freude sprechen Sie mir aus, daß unsere Beziehung dort, wo sie wesentlich war, unangetastet geblieben ist. Möchte das noch Folgen haben!

Heute nur dies Begleitwort zu dem alten Brief, – und dazu die Mitteilung, die mich gestern erreichte: Erich Frank ist, wenige Tage nach seiner erstmaligen Landung in Europa, in Amsterdam plötzlich gestorben[1], auf dem Weg über Marburg zu uns. Meine Frau und ich sind sehr traurig, den treuen Freund nicht wieder zu sprechen. Sie haben einst an seiner Berufung nach Marburg entscheidend mitgewirkt[2]. Die Nachricht wird auch Sie bewegen.

Mit herzlichen Grüßen

Ihr Karl Jaspers

129 *Martin Heidegger an Karl Jaspers*

Todtnauberg, 5. Juli 49.

Lieber Jaspers!

Für Ihre beiden Briefe danke ich Ihnen herzlich. Meine Frau und ich sind inzwischen wieder, aber der Witterung wegen später als in den Vorjahren, auf die Hütte gezogen, die nicht mehr so wetterfest ist und schwerer zu bewohnen als zu der Zeit, da wir jünger waren. Ich bekomme die Post nach Freiburg nur in Abständen je nach Gelegenheit heraufgebracht. Deshalb hat sich meine Antwort verzögert.

All die Jahre hindurch bin ich dessen gewiß geblieben, daß die Beziehung zwischen den Schwerpunkten unserer denkenden Existenz nicht zu erschüttern sei. Aber ich fand keinen Weg zur Zwiesprache. Diese wurde mir sogar seit dem Frühjahr 1934, als ich in die Opposition ging und mich innerlich auch vom Universitätswesen löste, noch schwieriger; denn die Ratlosigkeit nahm zu.

Wer Ihr mit Ihrer Frau geteiltes Schicksal nicht selber erfahren hat, kann es nie wissen. Daß unser ältester Sohn jetzt das fünfte Jahr in russischer Gefangenschaft ist und durch Namen und Herkunft noch bedrohter, der jüngere wurde von dort 1947 als krank entlassen, gibt Voraussetzungen, um jenes Wissen in einigem nachzuvollziehen.

Wenn ich auf Erklärungen zu Ihrem ersten Brief jetzt nicht

eingehe, dann will ich damit nichts übergehen. Bloßes Erklären wird sogleich ins Endlose hinaus schief.

Die Auseinandersetzung mit dem deutschen Unheil und seiner weltgeschichtlich-neuzeitlichen Verflechtung wird den Rest unseres Lebens durchdauern! Insgleichen die Besinnung über das Unheimliche, daß, je wesentlicher das Wesenhafte genommen wird, dessen Vollbringung sich in ein Faktisches entfremden muß, das heute fast unaufhaltsam alles Wesen verwüstet.

Vielleicht muß sich das Seyn aus diesem, um grob zu reden, Platonismus überhaupt erst herausdrehen, wenn dem Menschenwesen noch ein Weg ins Heile gewahrt bleiben soll.

Unseren Denkwegen ist dabei vermutlich irgendeine obzwar unscheinbare Bestimmung zugewiesen. Sie ist nicht in dem zu finden, was das heutige Meinen bei der gedankenlosen Koppelung unserer Namen sich vorstellt. Ob irgend ein Korn unserer Bemühungen zu dem gehört, was unbeachtet die nächsten drei Jahrhunderte der Verwüstung übersteht, brauchen wir nicht zu wissen.

Es mag genügen, wenn jeder von uns noch eine Strecke seines Ganges unterwegs bleibt.

Sie stehen mitten in der Veröffentlichung eines weitgespannten Werkes. Sie behalten durch eine vielstrahlige akademische Wirksamkeit einen Quell der Frische.

Bei mir geht alles, ich sage dies nüchtern und ohne Klage, rückwärts, gleich als sollte nur noch einiges auf der Wegstelle deutlicher gedacht sein, an der ich 1911 aus der Theologie und d. h. zugleich aus der Metaphysik hinausgedrängt wurde.

Ich habe das Gefühl, nur noch in die Wurzeln zu wachsen und nicht mehr in die Äste.

So werden Sie mich bereit finden für den günstigen Augenblick der Zwiesprache, aber zugleich schwerfälliger und weniger unterrichtet.

Das Letzte, was ich von Erich Frank, dessen stillen und gewissenhaften Charakter ich immer schätzte, las, war eine Besprechung Ihrer »Philosophie«[1], die m. W. im Logos erschien.

Es war bei weitem das Beste und Belehrendste, was damals gesagt wurde. Ein Mensch seiner Art kann wohl an der Erschütterung einer solchen Rückkehr sterben.

Die Flut des Leides steigt immer noch; der Mensch wird gleichwohl flacher.

Wir werden voraussichtlich bis zum Einbruch des Winters hier oben bleiben. Ich möchte noch mehr von der Weisheit aneignen, die sich in der stabilitas loci verbirgt.

    Ich grüße Sie herzlich.

      Ihr

       Martin Heidegger

130 *Karl Jaspers an Martin Heidegger*[1]

         Basel 10. Juli 1949

Lieber Heidegger!

Ihr Leid ist schwer zu tragen: das Warten auf Ihren Jörg – ich wußte nicht, daß er in Rußland ist –, die Heimkehr Ihres krank gewordenen Hermann, – das ganze Unheil dieser Politik hat auch Sie getroffen. Noch ist Hoffnung, möchte sie sich erfüllen! Meine Frau, die in ihrer Anteilnahme sich besser erinnert als ich, schilderte mir aus dem Widerhall Ihrer einstigen Erzählungen Ihre beiden Söhne, die wir ja nach 1921 nie mehr gesehen haben, und sagte gleich: Dann ist der Jörg in Rußland.

Aus Ihrem Brief spricht mich an, was ich seit unserer Trennung kaum sonst gehört habe, etwas, das in seiner Ungreifbarkeit mich berührt, wie es einst war, mit einem nur leicht modifizierten Klang und mit nun bewußter Perspektive in das Weiteste.

Was Sie das Herausdrehen aus dem Platonismus nennen, ist mir nur deutlich, wenn Sie damit die Ideenlehre und deren spätere Verwandlung in Begriffsrealismus und dessen Antithesen meinen. Plato selber, dem in seinen hinreißenden Spielen so etwas wie »Ideenlehre« eine Zeitlang ein Mittel war, das er dann aufgab, und in das uns undurchsichtige Zahlendenken, ein neues Spiel, umsetzte, dieser Plato selbst scheint mir von uns im Wesentlichen, d. h. in dem Ernst, zu dem das alles diente, noch nicht wieder erreicht. Würde die zweite Hälfte seines Parmenides mit heutigen Mitteln neu gespielt (und nicht neuplatonisch), so wäre wohl alle schlechte Metaphysik überwunden und der Raum frei, die Sprache des Seins rein zu hören. Was Sie die Offenbarkeit des Seins nennen, das ist mir bis jetzt nicht zugänglich. Der »Ort«, von dem her Sie mich grüßen, – vielleicht habe ich ihn noch nie betreten, empfange gern, mit Verwunderung und Spannung, solchen Gruß.

Was Sie von sich schreiben – »in die Wurzeln wachsen« –, das muß doch gut und wesentlich sein. Die Entscheidung von 1911 ist mir aus Ihren Erzählungen lebendig gegenwärtig. Diese unterscheidet Sie durch den ernstesten Entschluß im Grunde des Philosophierens.

Von mir haben Sie wohl eine zu rosige Vorstellung. Das auf Wanderschaftsein und zu Gastsein weiß ich als mein deutsches Verhängnis, klar seit 1934, als mein damals 84jähriger Vater zu mir sagte: Mein Junge, wir haben unser Vaterland verloren! Eine Trauer liegt verschleiernd über allem. Aus ihr komme ich in aller Heiterkeit der Fassade nicht mehr heraus. In Basel zu leben und zu lehren erscheint mir unter den gegebenen Umständen als das für meine Frau und mich Erfreulichste – für die gewährte Galgenfrist auf einer Insel, deren Dasein ein wunderbarer Anachronismus ist, das bessere Deutschland, in Lebensstimmung und Freiheitsgefühl sehr verwandt den Bauernschaften, denen ich entstamme.[2] Für alte Leute ist hier eine Zuflucht. Wäre ich jung, ich würde ohne Zweifel nach Amerika drängen, um an die geistigen Hebel und die echten Grunderfahrungen des Zeitalters zu gelangen. Als ich den Basler Ruf erhielt, den ich nicht provoziert und nicht begehrt hatte, war die

Entscheidung trotzdem nicht leicht. Ich wollte niemandem wehtun. Eine Bindung an ein Land und eine Bevölkerung aber bestand – trotz bester und verläßlichster Freunde, einzelner – längst nicht mehr. Eine neue Bindung – so wurde mir klar – war entgegen meinen Hoffnungen von 1945 nicht erwachsen. Mein öffentliches Dasein war das einer Puppe, die mit mir wenig zu tun hatte.[3] –

Das Grundbewußtsein, »vor den Toren« zu stehen, nicht durch sie geschritten zu sein, verläßt mich nicht, auch nicht die Stimmung, als ob noch Entscheidendes mir klar werden oder von anderen gebracht werden könnte – aber auch die Wehmut Kants, die Sie kennen: abtreten zu müssen, wenn man gerade anfangen könnte, recht zu philosophieren.

Ich schicke Ihnen einige meiner Reden. Falls Sie Lust haben, in meine Schriften zu sehen, lasse ich Ihnen gern zugehen, was nach 1945 erschienen ist, soweit ich noch darüber verfügen kann. Ohne Ihren Wunsch möchte ich Sie mit dem vielen Papier nicht belasten. Von Ihnen habe ich, soviel ich weiß, alles außer Ihrem Neudruck von »Was ist Metaphysik?«[4].

Ich danke Ihnen herzlich für Ihren Brief und grüße Sie mit meinen besten Wünschen für Ihre Söhne.

Ihr Karl Jaspers.

131 *Karl Jaspers an Martin Heidegger*

z.Z. St. Moritz 6. August 49

Lieber Heidegger!

Ein amerikanischer Freund erzählte mir, er habe in der New York Times gelesen, daß Sie einen Ruf nach Buenos Aires erhalten und angenommen hätten. Wie das nun auch sei, ich gratuliere Ihnen herzlich zu dem Rufe – der wird doch wohl der Kern von Wahrheit darin sein. Begehrt zu werden ist unsereins doch immer angenehm.

Für Ihre drei Schriften[1], die Sie mir – durch meinen letzten Brief wohl veranlaßt – schickten, danke ich Ihnen. Sie kamen mir willkommen hierher in die Ferien[2]. Den Brief über den Humanismus habe ich gelesen, erst jetzt, obgleich ich mir die Schrift in der Schweizer Ausgabe[3] schon voriges Jahr gekauft hatte.

Ich war gefesselt. Ihre Abwehr gegen Mißverstand ist eindrucksvoll. Ihre Interpretationen der Alten sind immer überraschend. Ob richtig oder falsch, das ist gleichgültig gegenüber dem, woraus Sie reden und wohin Sie führen wollen. Ich bin angesprochen ohne klar zu werden. Der Fragen ergeben sich viele. Die Mitte des Ganzen zu betreten ist mir noch nicht gelungen. Ich helfe mir etwa mit Erinnerungen an Asiatisches, zu dem ich all die Jahre gern gegangen bin, wohl wissend, nicht eigentlich einzudringen, aber auf eine wundersame Weise von dort her erweckt. Ihr »Sein«, die »Lichtung des Seins«, Ihre Umkehrung unseres Bezuges zum Sein in den Bezug des Seins zu uns, das Übrigbleiben des Seins selbst – in Asien glaube ich davon etwas wahrgenommen zu haben. Daß Sie überhaupt dahin drängen und, wie Ihre Interpretation von »Sein und Zeit«[4] aussagt, immer gedrängt haben, ist außerordentlich. Ich vermag nicht, dahin zu gelangen, wenn ich auch nichts lieber möchte und immer sozusagen daran, davor, zu sein meine. Was Sie bisher bringen, ist für meine Auffassungsgabe noch wesentlich Versprechen – Sie reden von Vorbereiten, ja von Stammeln –, aber auch das ist viel. Ihr Buch »Sein und Zeit« habe auch ich offenbar gar nicht in Ihrem Sinn verstanden.

Widersprechen wäre nur sinnvoll im mündlichen Gegenüber. Sie wissen von der Fragwürdigkeit der Diskussion, aber wollen doch in der Mitteilung diese ermöglichen. Sie diskutieren selber, sogar heftig, sogar argumentierend. Aber die Frage, wie aus dem Monolog – und dem Nachreden der Monologe durch andere – herauszukommen sei, ist wohl eine Lebensfrage unseres gegenwärtigen Philosophierens.

Ich stolpere mit Ihren Sätzen noch fortwährend. Das Sinnmaterial, in dem Sie philosophieren, ist mir, in der Unmittelbarkeit der Sätze ergriffen, oft unannehmbar. Manche Ihrer zentralen Worte kann ich nicht verstehen. Sprache als »Haus des Seins«[5] – ich sträube mich, wo alle Sprache mir nur Brücke scheint. Die Sprache ist doch im Mitteilen zur Aufhebung in der Wirklichkeit selbst zu bringen, durch Tun, Gegenwärtigkeit, Liebe. Ich könnte fast umkehrend sagen: Wo Sprache ist, da ist noch nicht oder nicht mehr das Sein selbst. Aber damit sage ich Ihnen nichts, das den Sinn träfe, in dem Sie davon schreiben. Ich bin begierig, was daraus noch wird, und wie Sie Ihr Versprechen einlösen.

Mit herzlichen Grüßen
Ihr Karl Jaspers

Die Feder, die ich hier habe, macht die Schrift noch undeutlicher, bitte um Entschuldigung!

132 *Martin Heidegger an Karl Jaspers*

Todtnauberg, d. 12. August 49

Lieber Jaspers!

Seit über vierzehn Tagen liegt ein halber Brief an Sie als Antwort auf den Ihren und als Dank für Ihre zwei Goethevorträge und die Antrittsvorlesung[1]. In der Zwischenzeit wurde ich durch Korrekturen, durch leere Besuche, die mit dem Semesterende und dem Ferienbeginn einsetzten, und dadurch, daß meine Frau nach Freiburg mußte, um im Haus, das ganz besetzt ist, wieder nach dem Rechten zu sehen, verhindert.

Daß Sie mir Ihren Frankfurter Goethevortrag schickten, den ich noch nicht kannte, darüber war ich besonders froh.

Zufolge einer Übung aus den letzten und früheren Jahren merkte ich zwar sogleich an dem Ton und dem niedrigen Niveau der Anpöbelung durch E. R. Curtius[2], daß hier im Eigentlichen das Vorhaben faul sei. Aber daß ein Mann, der jetzt doch als der erste Philologe der Welt gefeiert sein will, so schlecht lese, hätte ich doch nicht erwartet. In Ihrem Vortrag steht von all dem, was C. Ihnen unterstellt, das Gegenteil. Mir ist das Ganze unverständlich und ekelhaft. Aber die Öffentlichkeit füttert sich nur von solchen leeren Sensationen. Dieses Geschreibe ist in seiner Kläglichkeit ungefährlich; anders als ein jetzt von Lukács[3] in einer Berliner Zeitschrift gegen mich gerichteter Angriff, der die sehr reale Absicht hat, für meine »Liquidierung« rechtzeitig Sorge zu tragen. –

Gegen Ihre Goetheauffassung könnte sich zwar ein Angriff richten; ich weiß freilich nicht, in welcher Weise dies geschehen soll, ohne in eine vergangene Zeit der Großväter zurückzufallen. C. weiß gar nicht, *wo wir sind*; er will es nicht wissen. Diese Verblendung, die heute an den Universitäten zum Prinzip erhoben wird, ist das Schlimmste, besonders dann, wenn noch eine pseudo-christliche Fassade um sie gestellt wird. Die zentrale Stelle, die Angel Ihres Vortrags sehe ich in den Seiten 19–21, wo sie von der neuzeitlichen Technik handeln.

Was freilich heute über Technik geäußert wird, reicht, soviel ich davon kenne, nirgends in die Dimension dessen, was jetzt und künftig unter diesem Namen mit uns vor sich geht.

Mir scheint, uns fehlen noch die Voraussetzungen, um dies zu erfahren. Die Flucht zu Goethe aber verhindert schon, auch nur jenen Voraussetzungen nachzufragen. Ich selbst habe freilich immer noch kein zureichendes Verhältnis zu Goethe. Das ist ein wirklicher Mangel, aber nur einer unter vielen. Ich denke, daß Sie die C.sche Pöbelei längst vergessen haben. Schlimmer als diese noch ist die ganze Verkommenheit der Presse.

So habe ich auch weder einen Ruf nach Argentinien angenommen noch einen solchen erhalten. Die aus Amerika stammende Nachricht stand im Mai schon in deutschen Zeitungen.

Ich schrieb damals – ausnahmsweise – eine kurze Berichtigung an die Hamburger »Welt«; aber sie wurde dort so geschickt montiert, daß sie wohl unbeachtet blieb.

Doch Ihr Glückwunsch ist von all dem unabhängig. Ich danke Ihnen dafür.

Viel lieber ginge ich auf Ihren vorigen und Ihren letzten Brief ein. Aber wo beginnen? Was Sie von den Monologen sagen, trifft. Aber es wäre schon viel gewonnen, wenn die Monologe bleiben dürften, was sie sind. Mir scheint fast, sie *sind* es noch gar nicht; sie sind noch nicht stark genug dazu.

Mir fiel bei Ihrer Briefstelle das Wort von Nietzsche ein, das Sie natürlich kennen: »Hundert tiefe Einsamkeiten bilden zusammen die Stadt Venedig – dies ihr Zauber. Ein Bild für die Menschen der Zukunft.«

Was hier gedacht ist, liegt außerhalb der Alternative von Kommunikation und Nichtkommunikation.

Nehmen Sie dazu das Wort von Lessing über die Windmühlen[4].

Vor dem hier und dort Gedachten und ins Wesenhafte – Künftige Gedachten sind wir die reinen Zwerge.

Sie wissen, ich bin ein sparsamer Leser und noch langsamer als sparsam; daher kommt viel Unkenntnis und Einseitigkeit.

Was Sie über das Asiatische sagen, ist aufregend; ein Chinese[5], der in den Jahren 1943–44 meine Vorlesungen über Heraklit und Parmenides[6] hörte (ich las damals nur noch einstündig Interpretationen weniger Fragmente), fand ebenfalls Anklänge an das östliche Denken. Wo ich in der Sprache nicht einheimisch bin, bleibe ich skeptisch; ich wurde es noch mehr, als der Chinese, der selbst christlicher Theologe und Philosoph ist, mit mir einige Worte von Laotse übersetzte; durch Fragen erfuhr ich erst, wie fremd uns schon das ganze Sprachwesen ist; wir haben den Versuch dann aufgegeben. Trotzdem liegt hier etwas Erregendes und, wie ich glaube, für die Zukunft, wenn nach Jahrhunderten die Verwüstung überstanden ist, Wesentliches. Die Anklänge haben vermutlich eine ganz andere Wurzel; seit

1910 begleitet mich der Lese- und Lebemeister Eckehardt; dieser und das immer neu versuchte Durchdenken des Parmenides τὸ γὰρ αὐτὸ νοεῖν ἐστιν τε καὶ εἶναι; die ständige Frage nach dem αὐτό, was *weder* νοεῖν ist *noch* εἶναι; das Fehlen des Subjekt-Objekt-Verhältnisses im Griechentum brachten mich neben dem eigenen Denken auf das, was wie eine Umkehrung aussieht, aber etwas anderes noch und vordem ist. –

Der Humanismus-Brief[7], den ich notgedrungen veröffentlichte, weil er durch Indiskretionen schon ein halbes Jahr vorher in Paris in unkontrollierbaren Abschriften und Übersetzungen umlief, erzeugt wohl neue Mißverständnisse und Schlagworte.

Ich wünsche Ihnen eine schöne Zeit in den Bergen und zwischen den Seen.

Mit herzlichen Grüßen

Ihr

Martin Heidegger

Sobald ich freier bin, schreibe ich zur Antrittsrede.

133 *Karl Jaspers an Martin Heidegger*

Basel 17. August 1949

Lieber Heidegger!

Dank für Ihren Brief. Was Sie zu dem Curtius-Pamphlet in der Presse sagen, koinzidiert mit meiner Auffassung. Ich las sie gern durch Sie bestätigt. Im Anfang war mir die Sache eine schmerzliche Enttäuschung: dieser Strahl des Hasses von einem Menschen, den ich seit 40 Jahren kenne, tat mir einfach weh, – der Unmenschlichkeit wegen. Das Weitere war, was Sie sagen: eine Sensation ohne jeden Gehalt, – aber wiederum schmerzlich: als Symptom des deutschen Zustandes.

Ihre Berufung nach Argentinien als Pressesensation sehr ärgerlich! – Dabei gilt die New York Times als ungemein zuverlässig in den Nachrichten! – Übrigens bin ich froh, daß Sie nicht dahin gehen. Abgesehen von der stabilitas loci, von der Sie neulich schrieben[1] (die mir wunderbar scheint, um so mehr, als sie mir nicht zuteil wurde), hätte ich Sie nicht gern dort in der großen Nazi-Gesellschaft gesehen.

Der Angriff von Lukács hat natürlich seinen Sinn. Auch da werden wir beide übrigens in einen Topf geworfen.[2] Oberst Tulpanow[3] hat mich persönlich angegriffen, meine Universitätsidee[4] ist in der Ostzone verboten, – als ich einen Autor aus der Ostzone[5] öffentlich lobte, beklagte er sich: das sei für ihn belastend. In Genf hatte ich 1946 mit Lukács eine öffentliche Diskussion.[6] Er hat nachher gesagt: Heidegger sei wenigstens eine klare Erscheinung des Verfalls des Bürgertums, ich sei gar nichts ohne soziologischen Ort. Ich kannte ihn vor 1914.[7] Die Verwandlung, die mit ihm vorgegangen ist, war schaurig zu sehen. Aus einem geistreichen, sprühenden Menschen war eine öde Maschinerie geworden. Seine Plattheit war erstaunlich. Weil man gern einen »Vertreter des Ostens« haben wollte, ertrug man es. –

Was Sie von den Monologen sagen – wir seien »vielleicht noch nicht stark genug« dazu –, und von der Einsamkeit – »außerhalb der Alternative von Kommunikation – Nichtkommunikation« – glaube ich zu verstehen im Blick auf Werke, wie die des Laotse oder Spinozas. Spinoza hat verfügt, seine Ethik nach seinem Tode ohne seinen Namen zu publizieren: Es sei gleichgültig, wer die Wahrheit ausspreche. Das hat großen Stil. Solche Werke können in der Folge Kommunikation fördern, sie reden nicht davon. Für uns scheint mir alles an der Wahrheit zu liegen, die uns verbindet und die ihre faktische Erscheinung in der Vertiefung der Kommunikation hat.

Ich gebe Ihnen recht, daß immer das Eigentliche, Wesentliche »jenseits« von Kommunikation und Nichtkommunikation, von Subjekt und Objekt, von Denken und Sein usw. liegt, – und darin, daß all unser Denken bodenlos und zerstreut wird, wenn es diesen Bezug verliert. Aber reden können wir nur – und mitteilen – innerhalb der Gegensätze, in den Erscheinungen des Endlichen. Allein durch das letztere vermögen wir uns dem ersteren zu nähern. Nicht nur Schellings »Indifferenz« und alle anderen Redewendungen der »Idealisten«, auch die Mystik in ihrer Bilderwütigkeit, die immer dasselbe sagt, scheint mir eine große Verführung: davonzulaufen aus der Welt und von den Menschen und den Freunden, – und nichts einzutauschen – wenn es gelingt – als ein unendliches Licht, einen unerfüllbaren Abgrund. Ich gestehe, daß ich allzugern diese Wege gehe an der Hand der Alten. Aber ein Ruck muß stets befreien von dem Zauber.

Die Befreiung aber geschieht grundsätzlich durch das Bewußtwerden der »Denktechniken« – Sie lehnen das ab, indem Sie unter Technik mit diesem Wort etwas viel zu Enges, Verstandesmäßig-Mittelhaftes verstehen. Ich meine: Wir müssen Herr unserer Gedanken und unseres Denkens werden, – dann wissen wir jeweils, was wir denkend getan haben, befreien uns von Bildern und Dogmatismen und werden bereit zur Wirklichkeit.

Auch jene mystisch-spekulativen Gedanken – vielleicht das Großartigste und Verborgenste, was die Philosophie geschaffen hat – müssen in diesem Sinn der Denktechnik oder Methode erhellt werden. Sie müssen die Naivität verlieren, um uns nicht in Bann zu schlagen und das wirklich Notwendige in der Zeit versäumen zu lassen.

Wenn Sie in den Parmenides-Stellen das τὸ αὐτὸ durch eine grammatische Gewaltsamkeit zum Subjekt des Satzes machen[8], so nehme ich gern teil an dem Sinn, der Ihnen in der Folge danach aufgehen möchte, bin bewegt, möchte gleich mehr hören, – aber zweifle dann, ob dort noch fortzukommen ist, außer wenn sich die Erfahrung umsetzt in Erscheinung dieser Welt, in Praxis, Erkenntnis, – das heißt, wenn sich dort Maßstäbe und Führungen in uns einprägen, die indirekt sich zeigen.

Was Sie von uns als »Zwergen« sagen, trifft meine eigene Gesinnung. Ich brauche manchmal dasselbe Wort, das, soviel ich weiß, zuerst Burckhardt[9] brauchte. Aber ich weiß auch, welcher Stolz darin verborgen ist: nämlich in den Raum der Großen eingetreten zu sein, in irgendeiner Ecke sein stilles, bescheidenes Wort gewagt zu haben, und nun zu merken, daß man nicht zu ihnen gehört, aber doch bei ihnen war auf andere Weise als die meisten Zeitgenossen. Daher wissen wir, wie klein wir sind. Aber auch welcher Anspruch, mit ihnen gleichsam in Verkehr gestanden zu sein! –

Ich schicke Ihnen noch eine Rede (in Genf 1946)[10] und mein letztes Buch[11], – nicht mit dem Anspruch, das alles zu lesen, selbstverständlich, aber mit der Hoffnung, Sie könnten einmal hier oder dort hineinsehen, – z. B. in dem letzten Buch in die Abschnitte über Technik[12], und über Wissenschaft[13].

Soll ich Ihnen meine Publikationen seit 1945 schicken? – erst recht nicht zum Lesen, die Frage ist nur, ob Sie die Bände aufstellen wollen oder Ihr Raum für bessere Werke besetzt ist. –

Die Nietzsche-Landschaft[14], die wir vier Wochen genossen haben, war erregend. Ich dachte, ob von jenem Ort her, aus dem Sie mir schreiben, die Mittel gefunden werden, um etwas zu zeigen, was mir evident ist: warum Rilke nicht gleicher Art mit Hölderlin und Nietzsche ist, sondern eine unbewußte Mimikry beider in einem artistisch anständigen Leben und Sterben, aber ohne Ursprung und Echtheit, nur verständlich durch jene beiden und einige andere? – und wie die merkwürdige Selbstoffenbarung möglich ist, die Brecht[15] und Bollnow[16] vollziehen, indem sie Rilke zum »Existenzphilosophen« ernennen und über ihn Vorlesungen halten, die für fast alle überzeugend, hinreißend sind – und ebenso gut gemeint und anständig wie Rilke selbst –, nein, das war zu viel gesagt, Rilke ist natürlich mit diesen beiden nicht in eine Reihe zu stellen.

Nun genug.   Mit herzlichen Grüßen
                                         Ihr Karl Jaspers

Martin Heidegger an Karl Jaspers

Todtnauberg, 21. Sept. 49.

Lieber Jaspers!

Den Dank für Ihr innen und außen schönes Buch und den Vortrag[1] möchte ich nicht länger ausstehen lassen. Sie haben mir eine große Freude, besonders auch mit Ihrer Widmung gemacht[2]. Ich hoffe, daß ich im Oktober mit einer Gegengabe antworten kann.

Die Wellen des Öffentlichen schlagen bis hier herauf. Da ich ein langsamer Leser bin, mißlingt mir vorerst eine gemäße Antwort. Überhaupt ist es mit dem Schreiben schwierig. Ich hoffe, daß Sie in absehbarer Zeit wieder einmal nach Deutschland kommen. Dann könnte ein Gespräch manches und wohl vor allem das Wesentliche in unmittelbare Bewegung bringen.

Daß Sie jene Gleichzeitigkeit und Gleichläufigkeit der chinesischen, indischen und abendländischen Jahrhunderte als Achsenzeit[3] denken, scheint mir wesentlich. Denn hier verbirgt sich eine Welt-Achse, die einmal zur Angel werden könnte, in der sich die moderne Welt-Technik dreht.

Auch stimme ich mit Ihnen darin überein, wie Sie demnächst deutlicher sehen werden, daß die moderne Technik etwas wesentlich anderes ist als alle bisherige.

Aber dieses *andere* gerade hat seine *Wesens*herkunft im Griechischen Anfang des Abendländischen und nur hier. Ich weiß zu wenig, um zu entscheiden, ob diese Technik jemals hätte aus den beiden anderen Räumen der Achsenzeit herkommen können.

Aber wo ist der Maßstab der Interpretation dieser drei gleichzeitigen Zeiträume?

Ich kann mit dem Bedenken nicht zurückhalten, daß Ihre Interpretation derselben, zumal auch der griechischen, sich vielleicht zu sehr im traditionellen Vorstellungskreis bewegt, worin sie untereinander mehr Gleichheit zeigen, als sie vielleicht besitzen. Sie lehnen den Gedanken, daß die moderne Technik Angriffscharakter habe, ab. Aber sie hat ihn, und *darum* hat ihn auch die neuzeitliche Naturwissenschaft *und* Historie. Das Verhältnis zwischen moderner Naturwissenschaft und moderner Technik scheint mir bei Ihnen nicht hinreichend klar zu sein. Aber im Wesen sind beide im *Wesen* der Technik gegründet, das ich im Humanismusbrief[4] andeute. Dieses Wesen ist, soweit ich sehe, das vollendete Wesen der abendländischen Metaphysik. Mit der ἰδέα Platons beginnt, verborgenerweise, die Entfaltung des Wesens der Technik. Der Angriff auf das Seiende besteht schon darin, daß das Verhältnis zu ihm »Griff«-charakter bekommt, der sich neuzeitlich zur Vergegenständlichung entfaltet. Das Seiende wird gestellt; d. h. zur Rechenschaft vor dem Gerichtshof des Rechnens gezogen. Die Richter können dabei, vor- und unphilosophisch, die Meinung haben, sie beugten sich demütig vor der Natur. Aber diese von ihnen ontisch gemeinte Andacht ist ontologisch im Grunde An-griff.

Andacht steht hier, nichts ahnend, d. h. Sein vergessend, im Dienste des Angriffs; dieser ist nicht lediglich vom Menschen inszeniert. Er ist vom Sein, in der Gestalt des Wollens, gewillt.

Das sei eine Andeutung, wie ich hier durchzukommen versuche. Wenn es ruhiger ist, schreibe ich wieder. –

Unser Sohn war bereits in einem Entlassungslager und ist dann wieder nach Heimkehrerbericht herausgeholt worden.

Mit herzlichen Grüßen

Ihr

Martin Heidegger

135 *Karl Jaspers an Martin Heidegger*

Basel 23. 9. 49

Lieber Heidegger!

Zu Ihrem 60. Geburtstag[1] meinen herzlichsten Glückwunsch! Möge Ihr Sohn bald heimkehren und mögen Ihre persönlichen Verhältnisse sich freundlicher gestalten, als sie jetzt noch sind. Und möge Ihr philosophischer Weg in heute vergessene Höhen Ihnen gelingen!

Das 60. Jahr ist zweifellos der Beginn des Greisenalters. Der Jubel der Jünglings- und Mannesjahre ist nicht mehr möglich, und heute ohnehin unangemessen. Aber das Philosophieren folgt nicht der biologischen Linie, es kann gerade im Alter erst recht wachsen. Vielleicht zeigt sich sogar nur dem Alter das bleibende Wesentliche. Entgegen dem leiblichen Abstieg geht eine Kurve hinauf in das Ewige. Nicht von selbst, zumeist scheinbar überhaupt nicht; es liegt am einzelnen. Ich wünsche Ihnen, daß Sie dorthin gelangen.

Der alte Plato, der alte Michelangelo, Rembrandt, der alte Goethe – sie haben wundersam das Tiefste berührt. Sie ermutigen uns kleinen Leute. Es ist ein Geheimnis, daß der Mensch geistig nicht alt werden *muß*.

Eben kommt Ihr gehaltvoller Brief. Herzlichen Dank. Über den »Angriffscharakter« schreibe ich Ihnen vielleicht einmal. Mir scheint, daß hier noch einiges zu klären ist, bevor man entscheidet. Aus Ihrem Buche, auf das ich gespannt bin, werde ich mehr erfahren.

Käthe Victorius[2] erzählte von Ihnen. Eine gütige Seele, psychologisch tief blickend, menschenfreundlich und tapfer.

Herzliche Grüße

Ihr Karl Jaspers

136 *Martin Heidegger an Karl Jaspers*

Meßkirch, 23. November 49

Lieber Jaspers!

Mein Dank für Ihren Brief zum Geburtstag kommt spät.[1] Er war eine große Freude. Mein Denken geht oft zu Ihnen, aber schwer in die Feder. Das Unmittelbare des Gesprächs spart nicht nur viele Umwege, sondern weckt Unvermutetes. In diesen Tagen erst bekam ich die kleinen Hefte. Der Text[2] wurde in diesem Frühjahr für ein Gedenkbuch der Heimat geschrieben.

Die »Holzwege«[3] sind jetzt auch da. Morgen fahre ich nach Freiburg zurück. Sie bekommen das Exemplar so bald als möglich.

Ich habe hier mit meinem Bruder gearbeitet, nachdem Anfang des Monats der Aufenthalt in Todtnauberg wegen der Witterung unmöglich geworden war.

Von meiner Lage rede ich nicht gern. Zwar hat der Rektor Tellenbach[4] im Frühjahr die Initiative ergriffen, um eine Klärung zu erreichen.

Die Universität hat meinen im Oktober 1945 gestellten Antrag auf Emeritierung erneut eingereicht. Die französische Militärregierung hat mir mitgeteilt, daß sie und das Ministerium in Paris damit einverstanden seien. Am 28. Sept. d. J. erhielt ich, offenbar als Geburtstagsgeschenk, vom badischen Finanzministerium den Bescheid, daß meine Bezüge auf monatlich 160 Mark festgelegt seien.

Jörg ist noch in Rußland. Der Termin für die Heimkehr soll auf Mai 1950 verlegt sein.

Ich schreibe dies alles nicht, um zu klagen. Auch habe ich die Freiburger Bekannten gebeten, nichts zu unternehmen. Im Grunde hat man (bes. die katholische politische Kirchenbehörde) Angst, daß ich als Emeritus vielleicht noch einmal lesen könnte oder gar brennend darauf warte. Das »Lesen« ist endgültig vorbei. –

Eigentlich wollte ich Ihnen über Ihre Auffassung der Technik schreiben; aber ich bin nicht gesammelt genug. Ich hoffe, es glückt im Verlauf der nächsten Wochen.

    Ich grüße Sie herzlich

        Ihr

           Martin Heidegger

137 *Karl Jaspers an Martin Heidegger*

Basel   25. 11. 49

Lieber Heidegger!

Herzlichen Dank! Den »Feldweg«[1] habe ich mit Ergriffenheit gelesen. Erinnerung und Ewigkeit, schön und wahr.

Die Mitteilung des Finanzministeriums hat mich erschreckt. Dabei kann die Sache nicht ihr Bewenden haben.

Ob ich im nächsten Sommer einmal nach Freiburg komme, weiß ich noch nicht. Zur Zeit habe ich noch kein Papier, mit dem ich als Deutscher über die Grenze reisen kann. Aber ich möchte es, und würde Sie dann gern sprechen.

Heute nur diesen eiligen Gruß. Ich bin in der Rekonvaleszenz von einer Gürtelrose und muß alle Energie anwenden, meiner Lehrtätigkeit gerecht zu werden.

        Herzlich

           Ihr K. Jaspers

138 Karl Jaspers an Martin Heidegger

Basel 2. Dezember 49

Lieber Heidegger!

Nun komme ich Ihnen leider mit einer ärgerlichen, wenn auch im Grunde gleichgültigen Sache, einer Rezensentenäußerung in der »Zeit« vom 1. Dezember[1]. Mein Respekt vor den möglichen Lesern ist zu groß, als daß ich eine Berichtigung unterlassen möchte.

Die vom Rezensenten angezogene Stelle findet sich auf Seite 295 der Schweizer Ausgabe[2].

Meine Berichtigung möchte ich Ihnen vorlegen – sie liegt bei[3] – und Ihre Meinung hören, und am liebsten Ihre Zustimmung, bevor ich sie absende. Was ich denke, sehen Sie aus meinem Skriptum. Der Rezensent sieht bei mir »Wut«.[4] Das wäre ein verwerflicher Rest meiner Stimmung, als ich Krieck in Heidelberg reden hörte: Die Philosophie ist zu Ende (die Anthropologie beginnt), alles Denken von Plato bis Nietzsche ist überwunden (anläßlich meines Nietzsche-Buchs), jetzt beginnt ein neues Weltalter und ein neuer Mensch, es geht um Jahrtausende, Hitler rettet den Menschen vor dem Nichts, es steht alles auf dem Spiel, – und dann: die ganze Serie der »heroischen« Redensarten.

Ich wäre Ihnen dankbar für möglichst baldige Nachricht, damit ich absenden kann. Solche Berichtigungen müssen ja gleich erfolgen[5], sonst werden sie wirkungslos.

Ich bin in Eile. –

Herzlichen Gruß
Ihr Karl Jaspers

Kurze Nachricht von Hermann Heidegger an Jaspers

Freiburg, 5. Dez. 49.

Sehr verehrter Herr Professor!

Mein Vater ist zur Zeit verreist. Erst heute erhalte ich seine Adresse, an die ich Ihren Brief nachsenden werde. Da ich annehme, daß Sie möglichst bald auf den Artikel in der »Zeit« antworten wollen, möchte ich Ihnen diese Tatsache mitteilen.

Ihr sehr ergebener

Hermann Heidegger

139 *Martin Heidegger an Karl Jaspers*

Hüfingen, bei Donaueschingen,
10. Dez. 49

Lieber Jaspers!

Wie Ihnen Hermann schon schrieb, bin ich unterwegs und jetzt auf der Fahrt nach Meßkirch. Hier erreichte mich erst Ihr Brief mit dem Scriptum.

Ich habe während der Lektüre des ganzen Buches[1] nirgends den Eindruck gehabt, daß Sie sich gegen mich und gar mit Wut wenden.

Ihre Berichtigung finde ich gut und kurz; in diesem Falle wäre es gut, sie zu veröffentlichen. Ich habe es als wohltuend empfunden, daß während der letzten vier Jahre, wo ich den übelsten Anwürfen ausgesetzt war und bin, auch aus dem Umkreis Ihrer Zeitschrift »Die Wandlung« eine Haltung eingenommen wurde, die Ihrer Gesinnung entspricht. Darum halte ich es im vorhinein für unmöglich, daß eine solche Stelle in Ihrem letzten Buch sich findet.

Foto: Karsten de Riese

Karl Jaspers 1960

Freilich ist es heute üblich, das Gegeneinander von *Namen* zu verrechnen, statt aus der *Sache* zu denken. Man lauert auf solche Dinge und findet sie dann. Das muß auch in anderen Fällen so sein. Ortega y Gasset[2] ließ mir brieflich vor einigen Wochen mitteilen, daß überall, wo er gegen den Existenzialismus spreche, nie Heidegger gemeint sei. Das ist zwar etwas naiv, aber ich nehme es zur Kenntnis. –

Daß ich gegen Ihr letztes Buch, vor allem, was die Technik angeht, Bedenken habe, schrieb ich bereits. Aber das sind *so wesentliche* Fragen, daß sie weder gelegentlich noch in der Presse erörtert werden können.

Sie erinnern sich gewiß an unseren alten Plan, den ich öfter bedenke, uns einmal öffentlich auseinanderzusetzen. Heute würde das mehr denn je zu einer Sensation, und nur wenige ließen sich bei der Sache halten. Aber vielleicht kommt es auf diese wenigen an.

Ich war in Bremen mit meiner Frau; dort habe ich vor 19 Jahren zum erstenmal meinen Vortrag »Vom Wesen der Wahrheit«[3] gehalten. Noch sind manche alten Freunde dort und neue gewonnen; ich sprach in einem *privaten* Kreis, da ich nicht mehr öffentlich auftrete[4]. Es ist eine schöne, ernste und klare Atmosphäre dort, weltoffen im Unterschied zu dem muffigen und hinterhältigen Treiben in Südbaden. Ich lernte dort auch Ihren Schüler Dr. Sawatzki[5] kennen, der mir *sehr* gefallen hat. Am zweiten Tage des Bremer Aufenthaltes erreichte uns die Nachricht, daß Jörg auf der Heimkehr sei. Nun ist wenigstens diese Last weggenommen.

Die »Holzwege« lasse ich Ihnen in diesen Tagen – der Sicherheit halber – durch den Verlag schicken.

    Einen herzlichen Gruß

            Ihr

                Martin Heidegger

Die Rezension in der »Zeit« kenne ich nicht; ich lese nur ganz selten eine Zeitung.

Karl Jaspers an Martin Heidegger

Basel 14. 1. 1950

Lieber Heidegger!

Schönen Dank für Ihren Brief vom 10. 12. Darauf habe ich die »Berichtigung« sogleich abgeschickt. Sie ist inzwischen längst erschienen.[1]

Sie haben Weihnachten mit Ihren beiden Söhnen gefeiert. Ich spüre es aus Ihren Zeilen: nach so viel Jahren größter Sorge ein wunderbares Glück. Mögen nun beide ihren Weg und einen guten Weg in Deutschland finden!

Die andere Sorge[2], von der Sie schrieben, wird sich beheben lassen. Man muß Geduld haben, so unwürdig auch die Lage für Sie zur Zeit ist.

Sie erinnern an unseren früheren Plan – ach, wie lang vergangen, in einer anderen Welt – einer öffentlichen Auseinandersetzung zwischen uns[3]. Das könnte etwas für die »Sache«, wie Sie sagen, bedeuten, wenn wir die für ein Philosophieren, wie es heute durch Sie und durch mich stattfindet, angemessene Diskussionsform fänden. Eine Polemik im Professorenstil hätte keinen Sinn – es handelt sich ja nicht um behaglich und gereizt diskutierbare »Probleme« –, noch weniger eine Sensation, die Sie erwarten und die wohl als unvermeidlich hinzunehmen wäre. Nur wenn ein Ineinandergreifen durch rückhaltlose Erhellungsversuche, ein Eindringen in die Gründe auf beiden Seiten und in die Möglichkeiten unserer Impulse gelänge, d. h. wenn Kommunikation in der Sache und dem mit *ihr* verbundenen Personellen sichtbar würde, wäre ein Schritt getan, um den es sich wahrhaftig lohnen würde. Ob der rechte Weg wäre: ein philosophischer Briefwechsel, den wir neben unserem privaten in der Absicht versuchten, bis in die letzten erreichbaren Gründe hinein miteinander zu sprechen, und diesen dann ohne nachträgliche Überarbeitung zu veröffentlichen? Der Briefwechsel Leibniz–Clarke[4] ist zwar nirgends ein Vorbild für uns, außer, wie mir scheint, in dem mehrfachen Hin und Her. Dabei wird kürzer und schneller klar, was einmalige kritische Besprechungen niemals bringen. Rede und Antwort stehen, das mußte ergiebig sein. Dies setzt voraus: ein gegenseitiges Vertrauen und eine Aufrichtigkeit. Wir beide müssen uns, jeder sich selbst, prüfen, falls wir damit beginnen wollten. Wenn wir den üblichen Zank verschwinden lassen könnten, und dabei das Äußerste wagten, dann würde es sich lohnen. Es würde ein Dokument entstehen, das heute ermutigen und helfen könnte. Zumal wenn am Ende klar würde, daß ein gemeinsamer Bezugspunkt besteht – was wir nicht wissen –, wäre Ungewöhnliches erreicht. Es würde Antwort auf die Frage: ob philosophische Menschen noch wesentlich miteinander reden können, wenn nicht die unaussagbare Einmütigkeit im Ethos zweifelsfrei besteht. Wir müßten es zeigen. – Vielleicht erwägen wir den Plan. Bei mir ist im Augenblick die Arbeitsbelastung bei geringen Kräften eine noch nicht überwindbare Hemmung. Aber es ist hoffentlich nur eine Frage, *wann* ich mich soweit entlaste, daß ich für einen solchen Briefwechsel genügend Freiheit hätte.

Ich danke Ihnen für die »Holzwege«[5]. Ich habe über Nietzsche[6], das Zeitalter des Weltbildes[7], Rilke[8] gelesen. Etwas deutlicher glaube ich wenigstens zu sehen, was ich bei Ihnen fragen könnte. Überraschende Koinzidenzen[9] in Details und in der Betroffenheit bei für mich fühlbarer großer Ferne im Ganzen erregten mich bei der Lektüre. Wurde ich unwillig, sagte ich mir: Zweierlei ist nicht zu vergessen, es handelt sich hier immer um »Holzwege«[10], und es handelt sich um Vorbereiten der Vorbereitungen. Sie zeigen sich in diesem Buch in Ihrem alten Rang. Es fesselte mich mehr als Ihre bisherigen Schriften.[11] Was aber Ihr eigentliches Absehen ist, das könnte ich nicht sagen. Eine Kritik zu beginnen wäre heute in dem kurzen Briefe nicht möglich. Ich blieb in der fragenden Spannung: ob es eine phantastisch-täuschende Möglichkeit von Denken-Dichten werde, oder ob hier ein behutsames Öffnen der Pforte beginne,

– ob eine verführende Loslösung von gegenwärtiger Erfüllung des Ethos stattfinde oder vielmehr die Bahnung eines Weges, der am Ende gerade zu solcher Erfüllung führe, – ob gnostische Gottlosigkeit hier Wort finde oder das Spüren zur Gottheit hin.

Sie kündigen an »Weitere Schriften in Vorbereitung« – dafür meine herzlichsten Wünsche!

Ihr   Karl Jaspers

141 *Martin Heidegger an Karl Jaspers*

Freiburg i.Br., 7. März 1950.

Lieber Jaspers!

Ungebührlich lange bleibt meine Antwort auf Ihren letzten Brief, mit dem ich in dankbarer Freude täglich umgehe, auch heute noch aus.

Das Unglück unseres heimgekehrten Sohnes, die Klärung meiner äußeren Lage[1] und – eine unverhoffte Großmut und Freude[2] kamen zusammen.

Heute möchte ich Ihnen nur mit *einem* Satz, der alles andere Vermuten und Reden zunichte macht, *das* erläutern, was ich in meinem ersten Brief[3], der wieder zu Ihnen kam, mit dem Wort »ratlos« zu nennen versuchte.

Lieber Jaspers!

Ich bin seit 1933 nicht deshalb nicht mehr in Ihr Haus gekommen, weil dort eine jüdische Frau wohnte, sondern *weil ich mich einfach schämte*. Seitdem habe ich nicht nur Ihr Haus, sondern auch die Stadt Heidelberg nie mehr betreten, die allein durch Ihre Freundschaft ist, was sie mir ist.

Als Ende der dreißiger Jahre mit den wüsten Verfolgungen das Böseste einsetzte, habe ich sofort an Ihre Frau gedacht. Ich habe damals durch den mir von hier bekannten Prof. Wilser[4], der in jener Zeit nahe Beziehungen zur dortigen Kreisleitung hatte, die feste Zusicherung erhalten, daß gegen Ihre Frau nichts geschehen werde. Aber die Angst blieb, das Unvermögen und das Versagen – darum erwähne ich das auch nicht, um mir auch nur den Schein eines Helfens anzurechnen. –

Auch heute möchte ich Heidelberg nicht betreten, bevor ich Ihnen nicht in der guten, aber *immer schmerzlich bleibenden* Weise wieder begegnet bin.

Ich grüße Sie herzlich

Ihr

Martin Heidegger

142 *Karl Jaspers an Martin Heidegger*

Basel 19. März 1950

Lieber Heidegger!

Für Ihre rückhaltlose Erklärung danke ich Ihnen herzlich. Auch meine Frau läßt Ihnen ihren Dank sagen. Daß Sie es aussprechen, sich »geschämt« zu haben, bedeutet mir viel. Sie treten damit ein in die Gemeinschaft von uns allen, die in einer Verfassung gelebt haben und leben, für die auch »Scham« ein angemessenes Wort ist.

Von meiner Frau und mir möchte ich Ihnen sagen, daß wir niemals angenommen haben, daß meine Frau, weil Jüdin, für Sie ein Grund war, unsere Beziehungen erlöschen zu lassen. Wenn ich darüber in vergangenen Jahren nachdachte, so beklagte ich allein das Ausbleiben der Motive bei Ihnen, die in den so radikal verwandelten Zeiten Sie zu mir, zu uns geführt hätten. Wir wollen aber uns gegenseitig nicht nachrechnen. Das sagte Ihnen gleich mein erster Brief. Ein Durchleuchten wäre wohl kaum möglich, ohne die gesamten Zusammenhänge der deutschen Ereignisse zu sehen.

Sie werden mir verzeihen, wenn ich sage, was ich manchmal dachte: daß Sie sich den nationalsozialistischen Erscheinungen gegenüber zu verhalten schienen, wie ein Knabe, der träumt, nicht weiß, was er tut, wie blind und wie vergessend auf ein Unternehmen sich einläßt, das ihm so anders aussieht, als es in der Realität ist, dann bald ratlos vor einem Trümmerhaufen steht und sich weitertreiben läßt.

Ich danke Ihnen auch für Ihre Besorgtheit 1939 durch Ihre Erkundigung bei Wilser. Sie haben an uns gedacht. Die Situation war, wie Sie es sagen: Obgleich der Kreisleiter in Heidelberg mir besonders wohlgesinnt war (in der Konfusion, wie sie Nationalsozialisten eignete) und obgleich ich von ihm und von anderen Prominenten die entschiedensten Zusicherungen erhielt, sogar durch ein Schreiben vom SD[1] in Berlin an den damaligen Rektor in Heidelberg[2], hatte ich längst begriffen, daß sie alle nichts vermochten, daß kein Nationalsozialist Vertrauen verdiente, weil sie alle gegenseitig unter ihrem Terror standen, der die Untaten und Wortbrüche zur Folge hatte. Es hat ja sinnkonsequent damit geendet, daß Göring von Hitler zum Tode verurteilt wurde.

Ich hoffe mit Ihnen, daß wir uns bei gegebener Gelegenheit noch wieder sehen und sprechen. Dann wollen wir das eine und andere austauschen, was sich dem Briefschreiben entzieht. Bis dahin stehen uns unsere Schriften gegenseitig zur Verfügung.

Ich begleite Sie mit meinen guten Wünschen und grüße Sie herzlich. Schreiben wir uns nicht allzu selten!

Ihr Karl Jaspers

143 Karl Jaspers an Martin Heidegger

Basel 25. 3. 50

Lieber Heidegger!

Im Jahre 1946 erschienen drei Schriften von mir, alle drei in gleicher Auflagenhöhe (Idee der Universität, Nietzsche und das Christentum, Schuldfrage[1]). Die beiden ersten sind seit Jahren ausverkauft. Die »Schuldfrage« ist heute noch nicht ausverkauft.[2] Es war, was in dieser Schrift veröffentlicht wurde, ein Teil aus einer Vorlesung Winter 1945/46[3]. Die Studenten füllten zwar die Aula, es war Sensation. Aber sie so wenig wie meine Landsleute sonst haben sich für diese Erörterungen interessiert. Mir lag damals sehr viel an meinem Versuch, der sich nach einem Jahr schon gelähmt sah.

Nun geht mir Ihr Wort von der »Scham« oft durch den Sinn. Ich denke mir, vielleicht könnte Sie meine alte Schrift interessieren, ja sie könnte Ihnen in ihrem eigentlichen Impuls verständlich sein. Darum schicke ich sie Ihnen.

In jener Zeit erhielt ich viele Briefe zu dieser Schrift, einige wenige schimpften (»Landesverräter« u. dergl.), viele stimmten ein, ergänzten, modifizierten; merkwürdig oft kam ein Satz, »... aber hier am Ort bin ich wohl der einzige, der so denkt«. Nun ist das alles schon wie lang vergangen.

Mit herzlichem Gruß
Ihr K. Jaspers

Martin Heidegger an Karl Jaspers

Freiburg i.Br., 8. April 1950

Lieber Jaspers!

Ich danke Ihnen herzlich für Ihre beiden Briefe und die Schrift[1]. Meine Antwort sollte Sie und Ihre liebe Frau zu Ostern grüßen und zugleich mit sagen, daß das Wort von »der Scham« auch gerade von meiner Frau oft ausgesprochen wurde und wird.

Sie haben es mit dem Bild vom träumenden Knaben völlig getroffen. Im Winter 1932/33 hatte ich den bei der Berliner Berufung 1930 zugesagten Arbeitsurlaub. Als ich von der Hütte zurückkam, wurde ich hier von *allen* Seiten förmlich ins Rektorat gestoßen. Noch am Tag der Wahl ging ich vormittags zur Universität und erklärte dem abgesetzten Rektor von Möllendorff[2], der mich als Nachbar besonders kannte und gern als seinen Nachfolger sehen wollte, und dem Prorektor Prälat Sauer[3], daß ich das Amt nicht übernehmen könne und wolle. Beide entgegneten, ich dürfe nicht mehr zurück, da alles für die möglichst einstimmige Wahl vorbereitet sei und andererseits die Ernennung eines minderwertigen »alten Kämpfers« drohe.

Aber auch als ich »ja« gesagt hatte, sah ich nicht über die Universität hinaus und bemerkte nicht, was eigentlich vorging. Keine Sekunde kam ich auf den Gedanken, daß mein Name jetzt in der deutschen und in der Weltöffentlichkeit eine solche »Wirkung« ausüben könnte und viele junge Menschen bestimmte. Erst in diesen Tagen erzählte mir und meiner Frau der vorjährige Rektor von der T. H. Karlsruhe[4], wie damals tagelang unter den Studenten in Berlin meine Übernahme des Rektorats diskutiert wurde. Und ich träumte und dachte im Grunde nur an »die« Universität, die mir vorschwebte. Aber zugleich geriet ich in die Maschinerie des Amtes, der Einflüsse und Machtkämpfe und Parteiungen, war verloren und geriet, wenngleich nur für wenige Monate, wie meine Frau sagt, in einen »Machtrausch«. Erst seit Weihnachten 1933 begann ich deutlicher zu sehen, so daß ich im Februar unter Protest mein Amt niederlegte und mich weigerte, an einer feierlichen Rektoratsübergabe an den Nachfolger[5], der seit 1946 wieder in seinem Amt sitzt, teilzunehmen. *Dieser Schritt* wurde freilich im Gegensatz zur Erörterung meiner Rektoratsübernahme in der in- und ausländischen Presse *totgeschwiegen*. Ich bilde mir darauf nichts ein, aber damals, wo die Rektoren 3 und 5 Jahre im Amt blieben, war es doch ein Schritt. Aber die totale Organisation der öffentlichen Meinung war bereits gesichert. Der einzelne vermochte schon nichts mehr. Was ich da berichte, kann nichts entschuldigen; es kann nur erklären, inwiefern von Jahr zu Jahr, je mehr das Bösartige herauskam, auch die Scham wuchs, jemals hier unmittelbar und mittelbar mitgewirkt zu haben.

Aber wo ich dann mit meinen bescheidenen Kenntnissen und Kräften versuchte, mir eine geschichtliche Einsicht zu gewinnen, verzweifelte ich im Grunde. In den Jahren 1937 und 38 war ich auf dem Tiefpunkt. Wir sahen den Krieg kommen, im Nächsten die heranwachsenden Söhne bedroht, von denen keiner weder in der H. J. noch in einer studentischen Parteigliederung war. Durch solche Bedrohungen wird der Mensch hellsichtiger; dann kamen die Judenverfolgungen, und alles ging dem Abgrund zu.

An einen »Sieg« haben wir nie geglaubt; und wenn es dahin gekommen wäre, wären *wir* zuerst gefallen. Schon im Sommersemester 1937 wußte ich das *ganz eindeutig*. Ich hielt damals ein Nietzscheseminar über »Sein und Schein«. Ein gewisser Dr. Hanke, der sich als Schüler Nic. Hartmanns vorstellte und hochbegabt war, nahm daran teil. Im Verlauf der ersten Wochen kam er unter dem Eindruck meiner Darlegungen (einiges davon über »Nihilismus« steht jetzt in den »Holzwegen«[6]) zu mir und erklärte, er müsse mir vertraulicherweise ein Geständnis ablegen: Er sei Spitzel des S.D. Abschnitt Süd (Stuttgart) und müsse mir sagen, daß ich dort an hervorstehender Stelle auf der schwarzen Liste stände. Dr. H. meldete sich bei Kriegsausbruch beim S.D. ab und ist im Frankreichfeldzug gefallen.

Dies schreibe ich wieder nicht, um darzutun, daß ich etwas geleistet hätte, obwohl jeder Hellhörige in den Jahren 1935–44 wissen konnte, daß an der hiesigen Universität *keiner* das gewagt hat, was ich wagte. Um so härter traf mich, was dann 1945/46 und eigentlich bis zur Stunde gegen mich unternommen wurde. Auch 1945/46 sah ich noch nicht, was 1933 mein Schritt in der Öffentlichkeit bedeutet hat. Ich habe das seitdem erst etwas gelernt im Zusammenhang mit der fragwürdigen Berühmtheit durch den »Existenzialismus«. Die Schuld des einzelnen bleibt und ist bleibender, je einzelner er ist. Aber die Sache des Bösen ist nicht zu Ende. Sie tritt erst ins eigentliche Weltstadium. 1933 und vorher haben die Juden und die Linkspolitiker als die unmittelbar Bedrohten heller, schärfer und weiter gesehen.

Jetzt sind *wir* daran. Ich mache mir gar nichts vor. Ich weiß, durch unseren Sohn aus Rußland, daß mein Name jetzt auch wieder vorne an steht und daß die Bedrohung sich jeden Tag auswirken kann. Stalin braucht keinen Krieg mehr zu erklären. Er gewinnt jeden Tag eine Schlacht. Aber »man« sieht das nicht. Für uns gibt es auch kein Ausweichen. Und jedes Wort und jede Schrift *ist* in sich Gegenangriff, wenn all dies sich auch nicht in der Sphäre des »Politischen« abspielt, die selber längst durch andere Seinsverhältnisse überspielt ist und ein Scheindasein führt. –

Ich werde Ihre Schriften genau studieren; freilich bin ich mit den Jahren ein immer sparsamerer und langsamerer Leser geworden.

Ihr schöner Vorschlag der brieflichen Auseinandersetzung in geschenkten Augenblicken ist der einzig mögliche. Aber es bleibt die alte Geschichte: Je einfacher »die Sachen« werden, um so schwieriger wird es, sie gemäß zu denken und zu sagen. Oft »träume« ich dann noch, was geworden wäre, wenn Schelling und Hegel sich in den zwanziger Jahren des vorigen Jahrhunderts wieder gefunden und ihre Grundstellung zum Austrag, nicht zu einem Kompromiß, im großen Stil gebracht hätten. Freilich stehen beide in einer anderen Größenordnung, und mit den historischen Analogien ist es ohnehin eine faule Sache.

Trotz allem, lieber Jaspers, trotz Tod und Tränen, trotz Leiden und Greuel, trotz Not und Qual, trotz Bodenlosigkeit und Verbannung, *in dieser Heimatlosigkeit* ereignet sich nicht nichts; darin *verbirgt sich ein Advent*, dessen fernste Winke wir vielleicht doch noch in einem leisen Wehen erfahren dürfen und auffangen müssen, um sie zu verwahren für eine Zukunft, die keine historische Konstruktion, vor allem nicht die heutige, überall technisch denkende, enträtseln wird. –

Ich hörte, daß Sie im Sommer Vorlesungen in Heidelberg halten. Sie werden hier in Freiburg wohl kaum Station machen wollen. Aber wenn Sie *durchfahren*, lassen Sie mich die Zeit wissen. Ich komme an den Zug, um Ihnen wenigstens die Hand wieder zu drücken.

Ich grüße Sie und ihre liebe Frau herzlich
zugleich im Namen meiner Frau

Ihr Martin Heidegger

145 *Martin Heidegger an Karl Jaspers*

Meßkirch, 12. V. 50.
Lieber Jaspers!

Ich bin für einige Wochen hierher gekommen, um die neue Auflage meines Kantbuches[1] fertigzustellen, wofür hier noch Manuskripte lagern. Ich habe mir Ihre »Schuldfrage« und die »Einführung«[2] mitgenommen. Beim Lesen jener wurde mir klar, daß mir diese helfen könne, abgesehen davon, daß es eine gute Gelegenheit ist, anhand der »Einführung« das Wesentliche und damit das Schwierigste Ihres Denkens mir näherzubringen. Aus der »Einführung« sehe ich jetzt erst ganz deutlich, *wie entschieden* für Sie Ausbleiben und Möglichkeit der Kommunikation das Denken leitet. Nun bin ich noch nicht genau und weit genug darin erfahren, um sicher zu urteilen, darum renne ich vielleicht mit der folgenden Frage eine offene Tür ein.

Müßten Sie nicht versuchen, die innere Systematik Ihrer Philosophie in ihrem Auf- und Ausbau rein *aus* der Grunderfahrung der Kommunikation darzustellen? Mir scheint, das Eigentliche wird noch zu sehr durch eine traditionelle Schematik der Vorstellungen und Unterscheidungen verdeckt. Es handelt sich aber nicht darum, das »Neue« Ihres Denkens aus dieser Grunderfahrung rein darzustellen, sondern dieses Denken so in ein schärferes Gepräge gegenüber dem Geläufigen zu bringen. Es ist formal die gleiche Frage, die ich vor 30 Jahren Ihrer »Psychologie der Weltanschauungen«[3] stellte, aber materialiter und in der Position ist alles anders. Aber vielleicht ist das, was ich suche, von Ihnen schon vollzogen. –

Von der Heidelberger Studentenschaft habe ich eine erneute Einladung erhalten, dort im Mai oder Juni zu sprechen. Bevor ich mich entscheide und auch den Termin wähle, falls ich »ja« sage, wüßte ich gern, ob und wann Sie in Heidelberg sind.

Mit herzlichen Grüßen

Ihr

Martin Heidegger

146 *Karl Jaspers an Martin Heidegger*[1]

Basel   15. 5. 1950
Lieber Heidegger!

Nach der Tagesarbeit müde nur schnell die Antwort auf Ihre Frage: Falls ich in Heidelberg[2] *spreche, wird das kurz nach dem 15. Juli sein, – ob ich spreche, steht noch nicht endgültig fest, da noch nicht alle technischen Reisevoraussetzungen klar sind, – doch ist es wahrscheinlich, daß ich fahre.*

Auf Ihre teilnehmende Frage zum Philosophieren: Die »Einführung« ist der Absicht nach nicht eine Einführung in »mein« Philosophieren, das es, hoffe ich, gar nicht gibt, – sie ist, beschwingt durch die Aufgabenstellung, durch den modernen technischen Apparat Menschen zu erreichen, eine äußerste Vereinfachung.

Das von Ihnen bemerkte Thema der »Kommunikation« ist in meinem Buch »Von der Wahrheit«[3] (etwa in der Alternative: Katholizität und Vernunft[4]) und im 2. Band meiner »Philosophie«[5] eingehend erörtert.

Eine Darstellung der Philosophie aus dieser Grunderfahrung würde eine Systematik als »Werk« bedeuten, die mir wohl fremd ist. Das Philosophieren scheint mir immer, soweit es in die Öffentlichkeit der Sprache tritt, nur die eine Seite einer Wirklichkeit zu sein, die erst gegenwärtig wird, wenn die andere Seite im Lesenden oder Schreibenden hinzukommt.

Materialiter handelt es sich, wenn ich meine Arbeit verstehe, immer noch um das gleiche, das in der »Psychologie der Weltanschauungen« zum ersten Mal ohne alle Übung im Handwerk des Philosophen sich mitteilte.

Ob Ihr Wunsch nach »schärferer Prägung« berechtigt ist, wage ich nicht zu entscheiden. Wahrscheinlich bleibt man hier immer weit entfernt von dem, was sein sollte.

Eine Verdeckung durch »traditionelle Schematik der Vorstellungen und Unterscheidungen« wäre mir natürlich zuwider, wenn es eine Verdeckung wäre. Ich suche nur ursprünglich, nicht original zu denken, glaube im Raume der philosophia perennis mich zu bewegen, um von daher nach Kräften mir die Realitäten deutlich zu machen und die Mittel der Kommunikation zu gewinnen. Das Traditionelle ist so reich und wesentlich, daß seine Aneignung im größten Umfang unter ständiger Beziehung auf das Einfache, Wesentliche mir unerläßliche Förderung und Nahrung für gegenwärtige Einsicht ist. Das Mißachten jeweils zugehöriger

Unterscheidungen vernebelt heute, wie mir scheint, unser Denken, z. B. in der Dialektik, in der coincidentia oppositorum, in den mit Lust ergriffenen Vieldeutigkeiten, wie sie Marxisten und Psychoanalytiker üben und damit eine Welt der Unaufrichtigkeit und des Betruges schaffen. Soweit ich die alte Sprache der Philosophie rede, scheint mir Helligkeit da zu sein. Allerdings kann Ihre Frage treffend sein in den Fällen, wo ich etwa lässig, statt zu denken, mit Redensarten operieren sollte – dies kann nur in concreto sichtbar gemacht werden. Es würde den mitlaufenden Schutt, nicht die Sache treffen. Ihre Frage soll meine Sorgfalt steigern.

Ich begehre eine Kategorien- und Methodenlehre, an denen ich noch arbeite, um zur maximalen Klarheit im Sagbaren zu kommen, begehre aber nicht ein Werk, das als Philosophie objektiv ganz dastünde.

Die eigentliche Prüfung scheint mir bei jeder Wiederholung überlieferter Gedanken, was sie im Ganzen der eigenen und gemeinsamen Wirklichkeit bedeuten, d. h. was mit ihnen entsteht, verwehrt und gefördert wird, oder: wie damit wirklich gelebt wird.

Auf Ihren Brief vom 8. April will ich ein andermal antworten. Für beide Briefe heute meinen Dank!

Herzliche Grüße

Ihr   Karl Jaspers

147 Karl Jaspers an Martin Heidegger

Basel   16. 5. 1950

Lieber Heidegger!

Auf Ihre beiden Briefe vom 8. 4. und 12. 5. will ich noch antworten. Heute nur meinen Dank und die Antwort auf Ihre Frage wegen Heidelberg.

Falls ich dort spreche, wird das kurz nach dem 15. Juli sein, – *ob* ich spreche, steht noch nicht endgültig fest. Es sind noch nicht alle technischen Reisevoraussetzungen klar (leider heute doppelt schwierig wegen der Bürokratien und meiner körperlichen großen Behinderung). Aber es ist wahrscheinlich, daß ich fahre.

Gute Wünsche für Ihre Arbeit und
herzliche Grüße
Ihr Karl Jaspers

148 *Martin Heidegger an Karl Jaspers*

Freiburg i. Br., 26. V. 50.

Lieber Jaspers!

Ich danke Ihnen für Ihre Mitteilung. Soeben habe ich die Heidelberger Einladung mit fünf anderen an deutsche Universitäten *abgelehnt*. Im Juli werde ich voraussichtlich schon auf der Hütte sein.

Mit einem herzlichen Pfingstgruß
Ihr

Martin Heidegger

149 *Karl Jaspers an Martin Heidegger*

Basel 24. Juli 1952

Lieber Heidegger!

Es sind mehr als zwei Jahre her, daß ich Ihnen schrieb: auf Ihre letzten Briefe will ich noch antworten. Daß dies bis heute nicht geschehen ist, beruhte nicht auf einer Absicht. Im Herbst 1950 hatte ich die damals noch nötigen Papiere[1] vorbereitet, mit Gentners[2] den Besuch verabredet, um in Freiburg auch Sie zu sprechen. Es wurde nichts daraus, weil ich in St. Moritz[3] mich erkältete mit den bei mir immer so üblen Folgen[4]. Ende September, zu dem geplanten Zeitpunkt, war ich zwar gesund, aber körperlich sehr müde, und hatte es eilig mit der Semestervorbereitung. Die Reise wagte ich nicht mehr. Ich schrieb Ihnen nicht, weil ich es, als nicht absolut dringend, hinausschob. Dies Zögern war aber nicht nur Lässigkeit, nicht nur veranlaßt durch die Vielheit der aufgeworfenen Fragen (die Sie einmal mir schreiben ließen: wo anfangen![5]), sondern der wesentliche Grund war eine Befangenheit, hervorgerufen durch den Inhalt Ihrer letzten Briefe, Ihre Erörterungen über 1933 und die folgenden Jahre, mit denen meine Erinnerungen nicht überall zusammenstimmten, und dazu noch durch überflüssige Zwischenträgereien über Heidelberg[6], auf die ich gar nicht eingehen kann und die Hannah[7] erledigt hat. Nun will ich aber endlich schreiben. Allzulange habe ich es, nicht eigentlich entschuldbar, versäumt. Mein Impuls ist der »gute Wille«, aus dem Bewußtsein jener Verpflichtung, die aus einer untilgbaren fernen Vergangenheit her fordert. Wenn das Fahrzeug meines Schreibens durch Befangenheit und damit durch das nicht rechte Antwortenkönnen steckenblieb, so hoffe ich doch, es könnte wieder in Gang kommen, wenn ich es zwinge und Sie ihm durch Ihr Entgegenkommen helfen.

Ihre Briefe vom April und Mai 1950 liegen vor mir. Als ich sie eben las, stellte sich sogleich die Befangenheit wieder her. Es ist mir, als ob Sie mir in einem Wesentlichen, mir vielleicht Unumgänglichen, nicht geantwortet hätten (ich erwartete nach Ihrem vorhergehenden Briefe[8], auf den hin ich Ihnen meine »Schuldfrage« schickte, ein kritisches Wort zu dieser kleinen Schrift). Ferner liegt es wohl so, daß wir beide gegenseitig von unseren Veröffentlichungen zu wenig kennen. Wenn wir daher zueinander etwas darüber sagen, so wird leicht etwas Zufälliges und Schiefes herauskommen, – gewiß bei mir nicht anders als bei Ihnen.

Martin Heidegger (etwa 1967)

Was wir beide unter Philosophie verstehen, was wir damit wollen, an wen wir uns damit wenden, wie sie mit dem eigenen Leben verknüpft ist, das alles ist vermutlich schon im Ursprung bei uns außerordentlich verschieden. Es zu klären, würde zu jener lohnenden Diskussion führen können. Ich bin dazu noch nicht im Stande, weil ich Ihre Schriften nicht genügend kenne. Aber was ich kenne, veranlaßt mich schon jetzt gelegentlich zu Notizen. Die Verschiedenheit läßt uns beide offenbar ganz andere Maßstäbe anwenden bei der Lektüre einer philosophischen Schrift. Aber es muß doch auch etwas sein, worin wir trotz allem uns begegnen können und vielleicht sogar verbunden sind. Sonst wäre nicht möglich gewesen, was einst war.

Aus Ihrem Briefe greife ich etwas heraus, das von dem Persönlichen, das auf die Dauer zwischen uns das Entscheidende ist, möglichst trennbar, vergleichsweise »sachlich« ist. Sie urteilen entschieden über die gegenwärtigen Vorgänge: »Die Sache des Bösen ist nicht zu Ende« – ja wahrhaftig, so denke ich mit Ihnen seit 1945. Aber dieses Böse sehen Sie in seinem »Weltstadium«, in Stalin und entsprechenden Realitäten. Was das ist und wie es zusammenhängt, zeigt zu einem guten Teil das großartige Buch[9] von Hannah. So meinen Sie das anscheinend nicht: Sie schreiben: »Stalin braucht keinen Krieg mehr zu erklären. Er gewinnt jeden Tag eine Schlacht. Aber man sieht das nicht. Für uns gibt es kein Ausweichen. Und jedes Wort und jede Schrift ist in sich ein Gegenangriff, wenn all das sich auch nicht in der Sphäre des Politischen abspielt, die selber längst durch andere Seinsverhältnisse überspielt ist.« So etwas zu lesen, erschreckt mich. Sie würden, wenn Sie mir gegenübersäßen, wie vor Jahrzehnten noch heute meinen Redeschwall erfahren, in Zorn und in der Beschwörung der Vernunft. Mir werden die Fragen dringend: Ist solche Ansicht der Dinge durch ihre Unbestimmtheit Förderung des Verderbens? Wird nicht durch den Schein der Großartigkeit solcher Visionen versäumt, was zu tun möglich ist? Wie kommt es, daß Sie irgendwo ein sehr positives Urteil über den Marxismus drucken lassen[10] ohne zugleich mit Klarheit auszusprechen, daß Sie die Kraft des Bösen erkennen? Ist diese Macht nicht für jeden von uns zunächst dort zu packen, wo sie uns gegenwärtig ist, und für den, der spricht, dadurch, daß er deutlich und konkret spricht? Ist diese Macht des Bösen in Deutschland nicht auch dieses, was ständig gewachsen ist und in der Tat den Sieg Stalins vorbereitet: die Verschleierung und das Vergessen des Vergangenen, der neue sogenannte Nationalismus, die Wiederkehr der alten Geleise des Denkens und aller Gespenster, die, obgleich nichtig, uns verderben? Ist diese Macht nicht in allem Denken des Ungefähren (ungefähr darum, weil es neben dem Leben und Tun des Denkenden einherläuft)? Siegt nicht Stalin gerade durch all dieses? Ist nicht eine Philosophie, die in solchen Sätzen Ihres Briefes ahnt und dichtet, die die Vision eines Ungeheuren bewirkt, wiederum Vorbereitung des Sieges des Totalitären dadurch, daß sie von der Wirklichkeit sich trennt? So wie die Philosophie in großem Umfang vor 1933 tatsächlich bereit gemacht hat, Hitler zu akzeptieren? Geschieht heute Ähnliches? Ist es nicht ein schlimmer Irrtum, daß eine geistige Leistung als solche schon Gegenangriff sei? Kann es nicht umgekehrt sein: wie George und Rilke (nicht Hofmannsthal) die menschliche Verfassung förderten (natürlich nur bei einem kleinen Kreis »Gebildeter«), in der man sich, weil man nicht mehr denken konnte, preisgab, dem Entweder-Oder auswich, und wie dann diese Dichter als Götzen dienten, mit denen man sich innerlich gegen die Teufelei zu behaupten meinte?

Kann das Politische, das Sie für überspielt halten, je verschwinden? Hat es nicht nur seine Gestalt und Mittel verändert? Und muß man nicht gerade dies erkennen?

Sie schreiben weiter: »In dieser Heimatlosigkeit ... verbirgt sich ein Advent.« Mein Schrecken wuchs, als ich das las. Das ist, soweit ich zu denken vermag, reine Träumerei, in der Reihe so vieler Träumereien, die – je »an der Zeit« – uns dieses halbe Jahrhundert genarrt haben. Sind Sie im Begriff, als Prophet aufzutreten, der aus verborgener Kunde Übersinnliches zeigt, als ein Philosoph, der von der Wirklichkeit wegverführt? Der das Mögliche versäumen läßt durch Fiktionen? Bei dergleichen ist nach Vollmacht und Bewährung zu fragen ...

Ich höre auf, indem ich ein paar Punkte setze, ganz anders allerdings und hoffnungsreicher als diese Punkte einst in meinem (vor 1949) letzten wirklichen Brief[11], etwa 1934, standen. Sie sollen heute nicht wie damals einen vollzogenen Abschluß andeuten mit einer nur leisen Hoffnung, Sie möchten reagieren, sondern die Chance, daß wir auf der Ebene menschlichen Maßes und menschlicher Möglichkeiten uns noch verstehen könnten.

Sie schreiben ein schönes, wahres Wort: »Je einfacher die Sachen werden, um so schwieriger wird es, sie gemäß zu denken und zu sagen.« Dieses Einfache gehört in die konkrete Situation und findet nur von dort her den Weg zum Sagen in einer objektiven Gestalt. Daß ich es bisher nicht vermag, zu Ihnen dieses Einfache zu sagen, und daß ich es von Ihnen nicht höre, ist mir ein Kennzeichen des ganz Unzureichenden meines Philosophierens. Das Leben wird im Alter so knapp, daß jeder Tag kostbar ist. Man wählt, was man für das Wichtigste hält. Ich hoffe, noch so lange zu leben, daß der Augenblick reif wird, Ihre Schriften ganz zu lesen und zu sagen, was mir als das Einfache erscheint, und dies wesentlich darum, Ihre Antwort zu hören. Aber das bleibt alles so ungewiß.

Mit herzlichem Gruß

Ihr Karl Jaspers

150 Martin Heidegger an Karl Jaspers

Freiburg, 19. Februar 53

Lieber Jaspers!

Die Freude und die Verehrung Ihrer Nächsten und der Freunde werden Ihren Festtag[1] so schmücken, wie es Ihnen gebührt.

Viele, die seit langem im Gespräch mit Ihnen sind und durch Sie lernen, werden den weiteren Kreis der Feier bilden und dankbar zu Ihnen hindenken.

Universitäten, die literarische Welt und gelehrte Körperschaften werden zu diesem Tag den Heutigen Ihr Werk zeigen.

Alles, was diesem Gedenktag und seiner Festlichkeit gemäß ist, wird in schöner und würdiger Weise geschehen.

Und daneben wird einer Ihren Weg nachzugehen versuchen und zugleich den eigenen prüfen. Er wird gemeinsamer Jahre und schmerzlicher Ereignisse sich erinnern und ein Schicksal verschiedener Versuche des Denkens hinnehmen, die in einer friedlosen und schwankenden Welt sich bemühen, durch ein Fragen auf Wesentliches zu zeigen.

Solches Fragen kann so unentwegt sein, daß es auch noch sich selber angeht, um eine Auskunft darüber zu suchen, ob nicht in aller Verschiedenheit der Denkwege eine Nachbarschaft bleibt, die jene Nähe kennzeichnet, in der alle, unkennbar im Grunde und nie durchschaubar, zueinander stehen, die aus der selben Sache und Aufgabe her einsam sind.

Nehmen Sie diesen Gruß eines Wanderers. Er enthält den Wunsch, Sie möchten Kraft und Zutrauen behalten, durch Ihr Wirken und Werk den Mitmenschen in die Klarheit des Wesenhaften zu verhelfen.

Ihr

Martin Heidegger

151 Karl Jaspers an Martin Heidegger

Basel, den 3. April 1953

Lieber Heidegger!

Ich danke Ihnen für Ihren Geburtstagsglückwunsch. Sie haben richtig vorausgesagt, welches Wohlwollen, wie viele Freundlichkeiten an einem solchen Tage einem Jubilar zugewandt werden. Ich habe durchweg nur mit einem gedruckten Dank antworten können. Den lege ich bei[1]. Aber er gilt so nicht für Sie. Denn Sie fühlen sich in Ihrem Brief abseits von allen diesen Menschen, ganz allein, und das vielleicht mit Recht.

Es klingt ein Ton in Ihren Zeilen, den ich nicht überhöre. Er läßt noch offen, was zwischen uns möglich sein könnte. Anders steht es zwischen uns beiden als zwischen mir und den Philosophiedozenten sonst. Zwischen uns geht es nur ganz oder gar nicht, denn konventionelle Oberflächlichkeiten sind verwehrt durch das, was einst zwischen uns war. Ich sehe Sie leibhaftig, als ob es eben war, wie Sie seit 1920 oft mit mir, mit uns zusammen waren, sehe Ihre Gebärde, Ihren Blick, höre Ihre Stimme, erinnere konkrete Gespräche und Gesprächssituationen. Darin lag jener Ernst, den Sie so wenig wie ich verraten wollen mit einem Drüberhingehen über das Gegenwärtige, das Ungeheure. Dem stellen wir uns entweder gemeinsam und sprechen von dem, was geschehen und gegenwärtig ist, oder wir schweigen. Philosophie und Politik sind seit Plato und Kant untrennbar. Wie es jetzt liegt, wüßte ich in einiger Ratlosigkeit nicht, was zu sprechen wäre, wenn wir uns träfen. Meine Briefe, vor allem der vom letzten Sommer, waren Fragen. Ohne Plan drängte ich auf die Zeichen der Vorbereitung einer Stimmung, die ein Gespräch zur zwingenden Folge hätte. Vielleicht irre ich mich: Jetzt kommt es mir noch so vor, als ob zwischen uns diese letzten Jahre eigentlich keine Antworten im Wesentlichen gebracht hätten. Mir selber wird mein Ungenügen auch jener früheren Jahre seit 1920 bewußt: mein Mangel an Kraft zu eindringlicher, bezwingender Offenheit. Wäre ich dazu imstande gewesen, hätte ich Sie gleichsam festgehalten, unablässig befragt und aufmerksam gemacht, so wäre vielleicht Entscheidendes anders möglich gewesen. Aber ich hatte weder die Kraft noch die klare Voraussicht. Hätten wir am selben Ort als Kollegen uns ständig treffen müssen, so wäre entweder eine Katastrophe eingetreten oder eine Solidarität, die 1933 standgehalten hätte. Was seitdem mit uns Deutschen geschah, geht so tief, daß wir beide nur in einer Gemeinschaft der Rückfindung zum deutschen Grunde uns treffen würden, dorthin, wo Deutsch noch nicht ein politisches Wort war und Burckhardt es als seine Aufgabe bezeichnen konnte, den Schweizern zu zeigen, daß sie deutsch seien[2] – ein Satz, den heute weder ein Schweizer noch ein Deutscher verstehen kann und den Burckhardt schon 1848 nicht mehr geschrieben hätte, als er wahrnahm, wohin die Dinge gehen.[3] Im ganzen Umkreis der Welt philosophieren, wie wir beide es anstreben, dies kann, wie ich denke, nur wahr werden, wenn der Boden wahr ist, und der ist bei uns beiden der deutsche. Heute sehe ich Jahr für Jahr ihn mehr versumpft, auch zum Beispiel in sonst so schätzenswerten Zeitschriften voll kluger und gutwilliger, ja zuweilen bedeutender Gedanken, wie MERKUR, GEGENWART, FRANKFURTER HEFTE (die hie und da einen tiefen Blick tun und vielleicht die gewichtigsten Äußerungen heute bringen). Meine zahlreichen Notizen und Niederschriften zu unserm deutschen Selbstbewußtsein[4] habe ich vor einem halben Jahre gebündelt und weggelegt. Die Situation ist nicht ermunternd. Ich will warten, bis die Stimme, die mir möglich ist, noch unzeitgemäßer für den Raum der besetzten Gebiete geworden ist und dann vielleicht die wenigen, absolut sogar wahrscheinlich vielen einzelnen erreichen könnte durch Entschiedenheit. Bis dahin verschiebe ich auch, wozu ich immer gedrängt bin, zu Ihrer Philosophie etwas zu sagen und Sie vielleicht zur Antwort zu veranlassen.

Sie sprechen von der Nachbarschaft auch des Fremdesten, von der Berührung der Einsamen. Ja, das wird am Ende wahr sein. Wir dürfen es nur nicht durch Voraussetzung vorwegnehmen. Die Ruhe im ganzen läßt das Mögliche im Konkreten der menschlichen Beziehung versäumen. Das Gegenteil sagt Luther, dieses schreckliche luziferische deutsche Verhängnis: »Wir können miteinander beten, nicht miteinander reden.«[5] Wir müßten die Dinge beim Namen nennen und nicht im Ungefähren bleiben. Wir erreichen den Ernst des im Denken doch nur zu Berührenden allein auf dem Wege des ganz Konkreten, Gegenwärtigen, Handgreiflichen in unserm Dasein mit den andern.

Ihr Brief hält als Aufgabe wach, was ich zur Zeit nicht verwirklichen kann und was mir vielleicht nicht mehr vergönnt sein wird zu tun. Jetzt ist mir dringend ein Werk[6], das ich zum Abschluß bringen möchte. Es ist noch weit davon entfernt und braucht gewiß noch zwei Jahre.

Aus alten Erinnerungen an Sie, unvergeßlichen, mit guten Wünschen für Sie

Ihr

Karl Jaspers

Meine Kräfte reichen nicht, wie ich möchte, zu antworten. Alle meine Freunde muß ich um Wohlwollen bitten. Entschuldigen Sie, daß ich diesmal auch für Sie nur dies Diktat schicke.

152   *Karl Jaspers an Martin Heidegger*[1]

zur Zeit: Cannes[2]
22. September 1959

Lieber Heidegger!

Zu Ihrem siebzigsten Geburtstag[3] sende ich Ihnen meinen Gruß und Glückwunsch. Beide sind herzlich, denn die Erinnerung an eine ferne noble Vergangenheit läßt in diesem Augenblick meine persönlichen Gefühle für Sie, die nun schon lange schweigen mußten, stärker sprechen.

Seit 1933 ist zwischen uns eine Wüste gelegt, die mit dem nachher Geschehenen und Gesagten nur immer unpassierbarer zu werden schien. Nach dem, was öffentlich geworden ist, könnte ohne vorhergehende öffentliche Klarheit eine private Begegnung, wie ich zu spüren meine, wenig helfen. Die Philosophie selber müßte sprechen. Wir werden alt, und ich bin nicht unbeträchtlich älter als Sie. Vielleicht bleibt das Gehörige ungesagt.

So stehe ich für Sie mit leeren Händen da und kann heute nur wünschen, es möchte Ihnen ein Sie erfüllender, besinnlicher und produktiver Lebensabend beschieden sein.

Ihre Umwelt steht mir vor Augen. Als achtzehnjähriger Student war ich 1901 eine Winterwoche auf dem Feldberg. Es waren wenig Menschen da, abends dichtgedrängt in dem alten kleinen Hotel, das man auf dem Schlitten in stundenlanger Fahrt erreichte. Auf Skiern, mit denen ich mich – anders als Sie – nur kraftlos, daher mühsam in der Nähe des Hotels bewegen konnte – war ich verzaubert im Schneetreiben bei Sonnenuntergang, als die Welt nur mehr Licht und Farbe in unendlichen, ständig sich wandelnden reinen Tönen war. Ein andermal sah ich über den Nebel hin die fernen leuchtenden Alpen.

Ihr Karl Jaspers[4]

153 *Martin Heidegger an Karl Jaspers*

Für

Karl Jaspers
zu
seinem achtzigsten Geburtstag[1]

Daß Sie dahin gelangen konnten und dort verweilen dürfen, wo Ihr Denken einen Aufenthalt für die Besinnung gestiftet hat, dem gilt heute Ihr denkender Dank.

Er lebt aus der Stille und für sie.
Er hütet das Unzerstörbare.
Er baut jede Stunde an der fernen Nähe zum Anfänglichen.
Er kennt das Denken als das wirkungslose Ausharren in einer einmal ergangenen Bestimmung.
Der Dank im Denken möge an diesem Tag Ihre Freude sein.

> Aus der Erinnerung der zwanziger Jahre
> dieses rasenden Jahrhunderts.
>
> Martin Heidegger

154 Karl Jaspers an Martin Heidegger

Basel 25. März 1963

Lieber Heidegger!

Nach einer schon Wochen dauernden Grippe kann ich Ihnen heute endlich danken, daß Sie meines achtzigsten Geburtstages gedacht haben.

Zwar empfand ich ein leises Unbehagen. Denn das Dokument war für meine Natur wohl zu feierlich. Doch mehr noch freute es mich, weil ich spürte, daß wir uns in einer »Gegend« zu sinnvollem Kampfe treffen könnten, wo jene »Orte« liegen, von denen Sie schreiben. Das wird wohl kaum noch geschehen. Wenn, dann würde nur von dort her gegenseitig ein Licht fallen auf Werk und persönliche Wirklichkeit, durch die wir erscheinen.

> Ich grüße Sie mit guten Wünschen
>
> Karl Jaspers

155 Karl Jaspers an Martin Heidegger[1]

Basel 26. März 1963[2]

Lieber Heidegger!

Nach einer Grippe von zwei Wochen, von der ich mich bei immer noch leichtem Fieber erhole, kann ich Ihnen endlich schreiben.

Daß Sie zu meinem achtzigsten Geburtstag mir einen Gruß schickten, war mir eine Freude. Ich danke Ihnen. Etwas ist als Erinnerung und Anspruch zwischen uns noch da. Ich las Ihre Worte »Aus der Erinnerung der zwanziger Jahre dieses rasenden Jahrhunderts« berührt.

In meinem Alter dränge ich vielleicht noch mehr als früher zur Offenheit. Ich möchte nicht schweigen, und nichts verschweigen, was sich sagen läßt. Bei der Lektüre Ihres mir zum Geburtstag geschriebenen Dokuments empfand ich ein Unbehagen. Es war mir zu feierlich. Es löste sich zum Teil, als ich mich mit Ihnen doch in einer »Gegend« zu treffen meinen konnte, in der die »Orte« liegen, von denen Sie schreiben. Das unterscheidet uns von unseren Kollegen, den Philosophieprofessoren, zu denen wir doch beide gehören.

An jenen Orten, durch eine kaum mitteilbare Erfahrung betreten und im Denken fiktiv erörtert, spielt sich vielleicht ab, was zwar nicht den Gang der Dinge, wohl aber den Gang des einzelnen und seiner Kommunikation bestimmt. Vielleicht tragen Wellen der Gedanken, die wir erzeugen oder ursprünglich wiederholen, auf der Oberfläche, in jedem Fall ungemein winzige, zu anderen Menschen hin. Wie weit dadurch der Gang der menschlichen Geschichte mit bewegt wurde, ist eine empirische Frage. Was in diesem Punkte Hegel und Nietzsche und am gröbsten Marx denken, das halte ich für einen uns Menschen ruinierenden Übermut.

So denken Sie, wenn ich etwas verstanden habe, nicht. Aber mit dem, was Sie sagen und wie Sie es sagen, muten Sie mir zu, jenen »Aufenthalt«, von dem Sie meinen (für mich erstaunlich *und unverständlich), daß ihn mein Denken gestiftet habe, so zu erfahren, wie Sie. Sie sagen, wie mir scheint, was Ihnen, nicht mir angehört, was Sie, nicht ich, dort tun und finden: Fast jeden dieser Sätze, die Sie mir schreiben, würde ich nicht etwa durch Widerspruch ins Gegenteil verkehren, sondern aus einem Grunde, der mir – vielleicht törichterweise – tiefer zu liegen scheint, in Frage stellen.*

Sie verstärken in mir den Impuls, durch einige kritische Erörterungen zu Ihrem Werk und Ihrer Wirklichkeit noch einmal Ihnen zu begegnen. Der Impuls war schon vor dreizehn Jahren da und verschwand wieder. Sollten wir beide uns in jener »Gegend« bewegen, aus der oder zu der hin zu sprechen, Sie nicht mehr Metaphysik nennen, so könnte eine Ebene des Kampfes und möglichen Einverständnisses betreten werden, die sich philosophisch heute allein noch lohnt. Dort begegnet man kaum jemandem. Aber von dort kommt, was uns bis in den Alltag bestimmt, unser Handeln und unser Urteilen zu Zeichen werden läßt, was uns dort hell wurde.

Vielleicht wäre es sinnvoll, wenn ich ein Wort zu Ihnen sagen würde nach Nietzsches Grundsatz: Wen ich angreife, ehre ich. Doch mein Alter verlangsamt alles Tun. Noch bin ich innerlich gefesselt bei meinem Buch über die großen Philosophen (merkwürdig ist es, daß ich vor kurzem las, daß Sie mir nach meiner »Philosophie« 1932 in einem Briefe rieten, das Buch zu schreiben, von dem vor Jahren der erste Band veröffentlicht wurde[3]): Wahrscheinlich kommt es nicht mehr zu diesem Wort. Sollte es doch der Fall sein, denke ich: Sie sind jünger und würden noch antworten können.

Heute aber danke ich Ihnen. Ich schicke Ihnen ein eben erschienenes Büchlein[4] großenteils schon früher veröffentlichter Aufsätze politischen Inhalts. Was in ihnen steht, wird nicht gradezu aus dem Philosophieren entwickelt. Aber es ist aus dem motiviert, was im Philosophieren erfahren wurde. Auf dieses wirft es ein Licht zurück. Ich kann beides in der Wurzel nicht trennen. Vielleicht erscheint es Ihnen als Unfug.

219

Ich grüße Sie aus weiter Ferne, nicht vergessend, nichts vergessend, noch immer in Unruhe, es könnte gegen allen Augenschein doch möglich sein, durch eine ausführliche sachliche Erörterung – soweit man Philosophieren überhaupt sachlich im landläufigen Sinne nennen kann – den menschlichen Ort wiederzufinden, der uns 1923 nach Briefen, die ich jüngst wiederlas und mich erinnerten, einen kurzen Augenblick gemeinschaftlich schien.

Mit guten Wünschen für Sie
Karl Jaspers[5]

156   *Martin Heidegger an Gertrud Jaspers*

[Beileidstelegramm, aufgegeben den 2. III. 69]

Im Andenken an frühe Jahre verehrend teilnehmend
Martin Heidegger

157   *Gertrud Jaspers an Martin Heidegger*

[Telegramm]   [2. 3. 69]

Ebenfalls der frühen Jahre gedenkend danke ich Ihnen

Gertrud Jaspers

Anmerkungen

1

1 Spengler-Vorträge: In Wiesbaden im Rahmen einer »Wissenschaftlichen Woche«, Mitte April 1920, von der »Vereinigung für Hochschulkurse« veranstaltet. Dort sprachen auch der Physiker Born, der Historiker Oncken und der Staatsrechtler Wolzendorff. H sprach am Mittwoch, 14. April, über: Oswald Spengler und sein Werk »Der Untergang des Abendlandes«. Die Überschüsse aus der Vortragsreihe flossen dem Wiesbadener »Verein für Sommerpflege armer Kinder« zu.

2 »An jenem Morgen« bezieht sich auf den Besuch Hs bei J, s. Anm. 2 zum Brief J vom 21. 1. 1921.

3 H arbeitete 1919/21 an Anmerkungen zu Karl Jaspers »Psychologie der Weltanschauungen« für die »Göttingischen Gelehrten Anzeigen«; sie wurden da aber nicht veröffentlicht, sondern erschienen erst in: Karl Jaspers in der Diskussion. Hrsg. von H. Saner, München 1973, pp. 70–100 (zu den Fakten daselbst p. 100) und in: GA, Bd. 9 »Wegmarken«. Hrsg. von F.-W. v. Herrmann, Frankfurt a. M. 1976, pp. 1–44.

2

1 Zu Friedrich Neumann cf. den folgenden Brief von H.

2 Wann diese »einmalige« Unterhaltung war, läßt sich nicht mit Sicherheit feststellen. H schreibt auf der vorangehenden Postkarte über »den Abend bei Ihnen«, also in Heidelberg. Nach J (Philo-

sophische Autobiographie. Erweiterte Neuausgabe, München 1977, pp. 92f.) fand das erste Gespräch in Hs »Klause« in Freiburg statt: »Im Frühjahr 1920 waren meine Frau und ich einige Tage in Freiburg, um bei der Gelegenheit Husserl und Heidegger zu sprechen. Es wurde Husserls Geburtstag gefeiert. Man saß in größerem Kreise am Kaffeetisch. Dabei wurde Heidegger von Frau Husserl das ›phänomenologische Kind‹ genannt. Ich erzählte, eine Schülerin von mir, Afra Geiger, eine Persönlichkeit ersten Ranges, sei nach Freiburg gekommen, um bei Husserl zu studieren. Nach der Aufnahmeordnung seines Seminars habe er sie abgewiesen. So sei ihm und ihr durch den akademischen Schematismus eine gute Möglichkeit verlorengegangen, weil er es versäumt habe, den Menschen selbst zu sehen. Heidegger fiel lebhaft, mich bestätigend, ein. Es war wie eine Solidarität der beiden Jüngeren gegen die Autorität abstrakter Ordnungen. ... Nur Heidegger schien mir anders. Ich besuchte ihn, saß allein mit ihm in seiner Klause, sah ihn beim Lutherstudium, sah die Intensität seiner Arbeit, hatte Sympathie für die eindringliche knappe Weise seines Sprechens.« – Bald nach Js Besuch in Freiburg um den 8. 4. (Husserls Geburtstag) herum muß der erste Besuch von H in Heidelberg stattgefunden haben.

3

1 Fr. Neumann studierte bei H in Freiburg i. Br.

2 Edmund Husserl, 1859–1938; Begründer der Phänomenologie; seit 1916 Ordinarius in Freiburg i. Br. – Erkannte früh die Bedeutung Hs, den er Anfang Januar 1919 als Assistenten nahm. Ihm ist »Sein und Zeit« gewidmet. Husserl schlug H als seinen Nachfolger vor. Nach 1930 kam es zu einer Entfremdung, die ihren ersten Niederschlag im Nachwort zu den »Ideen« im »Jahrbuch für Philosophie und phänomenologische Forschung«, Bd. 11, Halle a. d. S. 1930, pp. 549–570, fand – jetzt Husserliana, Bd. V. Hrsg. von Marly Biemel, Den Haag 1952, pp. 138–162. H war auch Mitherausgeber des Jahrbuchs. Zu Hs Kritik an der Phänomenologie vgl. GA, Bd. 20 »Prolegomena zur Geschichte des Zeitbegriffs«. Hrsg. von Petra Jaeger, Frankfurt a. M., 2., durchgesehene Auflage 1988, § 11.

3 Wilhelm Dilthey, 1833–1911; Schöpfer der Theorie der Geisteswissenschaften. – Er begrüßte das Entstehen der Phänomenologie, fühlte sich aber nach dem Erscheinen von Husserls »Philosophie als strenge Wissenschaft« in: Logos, Bd. 1, Tübingen 1910/11, H. 3, pp. 289–341, mißverstanden. S. Briefwechsel Dilthey–Husserl. – In:

Revista de Filosofia de la Universidad de Costa Rica, Vol. I, N. 2, 1957. Hrsg. von Walter Biemel, pp. 101–124 und in: Man and World, Vol. I, N. 3, 1968, pp. 428–446.

4 Scheyer studierte in Freiburg i. Br.

5 Karl Löwith, 1897–1973; Schüler von H, emigrierte 1933 zuerst nach Italien, dann nach Japan und in die USA. Nach dem Krieg Prof. in Heidelberg. Veröffentlichte u. a. »Von Hegel zu Nietzsche«, Stuttgart, 5. Auflage 1964; »Weltgeschichte und Heilsgeschehen«, Stuttgart, 4. Auflage 1961. M. Heidegger, Denker in dürftiger Zeit, Stuttgart, 3. Auflage 1963.

6 Afra Geiger, jüdische Freundin von Gertrud J, Schülerin von J und H, starb im KZ Ravensbrück.

7 Heinrich Finke, 1855–1938; katholischer Historiker, 1891 Prof. in Münster, seit 1899 in Freiburg i. Br. Seit 1924 Präsident der Görres-Gesellschaft.

8 Bezieht sich auf die »Psychologie der Weltanschauungen«.

4

1 Karl Jaspers: Psychologie der Weltanschauungen, Berlin 1919.

5

1 Bezieht sich auf die Besprechung der »Psychologie der Weltanschauungen«, s. Anm. 3 zu Karte vom 21. April 1920.

2 Heinrich Rickert, 1863–1936; mit Windelband der Begründer der Südwestdeutschen Schule des Neukantianismus; Prof. in Freiburg i. Br. und ab 1916 in Heidelberg. – H hat ihm die Habilitationsschrift gewidmet, entfernte sich in der Folgezeit von seinem Philosophieren. Vgl. GA Bd. 20: Prolegomena zur Geschichte des Zeitbegriffs. Hrsg. von Petra Jaeger, Frankfurt a. M., 2., durchgesehene Auflage 1988, § 4 (d), p. 20 f. und § 5 (b), pp. 41–46.

3 Jetzt GA Bd. 61: Phänomenologische Interpretationen zu Aristoteles/Einführung in die phänomenologische Forschung. Hrsg. von Walter Bröcker und Käte Bröcker-Oltmanns, Frankfurt a. M. 1985.

4 Im Mai 1921 wurde J der Lehrstuhl für Philosophie an der Universität Greifswald angetragen, im Juni ein Ordinariat in Kiel. J lehnte ab und nahm das persönliche Ordinariat für Philosophie in Heidelberg an.

5 Elfride H, geb. Petri, geb. am 3. 7. 1893 in Leisnig/Sachsen.

6

1 Die Rezension zur »Psychologie der Weltanschauungen«.
2 Julius Springer, Berlin; die zweite, durchgesehene Auflage erschien dort 1922.

7

1 J war seit dem 1. April 1920 etatmäßiger Extraordinarius für Philosophie als Nachfolger von Hans Driesch. Diese Stelle wurde auf den 1. Oktober 1921 frei, weil ihm ein persönliches Ordinariat für den Fall verliehen wurde, daß er in Heidelberg bliebe.
2 Richard Kroner, 1884–1974; seit 1919 Extraordinarius für Philosophie in Freiburg i. Br. Ab 1924 Prof. in Dresden; 1929–35 in Kiel; 1938 Emigration nach Großbritannien und 1941 in die USA, wo er am Theological Seminary in New York lehrte. – Kroner ist ausgegangen vom »südwestdeutschen« Neokantianismus, wandelte sich aber zu einer der zentralen Gestalten des Neuhegelianismus. Cf. sein zweibändiges Hauptwerk »Von Kant bis Hegel«, Tübingen 1921–24.
3 Die Kritik der »Psychologie der Weltanschauungen«.
4 Vgl. dazu die späteren divergierenden Urteile:
K. J.: Philosophische Autobiographie, a. a. O., p. 95:
»In einem wesentlichen Punkte versagte ich gleich in den ersten Jahren. Als wir uns kennen lernten, war gerade meine ›Psychologie der Weltanschauungen‹ erschienen. Während dieses Buch viele Leser fand, aber in der Zunft abgelehnt, von Rickert zersetzt wurde unter Gesichtspunkten, die der Absicht meiner Schrift fremd waren, hat Heidegger das Buch ungemein gründlich gelesen, mir gegenüber als einen Neubeginn bejaht, durch eine nicht veröffentlichte Kritik zugleich erbarmungsloser als alle anderen in Frage gestellt. Er gab mir das Manuskript dieser Kritik. Sie schien mir ungerecht; ich las sie flüchtig, sie wurde in mir nicht fruchtbar. Ich ging andere Wege, als er sie vorschlug. Aber ich hatte auch nicht die Lust, mich auf diese Kritik einzulassen, mich mit ihr auseinanderzusetzen und in einer Diskussion zur Klarheit zu bringen, worin die Fremdheit des Wollens und Fragens und Forderns bestand. Denn ich hätte es damals nicht leicht gekonnt, als meine philosophischen Bemühungen noch in statu nascendi waren und sich unwillkürlich fern hielten von dem, was ihnen nicht Nahrung gab.«
Dem Manuskript der Rezension legte J in späten Jahren folgende Notiz bei:

»Diese Anmerkungen schickte mir damals Heidegger.

Ich habe sie in jener Zeit kaum gelesen, diese Weise der Kritik interessierte mich nicht.

Das Lesen wurde durch die schlechte Schreibmaschine erschwert. Ich habe nach wenigen Seiten aufgehört.

Dies lag nicht auf dem Wege, auf dem ich suchte und mich bemühte.

Mein Nichtreagieren, so denke ich heute, muß H damals getroffen haben. Beklagt hat er sich nicht, auch nicht indirekt. Aber mir scheint jetzt, daß damit eine ›Entfremdung‹ von ihm her eintrat, weil ich auf seinem Denkwege nicht mitging.«

5 Cf. Martin Heidegger: Anmerkungen zu Karl Jaspers, GA Bd. 9, bes. pp. 28 ff.

8

1 Das Extraordinariat, das J innehatte. S. Anm. 1 zum Brief 7 von J vom 1. 8. 1921.
2 Karl Mannheim, 1893–1947; Soziologe. 1926–30 PD in Heidelberg, danach Ordinarius in Frankfurt a. M., von wo er 1933 nach Großbritannien emigrierte. – Soziologie des Wissens.

9

1 Js Schrift: Strindberg und van Gogh. Versuch einer pathographischen Analyse unter vergleichender Heranziehung von Swedenborg und Hölderlin, Bern 1922 (jetzt Serie Piper 167).
2 Dieser Plan wurde nicht verwirklicht.

10

1 Karl Jaspers: Allgemeine Psychopathologie. Ein Leitfaden für Studierende, Ärzte und Psychologen, Berlin 1913. – 1920 erschien die »zweite, neubearbeitete« Auflage. – Zur Zeit dieses Briefes dürfte er die »dritte vermehrte und verbesserte« Auflage (1923) vorbereitet haben.
2 Dazu: K. J.: Philosophische Autobiographie, a. a. O., pp. 40 f.:
»Um 1920 stand ich vor einem Scheidewege. Meine ›Psychologie der Weltanschauungen‹ hatte Erfolg gehabt. Sie wurde damals viel gelesen. In den Jahren, als sie entstand, waren gleichzeitig Vorlesungs-Manuskripte erwachsen über Religionspsychologie, Sozial-

und Völkerpsychologie, Moralpsychologie. Es hätte keine Schwierigkeiten bereitet, drei neue Bücher fertigzustellen. Eine große Literatur konnte benutzt werden, um eine weithorizontige Darstellung zu geben. Das von mir erreichte Niveau einer vielleicht gehaltvollen, aber philosophisch ungegründeten Betrachtungsweise hätte in die Breite entfaltet werden können. Die Versuchung war groß, alle ein bis zwei Jahre ein solches Buch, vermutlich jedes noch für den Augenblick erfolgreich, herauszubringen. Dem widerstand mein Bewußtsein, daß das, was in meiner inneren Verfassung, in meiner Wertschätzung der Menschen und Dinge lebendig war, gedanklich auf diesem Wege nicht klar wurde. Der Ersatz der Philosophie durch eine noch so weite psychologische Betrachtung unter Verwendung noch so interessanten geschichtlichen Materials war doch das Ausweichen vor dem Ernst, sich selbst im Dasein verstehen zu sollen. Es wäre die Unverbindlichkeit der Beschäftigung mit einer bloßen Fülle von Gegenständen geblieben. Für die mir durch mich selber gestellte Aufgabe bedurfte es eigener methodischer Besinnung und des Eindringens in die wenigen ursprünglichen, großen philosophischen Werke. Auch weiterhin galt meine Beschäftigung noch der Geschichte und den Wirklichkeiten, die aus allen Wissenschaften kund werden, nun aber nur beiläufig, in den müderen Stunden. Die Hauptsache wurde das Hinanklimmen zur Höhe der eigentlichen Philosophie. Das ging langsam. Die plötzlichen Intuitionen von dem, worauf es ankommt, gewannen Halt und Zusammenhang nur durch eine Arbeit, die nun einen neuen Charakter erhielt. Nicht Lernen und Vermehrung von Wissen konnte es schaffen, sondern erst die Denkformen und Operationsweisen, die im Umgang mit großen Philosophen geübt, nicht eigentlich gelernt werden konnten. Es mußte ein anderes Niveau des Denkens gewonnen werden. Das bedeutete den Entschluß wie zu einem Anfang von vorn.«

3 Emil Kraepelin, 1856–1926, einer der bedeutendsten Vertreter der klinischen Psychiatrie. Von ihm stammt das vor der »Allgemeinen Psychopathologie« maßgebende Lehrbuch der Psychiatrie (1883, 9. Aufl. 1927).

12

1 Paul Natorp, 1854–1924; Professor in Marburg, Neukantianer, Schüler Cohens. – Auf seine Empfehlung hin erhielt H den Ruf nach Marburg. H schätzte Natorps Schrift »Platos Ideenlehre«, Leipzig 1903.

2 Georg Misch, 1878–1965; Professor in Göttingen; 1939–46 in Großbritannien. – Vertreter der Lebens-Philosophie und Herausgeber der Dilthey-Ausgabe.

3 Bezieht sich wahrscheinlich auf Kroners Arbeit: Von Kant bis Hegel, Tübingen 1921–24, 2 Bde.

4 Die Anfänger-Übung behandelte Husserls: Ideen zu einer reinen Phänomenologie und phänomenologischen Philosophie, Bd. I; die Übung für Fortgeschrittene Aristoteles': Physik IV und V.

5 Moritz Geiger, 1880–1937; Phänomenologe der Münchner Schule mit Schwerpunkt auf Ästhetik; Mitherausgeber des »Jahrbuchs für Philosophie und phänomenologische Forschung«.

6 Die Kinder: Jörg, geb. 1919, und Hermann, geb. 1920. Die Hütte in Todtnauberg wurde 1922 gebaut und bezogen.

7 Es kann nicht mit Sicherheit gesagt werden, um welche Schrift von Max Scheler es sich handelt, wahrscheinlich um die Abhandlung »Die deutsche Philosophie der Gegenwart«, die 1922 in dem von Ph. Witkop herausgegebenen Band »Deutsches Leben der Gegenwart« erschien.

Max Scheler, 1874–1928; Prof. in Köln und in Frankfurt a. M.; Der Formalismus in der Ethik und die materiale Wertethik, Halle a. d. S. 1913–16; Wesen und Formen der Sympathie, Bonn, 2. Auflage 1923; Die Wissensformen und die Gesellschaft, Leipzig 1926 u. a. – H hat ihm »Kant und das Problem der Metaphysik«, Bonn 1929 (4. Auflage, Frankfurt a. M. 1973) gewidmet.

8 Die Aristotelesübung: Die Nikomachische Ethik.

13

1 Bei J: »von M. H. u. K. J.«

2 Max Weber, 1864–1920, Historiker, Sozialökonom und Soziologe; er übte auf J einen nachhaltigen Einfluß aus und galt ihm als bedeutendste Persönlichkeit des zeitgenössischen deutschen Geisteslebens.

3 Walther Rathenau, 1867–1922; jüdischer Industrieller und Politiker, zuletzt Reichsaußenminister; wurde am 24. 6. 1922 auf dem Weg ins Auswärtige Amt erschossen. – Rathenau hinterließ auch ein vielbändiges schriftstellerisches Werk, in dessen Mittelpunkt die Suche nach einer »neuen« Wirtschaft und nach neuen Staats- und Gesellschaftsordnungen jenseits der kapitalistischen und sozialistischen Modelle stand.

4 Die beiden werden offenbar von J als heterogene geistige Gestalten gesehen: der national gesinnte, aber nie ein politisches Amt bekleidende Max Weber – der damals als »Erfüllungspolitiker« in den nationalistischen und antisemitischen Kreisen verfemte Inhaber hoher politischer Ämter Walther Rathenau.

5 Erich Wende, 1884–1966, war 1913–33 im Preußischen Kultusministerium maßgeblich am Ausbau der Universitäten und am Aufbau der pädagogischen Akademien beteiligt, zuletzt als Ministerialdirektor.

6 Carl Heinrich Becker, 1876–1933, Orientalist und preußischer Politiker; seit 1916 im Preußischen Kultusministerium; war 1921 und 1925–30 Kultusminister. – Er förderte nachhaltig die Hochschulreform, war der Begründer der ersten pädagogischen Akademien und der Deutschen Dichterakademie.

7 J las im SS 1922 über Geschichte der neueren Philosophie.

8 Franz Overbeck, 1837–1905, evangelischer Theologe; 1870–97 Prof. für Neues Testament und ältere Kirchengeschichte in Basel; war mit Nietzsche befreundet. – Angesprochen ist das von Carl Albrecht Bernoulli aus dem Nachlaß herausgegebene Buch »Christentum und Kultur. Gedanken und Anmerkungen zur modernen Theologie von Franz Overbeck«, Basel 1919.

14

1 Allgemeine Psychopathologie, Berlin, 3. Auflage 1923.

2 Gerda Walther, 1897–1977; Schülerin von Husserl und Pfänder. Zur Ontologie der sozialen Gemeinschaften. In: Jahrb. für Philosophie und phänomenologische Forschung, Bd. VI, Halle a. d. S. 1923. – Versuchte später die Phänomenologie auch auf den mystischen Bereich anzuwenden.

3 Ricarda Huch, 1864–1947; Historikerin, Romancier und Dichterin; 1933 Austritt aus der Preußischen Akademie der Künste aus Protest gegen den Nationalsozialismus. – Der große Krieg in Deutschland, Leipzig 1912–14, 3 Bde; Die Romantik, Leipzig 1899–1902, 2 Bde.

4 Hedwig Conrad-Martius, 1888–1966; Vertreterin der Göttinger Schule der Phänomenologie; forschte nach Seinsgesetzen und Wesensgesetzen, besonderer Begriff der Realität. – Realontologie. In: Jahrb. für Philosophie u. phänomenologische Forschung, Bd. VI, Halle a. d. S. 1923; Farben. In: Husserl-Festschrift, Halle a. d. S. 1929; Der Selbstaufbau der Natur, Hamburg 1944; Die Zeit, München 1954.

15

1 Vgl. dazu B 7 vom 1. 8. 1921 von J an H.
2 Hermann Oncken, 1869–1945, Historiker; stammte wie J aus Oldenburg. Professuren in Chicago (1905–06), Gießen (1906), Heidelberg (1907–23 für Neuere Geschichte), München (1923) und Berlin (1928–35), wo er vorzeitig emeritiert wurde. – Oncken strebte eine Versachlichung der politischen Geschichte, jenseits metaphysischer Überlagerungen, an.
3 Anläßlich der Berufungen an die Universitäten Kiel und Greifswald 1921.
4 Ludwig Curtius, 1874–1954, Klassischer Archäologe; lehrte nach Professuren in Erlangen und Freiburg i. Br. 1920–28 in Heidelberg und wurde danach zum ersten Direktor des Archäologischen Instituts in Rom ernannt. – Gilt als einer der bedeutendsten und umfassendsten Hermeneutiker der Archäologie. Über seine Beziehungen zu J, mit dem er eng befreundet war, cf. L. C.: Deutsche und antike Welt. Lebenserinnerungen, Stuttgart 1950, pp. 365 ff.

16

1 Werner Richter, 1887–1960; Germanist und Kulturpolitiker; war 1925–32 Ministerialdirektor im Preußischen Ministerium für Wissenschaft, Kunst und Volksbildung.
2 Nicolai Hartmann, 1882–1950; Prof. in Marburg, Köln, Berlin, Göttingen. – Der Marburger Schule nahestehend; schuf eine neue Ontologie: Grundzüge einer Metaphysik der Erkenntnis, Berlin u. Leipzig, 2., ergänzte Auflage 1925; Zur Grundlegung der Ontologie, Meisenheim, 3. Auflage 1948; Möglichkeit und Wirklichkeit, Berlin 1938; Der Aufbau der realen Welt, Meisenheim, 2. Auflage 1949. In seiner materialen Wertethik ist er von Scheler beeinflußt: Ethik, Berlin, 3. Auflage 1949.
3 Unklar, worauf sich diese Bemerkung bezieht.
4 Unter dem Titel »Ontologie« las H über Aristoteles' Hermeneutik der Faktizität (jetzt GA Bd. 63. Hrsg. von Käte Bröcker-Oltmanns, Frankfurt a. M. 1988). Das Anfängerseminar behandelte Husserls »Logische Untersuchungen« Bd. II (vermutlich die VI. Untersuchung), das Kolloquium (mit Ebbinghaus) ging über Kants »Die Religion innerhalb der Grenzen der bloßen Vernunft« nach ausgewählten Texten.

5 Am 4. Juli 1923 erhielt Husserl einen Ruf nach Berlin, auf den Lehrstuhl von Ernst Troeltsch.

17

1 Der Beginn der neuzeitlichen Philosophie (Descartes-Interpretation). Vorlesung WS 1923/24. GA Bd. 17. Hrsg. von F.-W. v. Herrmann, in Vorbereitung.
2 J: Die Idee der Universität, Berlin 1923.
3 Wilhelm Szilasi, 1889–1966; Schüler Husserls, mit H befreundet. Nach dem Lehrverbot für H nahm er seit 1947 Hs Lehrstuhl in Vertretung wahr. – Macht und Ohnmacht des Geistes, Bern 1946; Einleitung in die Phänomenologie Edmund Husserls, Tübingen 1959.

18

1 Friedrich Heidegger, 1851–1924; Mesner und Küfermeister in Meßkirch.

19

1 Um die »Idee der Universität« muß es bei J zur ersten vorübergehenden Trübung der Freundschaft gekommen sein. Cf. Philosophische Autobiographie, a. a. O., p. 97.

20

1 Kantvortrag Js zur Heidelberger Feier anläßlich des 200. Geburtstages von Kant.

21

1 Im Nachlaß nicht vorhanden.
2 Walther Marseille hat bei H 1926 promoviert.
3 Bei H: »herzl.«.

22

1 Emil Lederer, 1882–1939; Volkswirtschaftler; 1918–31 Prof. für Nationalökonomie in Heidelberg, anschließend Prof. für Staatswissenschaften in Berlin; emigrierte 1933 nach New York, wo er Prof. an der New School for Social Research wurde.
2 Robert Heiß, 1903–1974; Schüler Hs, später Prof. für Psychologie in Freiburg i. Br. – Veröffentlichte u. a.: Logik des Widerspruchs, Berlin u. Leipzig 1932; Der Gang des Geistes, Bern 1948; Die großen Dialektiker des 19. Jh.: Hegel, Kierkegaard, Marx, Köln u. Berlin 1963.
3 Rudolf Bultmann, 1884–1976; Prof. für Theologie in Marburg. Vertreter der Entmythologisierung. Veröffentlichte u. a.: Offenbarung und Heilsgeschehen, München 1941; Das Evangelium des Johannes, Göttingen, 10. Auflage 1941; Glauben und Verstehen, Tübingen, Bd. I 1933, Bd. II 1952, Bd. III 1960, Bd. IV 1965. – Es kam in Marburg zu einer dauernden Freundschaft mit H.

23

1 Im Nachlaß nicht vorhanden.
2 Es handelt sich um die Publikationsreihe »Philosophische Forschungen« bei Julius Springer in Berlin, die J als Dissertationsreihe seiner Studenten herausgab. 1925 erschienen die beiden ersten Bände.
3 In der GA Bd. 20: Prolegomena zur Geschichte des Zeitbegriffs. Hrsg. von Petra Jaeger, Frankfurt a. M., 2. durchgesehene Auflage 1988.
4 Erich Rudolf Jaensch, 1883–1940; Prof. in Marburg. – Schwerpunkt Wahrnehmungspsychologie (Eidetik).
5 Nicolai Hartmann nahm 1925 die Berufung nach Köln an.
   Zu dem Plan, Heidegger als Nachfolger auf das Ordinariat von Nicolai Hartmann zu berufen, folgende Einzelheiten. Im Protokoll der 2. Kommissionssitzung für die Neubesetzung des Ordinariats vom 24. Juni 1925 findet sich folgende Eintragung: »Wedekind fragt, welche Schriften Heideggers veröffentlicht vorliegen. Hartmann antwortet, daß eine neue ganz hervorragende Arbeit Heideggers vorliegt, die allerdings ebenso wie seine frühere Arbeit [über Aristoteles] noch nicht gedruckt sei.«
   Am 5. August schlägt die Philosophische Fakultät der Universität Marburg dem Preußischen Kultus-Minister Heidegger an erster Stelle als Nachfolger von Nicolai Hartmann vor.

Am 27. Januar 1926 schreibt Minister C. H. Becker nach Marburg: »Bei aller Anerkennung der Lehrerfolge des Professors Heidegger erscheint es mir doch nicht angängig, ihm eine etatsmäßige ordentliche Professur von der historischen Bedeutung des dortigen Lehrstuhls für Philosophie zu übertragen, bevor nicht große literarische Leistungen die besondere Anerkennung der Fachgenossen gefunden haben, die eine solche Berufung erheischt.«

Am 18. Juni schreibt die Philosophische Fakultät wieder an das Berliner Ministerium und »bittet den Herrn Minister nochmals, den in der Liste vom 5. 8. 1925 an erster Stelle genannten Professor Heidegger zu berufen. Die Fakultät glaubt sich zu dieser Bitte berechtigt, da Herr Heidegger in der Zwischenzeit seine Arbeit ›Sein und Zeit‹ zum Druck gebracht hatte. Die Arbeit ist in Druckbogen in doppelter Ausführung diesem Gesuch beigefügt.«

Am 25. November weist der Minister erneut den Vorschlag zurück und sendet auch die Druckbogen zurück.

Nach nochmaligem Vorschlag der Fakultät erhält H am 19. X. 27 das Ordinariat. (s. B 49) Für Details danke ich Ted Kisiel, der die Unterlagen ausfindig machte.

6 Ernst Cassirer, 1874–1945; Philosoph; 1919–33 Prof. in Hamburg, danach Emigration in verschiedene europäische Länder und 1941 in die USA. – Veröffentlichte u. a.: Philosophie der symbolischen Formen, Berlin 1923–29, 3 Bde; Substanzbegriff und Funktionsbegriff, Berlin 1910; Das Erkenntnisproblem in der Philosophie und Wissenschaft der neueren Zeit, Berlin 1906–20, 3 Bde.

7 Max Wundt, 1879–1963; Philosoph; Prof. in Tübingen seit 1929. – Arbeiten über den Deutschen Idealismus und Die deutsche Schulphilosophie.

8 Bruno Bauch, 1877–1942; Philosoph; Prof. in Jena. – Theorie der Kultur als Schwerpunkt.

9 Heinrich Scholz, 1884–1956; Theologe und Philosoph; Prof. der Philosophie 1918–28 in Kiel, danach in Münster. – Vertreter der Logistik. Mit Gisbert Hasenjaeger: Grundzüge der mathematischen Logik, Berlin, Göttingen, Heidelberg 1961.

10 Ernst Hoffmann, 1880–1952; Prof. für antike Philosophie in Heidelberg.

11 Gerhard Nebel, 1903–1974; Schüler Hs; Essayist. – Veröffentlichte u. a. Griechischer Ursprung, Wuppertal 1948; Die Not der Götter, Hamburg 1957; Orte und Feste, Hamburg 1962.

24

1 Erich Frank, 1883–1949, Philosoph; studierte ursprünglich Geschichte und Klassische Philologie und wandte sich danach, ab 1907 in Heidelberg, der Philosophie zu. Er stand vorerst unter dem Einfluß von Heinrich Rickert und Wilhelm Windelband, bei dem er mit einer Arbeit über Kant promovierte, und dann zunehmend unter dem der Existenzphilosophie; habilitierte sich 1923 bei J mit der Untersuchung »Plato und die sogenannten Pythagoreer. Ein Kapitel aus der Geschichte des griechischen Geistes« (Halle a. d. S. 1923); wurde 1927 a. o. Prof. in Heidelberg und 1928 Ordinarius in Marburg; 1939 emigrierte er in die USA, wo er an verschiedenen Universitäten lehrte. – Zu seiner Einschätzung der Philosophie von J cf.: Die Philosophie von Jaspers. – In: E. F.: Wissen, Wollen, Glauben. Gesammelte Aufsätze zur Philosophiegeschichte und Existentialphilosophie, Zürich und Stuttgart 1955, pp. 269–288.

2 Julius Ebbinghaus, 1885–1981, Philosoph; seit 1921 Privatdozent und ab 1926 Prof. in Freiburg i. Br.; später Professuren in Rostock und Marburg. – Ebbinghaus war ursprünglich Hegelianer und danach strikter Kantianer.

3 Julius Ebbinghaus: Kantinterpretation und Kantkritik. – In: Deutsche Vierteljahresschrift für Literaturwissenschaft und Geistesgeschichte, Bd. II, H. 1, 1924, pp. 80–115.

4 Marianne Weber, 1870–1954; Gattin von Max Weber, dessen »Lebensbild« sie in den zwanziger Jahren schrieb (Max Weber. Ein Lebensbild, Tübingen 1926). Seit 1898 in der Frauenbewegung tätig und 1919–23 erste Vorsitzende des Bundes Deutscher Frauenvereine; im Rahmen dieser Tätigkeiten schrieb sie mehrere Werke, unter denen »Ehefrau und Mutter in der Rechtsentwicklung. Eine Einführung« (Tübingen 1907) als wichtigstes gilt. – Marianne Weber war mit dem Hause J eng befreundet.

5 Goethe, Faust I, Prolog im Himmel, V. 329.

26

1 Fritz Heidegger, 1894–1980; der jüngere Bruder Hs lebte in Meßkirch (Bankbeamter), transkribierte zahlreiche Mss. und war selbst philosophisch und theologisch sehr interessiert; eine witzige, humorvolle Persönlichkeit (vgl. Ein Geburtstagsbrief des Bruders in: »Martin Heidegger – zum 80. Geburtstag von seiner Heimatstadt Meßkirch«, Frankfurt a. M. 1969, pp. 58–63).

2 Laut Hüttenbuch blieb er bis 6. 10. in Todtnauberg.

27

1 Bezieht sich auf eine Mitteilung von J, die im Nachlaß H nicht vorhanden ist.
2 Afra Geiger.

28

1 Die klassischen Philologen in Marburg: Ernst Maaß, Theodor Birt, Ernst Lommatzsch, Paul Friedländer.

29

1 Im Nachlaß H nicht vorhanden, evtl. früherer Brief.
2 J las im WS 1925/26 über »Religionsphilosophie (einschließlich Religionspsychologie)«.
3 Die Übung für Fortgeschrittene hatte Hegels »Logik, I« zum Thema, die Übung für Anfänger Kants »Kritik der reinen Vernunft«.

30

1 Im Nachlaß H nicht vorhanden.
2 Als Photographie.

31

1 Im Nachlaß H nicht vorhanden.
2 Die »Notgemeinschaft der deutschen Wissenschaft« wurde auf Anregung des ehemaligen preußischen Kultusministers Friedrich Schmidt-Ott und des Nobelpreisträgers Fritz Haber zur Förderung der Wissenschaften, besonders des wissenschaftlichen Nachwuchses, 1920 gegründet. Mitglieder waren die fünf deutschen Akademien und alle im Verband der Hochschulen vertretenen Universitäten. Nach dem 2. Weltkrieg wurden der Forschungsrat und die Notgemeinschaft zur »Deutschen Forschungsgemeinschaft« fusioniert, der Bund und die Länder kooperierten bei der Finanzierung.
3 Heinrich Maier, 1867–1933; Philosoph; Prof. in Berlin. – Vertreter des kritischen Realismus und Aristoteles-Forscher.
4 Wolfgang Windelband, 1886–1945; Prof. für mittlere und neuere

Geschichte; war damals im Rang eines Ministerialrates Personalreferent für die Universitäten im Preußischen Ministerium für Wissenschaft, Kunst und Volksbildung.

32

1 »Sein und Zeit« erschien in Bd. VIII des »Jahrbuchs für Philosophie und phänomenologische Forschung«, Halle a. d. S. 1927, und ist Edmund Husserl gewidmet, pp. 1–438. Jetzt in GA Bd. 2 mit Randbemerkungen aus dem »Hüttenexemplar«. Hrsg. von F.-W. v. Herrmann, Frankfurt a. M. 1977, und Tübingen, 16. Auflage 1986. In dem Husserl geschenkten Exemplar steht der Lessing-Ausspruch: »Die größte Deutlichkeit war mir immer die größte Schönheit.«
2 Walter F. Otto, 1874–1958; Philosoph und klassischer Philologe; Prof. in Wien, Frankfurt a. M., Tübingen. – Die Götter Griechenlands, Bonn 1929 u. a. Veröffentlichungen.
3 Werner Jaeger, 1888–1961; Philosophiehistoriker und klassischer Philologe; Prof. in Berlin und Harvard. – Schwerpunkt der Arbeiten: Aristoteles, Berlin 1923. Paideia – Die Formung des griechischen Menschen, Berlin u. Leipzig 1934–47, 3 Bde u. a.
4 In der Scheffelstraße wohnte Heinrich Rickert.
5 Es handelt sich um den Band »Schellings Philosophie«, den die Deutsche Bibliothek in Berlin herausgab.
6 Schelling, Philosophische Untersuchungen über das Wesen der menschlichen Freiheit.

33

1 Im Nachlaß J nicht vorhanden.
2 Helene Weiß, Schülerin Hs; arbeitete über Aristoteles; verließ Deutschland zur Nazizeit und veröffentlichte ihre Dissertation: Kausalität und Zufall in der Philosophie des Aristoteles, Basel 1942. – Dankt im Vorwort für die Hilfe Hs, durch die Möglichkeit der Einsichtnahme in seine Mss.
3 Paul-Oskar Kristeller, geb. 1905; Schüler Hs und Js; Philosoph; wollte sich bei H habilitieren, verließ 1933 Deutschland, ging nach Italien (Arbeit über Ficino) und 1939 in die USA; Prof. an der Columbia University. – Schwerpunkt Antike, Renaissance und frühe Neuzeit.

4 Eine Handschrift oder ein Typoskript des 1926 gehaltenen Vortrags »Vom Wesen der Wahrheit« ist im Nachlaß nicht aufgefunden worden. Vermutlich hat H aus der Vorlesung des WS 1925/26 »Logik. Die Frage nach der Wahrheit« (GA Bd. 21. Hrsg. von Walter Biemel, Frankfurt a. M. 1976) den Vortrag erarbeitet und die Aufzeichnungen später vernichtet. Der 1926 gehaltene Vortrag darf nicht verwechselt werden mit dem 1930 völlig neu erarbeiteten Vortrag gleichen Titels, Frankfurt a. M. 1943 und GA Bd. 9; Wegmarken. Hrsg. von F.-W. v. Herrmann, Frankfurt a. M. 1976.

34

1 Im Nachlaß H nicht vorhanden.
2 Wie Kristeller mitteilte (1988), war er finanziell gezwungen, die Dissertation möglichst schnell fertigzustellen, war aber anschließend zu H zurückgekehrt (1931), der als Habilitationsthema eine Arbeit über den Platonismus des Ficino akzeptierte. 1932 erhielt er dafür ein Stipendium der Notgemeinschaft der Deutschen Wissenschaft.
3 Der Druck von »Sein und Zeit« ist gemeint.
4 Carl Heinrich Becker, Preußischer Kultusminister, s. Anm. 6 zu Brief 13.
5 Nach Silvaplana, s. Husserl-Chronik, Denk- und Lebensweg Edmund Husserls von Karl Schuhmann, Den Haag 1977, p. 308.

35

1 Im Sommer mußte Enno E. Jaspers, 1889–1931, der Bruder von K. J., in das ›St. Jürgen-Asyl für Geistes- und Nervenkranke‹ in Ellen (Bremen) vorübergehend eingewiesen werden.

36

1 Gustav Störring, 1860–1946, Philosoph und Psychologe; seit 1896 PD in Leipzig, 1902–11 Ordinarius für Philosophie in Zürich, danach in Straßburg und 1914–27 in Bonn. – Störring war als experimenteller Psychologe Schüler von Wilhelm Wundt. Seine Studien über die Denkvorgänge, über die Gefühle sowie die systematischen Entwürfe über das normale und pathologische Seelenleben nahm er zum Ausgang für eine realistische Erkenntnistheorie, von deren Standpunkt aus er die südwestdeutsche Schule kritisierte. Seine phi-

losophischen Arbeiten standen bis zuletzt unter dem Einfluß des psychologischen Denkens.
2 Max Wentscher, 1862–1942; 1897 PD in Bonn, 1904 a. o. Prof. in Königsberg, 1907 in Bonn und dort seit 1918 Ordinarius für Philosophie; er wurde 1933 emeritiert. Seine um ethische Probleme kreisenden Werke wurden u. a. von Rudolph Hermann Lotze beeinflußt.
3 Erich Rothacker, 1888–1965; seit 1924 Prof. für Philosophie in Heidelberg und ab 1928 in Bonn. – Seine Arbeiten galten im wesentlichen der Logik und Systematik der Geisteswissenschaften. Zu seiner Heidelberger-Zeit cf. E. Rothacker: Heitere Erinnerungen, Frankfurt M./Bonn 1963, pp. 57 ff.

37

1 Carl Heinrich Becker.

38

1 Im Nachlaß H nicht vorhanden.
2 Hegel: Vorrede zur »Phänomenologie des Geistes«: »Das Bekannte überhaupt ist darum, weil es *bekannt* ist, nicht *erkannt*. Es ist die gewöhnlichste Selbsttäuschung wie Täuschung Anderer, beim Erkennen etwas als bekannt vorauszusetzen, und es sich ebenso gefallen zu lassen; mit allem Hin- und Herreden kommt solches Wissen, ohne zu wissen wie ihm geschieht, nicht von der Stelle.« (WW. II,25).
3 R.s = Rickerts.

39

1 Im Nachlaß H nicht vorhanden.
2 Wilhelm Windelband, 1848–1915; Philosoph; Vertreter der Südwestdeutschen Schule des Neukantianismus und Philosophiehistoriker. – Geschichte der abendländischen Philosophie im Altertum, München, 4. Auflage 1923; Geschichte der neueren Philosophie, Leipzig 1878–80, 2 Bde; Präludien. Reden und Aufsätze zur Einführung in die Philosophie, Freiburg i. Br. u. Tübingen 1884, 2 Bde.

41

1 Gemeint ist Js »Philosophie«.
2 Hans Driesch, 1867–1941; Philosoph; Prof. in Leipzig. – Vertreter einer vitalistischen Philosophie: Philosophie des Organischen, Leipzig 1909, 2 Bde.
3 Hans Pichler, 1882–1958; Philosoph; Prof. in Greifswald. – Kritische Stellungnahme zum Neukantianismus; trat für eine Neubelebung der Ontologie ein.
4 Dietrich Mahnke, 1884–1958; Philosoph; Prof. in Marburg. – Leibnizforscher: Unendliche Sphäre und Allmittelpunkt – Beiträge zur Genealogie der mathematischen Mystik, Halle a. d. S. 1937.
5 Erich Becher, 1882–1929; Philosoph und Psychologe; Prof. in Münster und München. – Vertreter des Vitalismus: Geisteswissenschaften und Naturwissenschaften, München u. Leipzig 1921.

42

1 Großherzog Friedrich I. von Baden, 1826–1907; wurde 1852 Prinzregent und 1856 Großherzog. Vertrat, als Vorkämpfer der nationalen Einigung unter preußischer Führung, eine liberale Politik; war der Schöpfer der badischen Wahlreform von 1904.
2 Kuno Fischer, 1824–1907; habilitierte sich 1850 in Heidelberg für Philosophie; seit 1856 Prof. für Philosophie in Jena und seit 1872 in Heidelberg, wo er bis zu seinem Tode lehrte. – Fischer war ursprünglich Hegelianer, der aber durch seine Schriften über Kant den Anstoß zur neuen Kant-Rezeption gab; einer der bedeutendsten Philosophiehistoriker der zweiten Hälfte des 19. Jahrhunderts, der vor allem für die glänzende Darstellung seiner historischen Schriften berühmt war. Sein Hauptwerk ist die »Geschichte der neueren Philosophie« in zehn Bänden.

43

1 H las »Die Grundprobleme der Phänomenologie« (jetzt GA Bd. 24. Hrsg. von F.-W. v. Herrmann, Frankfurt a. M., 2. Auflage 1989) und hielt ein Seminar für Fortgeschrittene: »Die Ontologie des Aristoteles und Hegels Logik«.
2 J hielt im SS 1927 ein Seminar über Hegels »Phänomenologie des Geistes«.

3 Johann Carl Friedrich Rosenkranz, 1805–1879; Philosoph; seit 1831 Prof. in Halle a. d. S. und ab 1833 in Königsberg. – Einer der bedeutendsten Vertreter der rechtshegelianischen Schule. Die erbetenen Bände: Die Modificationen der Logik, abgeleitet aus dem Begriff des Denkens, Studien Teil 3, Leipzig 1846, und Wissenschaft der logischen Idee, Königsberg 1858–59, 2 Bde.
4 Universitätsjubiläum Marburg, 400-Jahrfeier.

44

1 J erhielt vom Max Niemeyer Verlag eine broschierte Ausgabe von »Sein und Zeit«.
2 Bezieht sich entweder auf einen Brief aus der Weihnachtszeit, der nicht mehr vorhanden ist (cf. B 39 vom 26. 12. 1926 von H an J), oder auf den Besuch Hs vom 1. 1. 1927 in Heidelberg. In beiden Fällen muß von »Sein und Zeit« die Rede gewesen sein, das J bereits z. T. aus den Bogen kannte.
3 Karl Rosenkranz: Erläuterungen zu Hegel's Encyklopädie der philosophischen Wissenschaften = Philosophische Bibliothek, Bd. 34, Berlin 1870.
4 Johann Eduard Erdmann, 1805–1892, seit 1836 Prof. in Halle a. d. S.; bedeutender Philosophiehistoriker (»Versuch einer wissenschaftlichen Darstellung der Geschichte der neueren Philosophie«, 3 Bde, Leipzig 1834–53); gehörte der Hegelschen Rechten an. – Angespielt wird auf sein Werk »Grundriß der Logik und Metaphysik. Für Vorlesungen«, Halle a. d. S. 1841.
5 Kuno Fischer: System der Logik und Metaphysik oder Wissenschaftslehre, Heidelberg 1852.

45

1 Gemeint ist die Todesanzeige, die am 3. Mai mitteilte, daß Johanna Heidegger, geb. Kempf, »nach langem qualvollen Leiden« gestorben sei.

46

1 Cf. B 43, Anm. 4.
2 Cf. B 32, Anm. 5.

1 Gertrud J unternahm die Reise mit Marianne Weber.
2 David Mayer, 1834–1929, Kaufmann; lebte als Witwer in Prenzlau.
3 Dodo Mayer, spätere Singer, die Tochter des Bruders von Gertrud J, Arthur Mayer.
4 Die Ausarbeitung der »Philosophie«.
5 Cf. Philosophische Autobiographie, a. a. O., pp. 98 f.:
»Das Erscheinen von Heideggers ›Sein und Zeit‹ (1927) brachte, ohne daß ich es damals recht bemerkte, keine Vertiefung, sondern eher eine Veräußerlichung unserer Beziehung. Ich reagierte, wie Jahre vorher auf seine Kritik an meiner Weltanschauungspsychologie, nicht eigentlich interessiert. Schon 1922 hatte mir Heidegger einige Seiten aus einem damaligen Manuskript vorgelesen. Es war mir unverständlich. Ich drängte auf natürliche Ausdrucksweise. Heidegger sagte später gelegentlich, er sei nun viel weiter, das damalige sei überholt, es werde etwas. Vom Inhalt des 1927 erscheinenden Buches hatte ich vorher nichts erfahren. Jetzt sah ich ein Werk, das durch Intensität der Ausarbeitung, Konstruktivität der Begrifflichkeit, Treffsicherheit eines oft erleuchtenden neuen Wortgebrauchs sofort Eindruck machte. Trotz des Glanzes seiner kraftvollen Analyse erschien es mir aber doch für das, was ich philosophisch begehrte, unergiebig. Ich freute mich über die Leistung des mir verbundenen Mannes, war aber unlustig, sie zu lesen, blieb bald stecken, weil Stil, Gehalt, Denkungsart mich nicht ansprachen. Ich empfand das Buch auch nicht als etwas, gegen das ich zu denken hätte, mit dem ich mich auseinandersetzen müßte. Es kam mir von dort her, im Unterschied zu den Gesprächen mit Heidegger, kein Impuls.

Heidegger mußte enttäuscht sein. Ich leistete ihm, als schon Älterer in der mich ganz beanspruchenden Arbeit meines Philosophierens stehend, nicht den Dienst einer gründlichen Lektüre und Kritik, wie er es als Jüngling, damals sein eigenes Denken daran heraushebend, gegenüber meiner ›Psychologie der Weltanschauungen‹ getan hatte. Dem entsprach verständlicherweise, daß er für alle meine späteren Veröffentlichungen seinerseits kein eigentliches Interesse mehr aufbrachte.«
6 Seminar.
7 Bezieht sich auf eine damalige Gliederung der »Philosophie«.
8 Ausschreibung für das WS 1927/28: »Metaphysik. (Ihre Geschichte und gegenwärtige Wahrheit)«.

48

1 GA Bd. 25: Phänomenologische Interpretation von Kants Kritik der reinen Vernunft. Hrsg. von Ingtraud Görland, Frankfurt a. M., 2. Auflage 1987.

49

1 H erhielt am 19. 10. 1927 die Ernennung zum Ordinarius auf den ersten philosophischen Lehrstuhl in Marburg. Die Fakultät hatte sich von den anfänglichen Zurückweisungen des preußischen Kultusministeriums nicht beeinflussen lassen und ihren Vorschlag wiederholt.

50

1 Maria Salditt, Hegels Shakespeare-Interpretation, Berlin 1927 (= Philosophische Forschungen, fünftes Heft, hrsg. von Karl Jaspers).

51

1 Maria Salditt, geb. 1899; 1920–24 Studium der Philosophie an den Universitäten Freiburg i. Br., Würzburg, München und Heidelberg, 1924–26 der Philologie und Soziologie in den USA. Sie promovierte 1927 bei J mit einer Arbeit über Hegels Shakespeare-Interpretation. 1927–29 Lehrtätigkeit in den USA. Ab 1930 Unterricht an verschiedenen Mittelschulen Deutschlands. – Maria Salditt war vor allem während des Nationalsozialismus eine enge Vertraute des Hauses J.
2 Die »Philosophie«.
3 Dietrich Mahnke: Dilthey, Gesammelte Schriften, Band 7. – In: Literarische Berichte aus dem Gebiete der Philosophie. Das umfassende philosophische Literaturblatt für Wissenschaft und allgemeines Geistesleben. Hrsg. von A. Hoffmann-Erfurt, Heft 15/16, Erfurt 1928, pp. 34–39. (Der Plural bei J bezieht sich vermutlich darauf, daß der Bd. VII ein Sammelband verschiedener Schriften ist, die alle von Mahnke besprochen werden.)
4 Am Schluß seiner Besprechung sagt Mahnke, daß die »jüngst von Martin Heidegger ausgebildete ›hermeneutische Phänomenologie‹« die außerordentliche Aktualität und Zukunftsbedeutung der systematischen Arbeiten Diltheys »in überraschender Weise« bestätige. Durch die Synthese von Dilthey und Husserl werde es vielleicht

möglich werden, »die Intention von Hegels *Phänomenologie des Geistes* vollkommner als vormals zu erfüllen und durch die immanente Interpretation psychologischer und geistesgeschichtlicher Gegebenheiten eine *systematische Ontologie der wahren, geschichtlich-lebendigen Wirklichkeit* zu geben...« (p. 38 f.).

52

1 Ernesto Grassi, geb. 1902, Kulturphilosoph; ab 1937 Prof. für Philosophie in Freiburg i. Br., ab 1938 in Berlin und ab 1948 in München, wo er Vorsteher des Seminars für Philosophie und Geistesgeschichte des Humanismus war. – Schwergewichte seiner historischen Arbeit waren die Antike und die Renaissance. Ebenso war er Herausgeber mehrerer wissenschaftlicher Schriftenreihen.

53

1 GA Bd. 26: Metaphysische Anfangsgründe der Logik. Hrsg. von Klaus Held, Frankfurt a. M. 1978.

2 Alfred Weber, 1868–1958; Soziologe; Prof. in Heidelberg. – Schöpfer einer Kultursoziologie: Kulturgeschichte als Kultursoziologie, Leiden 1935; Prinzipien der Geschichts- und Kultursoziologie, München 1951.

54

1 Kurt Singer, 1885–1962; war damals in Hamburg PD für Nationalökonomie und Soziologie; emigrierte während des Dritten Reiches nach Japan und Australien.

2 Kurt Singer: Das Geld als Zeichen, 1920.

3 Georg Friedrich Knapp, 1842–1926, Volkswirtschaftler. Anhänger der jüngeren historischen Schule der Volkswirtschaftslehre; war Prof. in Leipzig (1867–74) und Straßburg (1874–1919).

4 Wirtschaftsdienst. Kriegswirtschaftliche Mitteilungen über das Ausland. Hrsg. von der Zentralstelle des Hamburgischen Kolonialinstituts, 1916–1943.

5 Kurt Singer: Platon der Gründer, München 1927.

6 Hans Felix von Eckardt, 1890–1957, ab 1927 Prof. in Heidelberg; 1933 entlassen, 1946 Wiedereinsetzung als Prof. der Soziologie.

7 Arthur Salz, 1881–1963, ab 1917 Prof. für Nationalökonomie, Wirtschaftsgeschichte und Soziologie in Heidelberg; 1933 entlassen, anschließend Emigration nach England.
8 Friedrich Gundolf, 1880–1931, Dichter und Literaturwissenschaftler; war seit 1920 Prof. für neuere deutsche Literatur in Heidelberg. – Mit J eng befreundet.
9 Grundriß der Sozialökonomik. Bearbeitet von S. Altmann, Th. Brinkman, K. Bücher u. a., Tübingen 1914 ff.
10 Hans Ritschl, geb. 1897, Finanzwissenschaftler; wurde 1928 Prof. in Basel und ab 1942 an verschiedenen Universitäten in Deutschland.
11 In der evangelischen Theologie des ausgehenden 19. Jahrhunderts sprach man vom sog. Ritschlianismus, einer theologischen Richtung, die von Albrecht Ritschl, 1822–1889, ausging und auch von seinem Sohn Otto, 1860–1944, vertreten wurde.
12 Als »Standortsfragen« werden in den Wirtschaftswissenschaften die Fragen nach den Bedingungen für die optimale räumliche Lokalisierung der Produktion bezeichnet.
13 Friedrich Lenz, 1885–1968, Volkswirtschaftler; 1921–33 Prof. für Politische Ökonomie in Gießen; 1933 entlassen; nach der Emigrationszeit 1946–48 Prof. in Berlin.
14 Über Kants »Kritik der Urteilskraft«.
15 Rudolf Virchow, 1821–1902, Pathologe; wurde 1849 Prof. in Würzburg und 1856 in Berlin; Begründer der Zellularpathologie. – Bedeutender Medizinhistoriker und einer der Gründer der neuzeitlichen Anthropologie; als Politiker gehörte er zu den Mitgründern der Fortschrittspartei und war Mitglied des preußischen Abgeordnetenhauses und des deutschen Reichstags.

56

1 Dr. iur. Viktor Schwoerer, 1865–1943; Geh. Oberregierungsrat; Leiter der Hochschulabteilung des Badischen Unterrichtsministeriums.
2 Im Brief: Co.mitglied.
3 Erich Becher, cf. Anmerkung zu B 41.
4 Theodor Litt, 1880–1962; Philosoph und Pädagoge; Prof. in Bonn, Leipzig und Bonn. – Individuum und Gemeinschaft, Leipzig u. Berlin 1919; Mensch und Welt. Grundlinien einer Philosophie des Geistes, München 1948; Hegel. Versuch einer kritischen Erneuerung, Heidelberg 1953, u. a.

5 Bruno v. Freytag-Löringhoff, geb. 1912; Philosoph; Prof. in Tübingen. – Schwergewicht Aristotelische Logik: Die ontologischen Grundlagen der Mathematik, Halle a. d. S. 1937; Logik. Ihr System und ihr Verhältnis zur Logistik, Stuttgart 1955 u. 1967, 2 Bde.
6 Erich Rothacker, 1888–1965; Philosoph und Psychologe; Prof. in Bonn. – Schwerpunkt Untersuchung der Geisteswissenschaften: Einleitung in die Geisteswissenschaften, Tübingen 1920; Logik und Systematik der Geisteswissenschaften, München u. Berlin 1927 (zuerst in: Handbuch der Philosophie, Abt. 2. Hrsg. von A. Baeumler u. M. Schröter, München 1926); Geschichtsphilosophie, München u. Berlin 1934; Die Schichten der Persönlichkeit, Leipzig 1938.
7 Adolf Dyroff, 1866–1943; von 1903–34 Prof. für Philosophie und Pädagogik in Bonn. – Vertreter eines kritischen Realismus.

57

1 Cf. B 36 vom 27. 10. 1926 von J an H.

58

1 Schwoerer.
2 Richter.

60

1 Dekan war Prof. Dr. Paul Jacobsthal.
2 Bengt Berg, 1885–1967; schwedischer Schriftsteller und Ornithologe.

62

1 Oskar Becker, 1889–1964; seit 1928 a. o. Prof. für Philosophie in Freiburg, seit 1931 Ordinarius in Bonn. – Arbeiten vor allem zur Logik und zur Philosophie der Mathematik.
2 Alfred Baeumler, 1887–1968; Philosoph; Prof. in Dresden und in Berlin. – Identifizierte sich mit dem Nationalsozialismus: Das Irrationalitätsproblem in der Ästhetik und Logik des 18. Jahrhunderts bis zur Kritik der Urteilskraft, Halle a. d. S. 1923.
3 Julius Stenzel, 1883–1936; Philosoph; Prof. in Kiel. – Schwerpunkt Philosophie der Antike: Studien zur Entwicklung der platonischen Dialektik von Sokrates zu Aristoteles, Leipzig u. Berlin 1931; Zahl und Gestalt bei Platon und Aristoteles, Leipzig 1924.
4 Die Theologen in Marburg: Rudolf Bultmann, Hans von Soden, Friedrich Heiler, Walter Baumgartner, Heinrich Hermelink.

65

1 Im Nachlaß H nicht vorhanden; wurde höchstwahrscheinlich nicht abgeschickt.
2 Max Scheler starb am 19. Mai 1928 in Frankfurt a. M., kurz nach der Berufung an die dortige Universität. J sollte an seiner Stelle Vorlesungen halten.
3 Werner Richter war 1921 Germanist an der Universität Greifswald, als J dorthin berufen wurde.
4 Hans Jonas, geb. 1903, studierte bei Husserl, H, Bultmann und J. Promovierte 1928 bei H und Bultmann über den Begriff der Gnosis. Seine nachfolgenden Studien über die Gnosis (Gnosis und spätantiker Geist, 2 Bde, Göttingen 1934–54) publizierte er bereits aus der Emigration, die ihn 1933 nach England, 1935 nach Palästina, 1949 nach Kanada und 1955 in die USA führte, wo er vor allem an der New School for Social Research in New York lehrte. In den späten achtziger Jahren wurde sein Werk »Das Prinzip Verantwortung. Versuch einer Ethik für die technologische Zivilisation« (Frankfurt a. M. 1979) weltweit bekannt.

66

1 Warum J »in Eile« diesen kurzen und nicht den bereits vorhandenen längeren Brief abgeschickt hat, läßt sich nur vermuten. Wahrscheinlich hielt er in der Situation seine Bemerkungen über Scheler für nicht ganz passend.

67

1 Dr. Justus Schwarz, Schüler von H.
2 Heinz Heimsoeth, 1886–1975; Philosoph; Prof. in Marburg, Königsberg und Köln. – Philosophiehistoriker. Veröffentlichte u. a.: Die sechs großen Themen der abendländischen Metaphysik, Berlin 1922; Transzendentale Dialektik – Ein Kommentar zu Kants Kritik der reinen Vernunft, Berlin 1966–71, 4 Bde; Studien zur Philosophie Immanuel Kants. Bd. 1: Metaphysische Ursprünge und Ontologische Grundlagen, Köln 1956.
3 Baeumler steht nicht mehr auf der Liste der möglichen Kandidaten.

69

1 Gemeint ist Hs Rezension des 2. Bandes der »Philosophie der symbolischen Formen« (= »Das mythische Denken«, Berlin 1925). – In: Deutsche Literaturzeitung 1928, 21. H., Spalten 999–1012.

2 H führt in seiner Rezension aus, daß eine »Stellungnahme« (1007) zu Cassirers Buch »nach drei Hinsichten erfolgen« (ibid.) müßte. Die dritte bestände in der »grundsätzlichen Frage nach der konstitutiven Funktion des Mythos im menschlichen Dasein und im All des Seienden überhaupt« (ibid.). Ihr müßte eine »Wesensinterpretation« (1008) des Mythos vorausgehen, die »solange zufällig und richtungslos« (ibid.) bleiben müsse, »als sie nicht auf eine radikale Ontologie des Daseins im Lichte des Seinsproblems überhaupt gegründet werde« (1008). H zeigt dann in der Terminologie der Existentialien von »Sein und Zeit«, wie der »Ort der Mana-Vorstellung« (1009) ontologisch zu bestimmen sei.

3 Gemeint ist wohl: an die Nicht-Ontologisierbarkeit des Daseins.

4 Philosophische Hefte, 1, Berlin 1928 (= Sonderheft über »Sein und Zeit«).

5 Herbert Marcuse: Beiträge zu einer Phänomenologie des Historischen Materialismus. – In: Philosophische Hefte, 1, a. a. O., pp. 45–68.

6 J hielt im SS 1928 ein Seminar über Hegels Geschichtsphilosophie.

7 Sein und Zeit, § 82.

8 Cf. Karl Jaspers: Notizen zu Martin Heidegger, hrsg. von H. Saner, München 1978, pp. 26 f., 266.

9 In welchen Rahmen, konnte nicht eruiert werden.

70

1 J »Philosophie«.

2 H »Sein und Zeit«.

3 Henri Bergson, 1859–1941; französischer Philosoph; Prof. am Collège de France. – Verursachte eine Wandlung in der französischen und europäischen Philosophie, die nur unzureichend durch das Stichwort »Lebensphilosophie« zu fassen ist. Veröffentlichte u. a. Essai sur les données immédiates de la conscience, Paris 1889; Matière et mémoire. Essai sur la relation du corps à l'esprit, Paris 1896; Les deux sources de la morale et de la religion, Paris 1932.

4 GA Bd. 26: Metaphysische Anfangsgründe der Logik. Hrsg. von Klaus Held, Frankfurt a. M. 1978.

71

1 Horace Bénédict de Saussure, 1740–1799, Naturforscher aus Genf; erforschte die geologischen und geographischen Verhältnisse der Alpen; bestieg 1787 als zweiter den Montblanc, dessen Höhe er barometrisch als höchsten Berg Europas bestimmte.
2 Horace B. de Saussure: Voyages dans les Alpes, 4 Bde, 1779–96; dt.: Reisen durch die Alpen, 4 Bde, Leipzig 1781–98. – Über die Besteigung des Montblanc (Bd. IV, p. 327): »... es kam mir vor, als wenn ich das ganze Weltall überlebt hätte und nun seinen Leichnam zu meinen Füßen ausgestreckt sähe.«
3 Im SS 1923 hielt J »Übungen über Kierkegaard«.

72

1 Js Ruf nach Bonn.
2 Rickert.
3 Rothackers Berufung nach Bonn.
4 Nicht im Nachlaß von H.

73

1 Von den Berufungsgesprächen mit der Fakultät.
2 Ins Preußische Ministerium für Wissenschaft, Kunst und Volksbildung, das für die Berufung nach Bonn zuständig war.
3 Gemeint ist vermutlich der Anglist Walter Franz Schirmer, der von 1925–29 in Bonn lehrte.
4 Vgl. damit B 36, 27. 10. 1926 von J an H.
5 Die Liste um die Nachfolge von Max Scheler, der im Mai 1928 in Frankfurt a. M. starb.

74

1 Dekan der Philosophischen Fakultät war Prof. Paul Jacobsthal.
2 Eberhard Grisebach, 1880–1945; Kulturphilosoph. – Wahrheit und Wirklichkeiten, Halle a. d. S. 1919; Erkenntnis und Glaube, Halle a. d. S. 1923.
3 Paul Tillich, 1886–1965; Theologe und Philosoph; Prof. in Marburg, Frankfurt a. M., New York, Harvard und Chicago. – Veröffent-

lichte u. a.: Mystik und Schuldbewußtsein in Schellings philosophischer Entwicklung, Gütersloh 1912; Über die Idee einer Theologie der Kultur. In: Religionsphilosophie der Kultur. Zwei Entwürfe von Gustav Radbruch und Paul Tillich, Berlin 1919, p. 29–52 (P. T., Gesammelte Werke, Stuttgart 1967, Bd. IX, p. 13–31).

4 Max Wertheimer, 1880–1943; Psychologe; Mitbegründer der Gestaltpsychologie; Prof. in Frankfurt a. M. und ab 1933 an der New School for Social Research, New York.

5 Es handelt sich um die Nachfolge Schelers.

75

1 Das Ministerium des Kultus und Unterrichts.

2 Es handelt sich um das ministerielle Angebot für den Fall, daß J in Heidelberg bleibt.

3 Wolfgang Windelband, der Ministerialrat im Preußischen Ministerium für Wissenschaft, Kultur und Volksbildung.

76

1 Das Wohnungsgeld wurde monatlich um 30 M erhöht. Damit verbunden war die ministerielle Zusicherung, bei der evangelischen Kirchgemeinde Heidelberg, der das Haus Plöck 66 gehörte, alles daran zu setzen, daß der Mietvertrag, der Ende März 1932 auslaufen sollte, mindestens bis 1. April 1935 verlängert werde.

2 Am Rand: »bitte *absolut* vertraulich«.

3 Allein die Aufbesserung des Grundgehalts betrug 40% (von 10 000 auf 14 000 M). Mit allen Zulagen belief sich Js Monatsgehalt ab 1. 4. 1929 auf über 1700 M.

4 Am Rand: »ebenso« (gemeint: streng vertraulich).

77

1 Dieser Plan wurde nur im SS 1929 verwirklicht. Eine Handschrift dieser Vorlesung fehlt im Nachlaß H.

2 Werner Jaeger, Über Ursprung und Kreislauf des philosophischen Lebensideals. In: Sitzungsberichte der Königlich-Preußischen Akademie der Wissenschaften zu Berlin. Philosophisch-historische Klasse, Berlin 1928, Jg. 1928, Bd. XXV, p. 390–421.

78

1 Es ging um die Nachfolge von Carl Neumann, 1860–1934, der von 1911–29 in Heidelberg Ordinarius für neuere Kunstgeschichte war.
2 Hans Jantzen, 1881–1967; war 1916–31 Ordinarius für Kunstgeschichte in Freiburg i. Br., 1931–35 in Frankfurt a. M., ab 1935 in München.
3 Nicht eindeutig lesbar; eventuell »anzieht«.
4 Erwin Panofsky, 1892–1968; war 1926–33 Prof. für Kunstgeschichte in Hamburg; emigrierte danach in die USA, wo er seit 1935 am Institute for Advanced Study in Princeton lehrte. – Er war einer der bedeutenden Dürer-Spezialisten, veröffentlichte aber auch grundlegende Werke zur Formengeschichte, Kunsttheorie und Ikonographie.

80

1 Ernst Fabricius, 1857–1942; Prof. für Alte Geschichte an der Universität Freiburg i. Br.
2 H hielt Vorträge über »Kants Kritik der reinen Vernunft und die Aufgabe einer Grundlegung der Metaphysik«. Es kam zu einer denkwürdigen Diskussion mit Cassirer.

81

1 J hielt im WS 1928/29 die Vorlesung »Kant und Kierkegaard«.

82

1 »Kant und das Problem der Metaphysik«, Bonn 1929, ist Max Scheler gewidmet (4. erweiterte Aufl., Frankfurt a. M. 1973).
2 Zweite Auflage von »Sein und Zeit«.

83

1 Entwurf; Reinschrift im Nachlaß H nicht vorhanden.
2 J las u. a. den Bericht im »Abendblatt der Frankfurter Zeitung« vom 22. 4. 1929, in dem die Auseinandersetzung zwischen Cassirer und H als das prägende Ereignis der dreiwöchigen Davoser-Tagung beschrieben wurde.

3 Vom Wesen des Grundes. – In: Festschrift, Edmund Husserl zum 70. Geburtstag gewidmet, Halle a. d. S. 1929, pp. 71–100 (Separatdruck des Jahrbuches für Philosophie und phänomenologische Forschung, Ergänzungsband). – Mit der Dedikation versehen »Mit herzlichem Gruß. Ihr Martin Heidegger. 14. IV. 29.«

4 Die Politologin Hannah Arendt (1906–1975) studierte in den Jahren 1924/25 bei H in Marburg und, nach einem Semester bei Husserl, ab 1926 bei J. Sie promovierte 1928 bei ihm mit der Arbeit »Der Liebesbegriff bei Augustin. Versuch einer philosophischen Interpretation«, die 1929 als 9. und letztes Heft in der von J hrsg. Reihe »Philosophische Forschungen« erschien. Sie emigrierte 1933 nach Paris und 1941 in die USA. 1946–48 arbeitete sie als Cheflektorin, danach als freie Schriftstellerin, ab 1963 als Professorin für politische Theorie in Chicago und seit 1968 an der New School for Social Research in New York. 1951 erschien ihr Hauptwerk »The Origins of Totalitarianism« (Elemente und Ursprünge totaler Herrschaft, München 1955).

5 Cf. dazu den Brief Nr. 10 von J an Hannah Arendt vom 4. 8. 1929. – In: Hannah Arendt/Karl Jaspers: Briefwechsel 1926–1969, hrsg. von L. Köhler und H. Saner, München 1985, pp. 44 f. – Zur Einschätzung der Dissertation durch J cf. das Gutachten im obgenannten Briefwechsel, pp. 723 f.

6 Zu Notgemeinschaft cf. B 31 vom 17. 2. 1926, Anm. 2.

7 Hannah Arendt begann 1929 mit ihrer Arbeit an der »Lebensgeschichte« der »deutschen Jüdin« Rahel Varnhagen (1771–1833), die erst nach dem Zweiten Weltkrieg erschien, vorerst in englischer Übersetzung und 1959 in deutscher Sprache.

84

1 Die Vorlesungsankündigung SS 1929: Der deutsche Idealismus (Fichte, Hegel, Schelling) und die philosophische Problemlage der Gegenwart. GA Bd. 28. Hrsg. von Ingtraud Görland, in Vorbereitung.

85

1 Edmund Husserl zum siebzigsten Geburtstag. – In: Akademische Mitteilungen. Organ für die gesamten Interessen der Studentenschaft an der Albert-Ludwigs-Universität in Freiburg i. Br., Vierte Folge, IX. Sem., Nr. 3, 14. 5. 1929, pp. 46 f.

2 Eugen Herrigel, 1885–1955; 1924–29 Prof. für Philosophie an der Tohôku-Universität in Sendai (Japan), seit 1929 Ordinarius in Erlangen. – Herrigel war Schüler von H. Rickert; deshalb die Warnung von J.
3 Mitte Juni 1929 verstarb der Rektor der Universität Heidelberg, der Jurist Karl Heinsheimer. Laut Protokoll der Sitzung vom 6. 7. 1929 (Universitätsarchiv Heidelberg B-1261/1,2) wurde der neue Rektor, der Mediziner Emil Gotschlich, bereits im ersten Wahlgang mit 53 von 55 Stimmen gewählt. Die von J angesprochene Kampfwahl wird sich somit nicht auf ihn bezogen haben. In der gleichen Sitzung wurde auch ein Ordinarius des Großen Senats in den Engeren Senat gewählt. Hier kam es zu einer Kampfwahl zwischen den Kandidaten Alfred Weber, Karl Meister (1880–1963, klassischer Philologe) und Willy Andreas (1884–1967, Neuere Geschichte). In der Stichwahl setzte sich unerwartet Karl Meister gegen Alfred Weber durch. Vermutlich spielt J auf diese Wahl an.

86

1 Kant und das Problem der Metaphysik, Bonn 1929. – Mit der Widmung versehen: »Mit herzlichem Gruß. Martin Heidegger.«
2 Über die »impertinenten Fragen« zur Husserl-Rede (cf. B 85 vom 7. 7. 1929, Anm. 1) läßt sich nur mutmaßen: H, der sich in Briefen zuweilen sehr skeptisch, ja eigentlich despektierlich über Husserl äußerte, hielt zu dessen 70. Geburtstag am 8. 4. 1929 eine geradezu hymnische Rede auf die »Führerschaft« Husserls und auf dessen »philosophische Existenz«. Husserls Forschung habe »allererst einen ganz neuen Raum philosophischen Fragens geschaffen, mit neuen Ansprüchen, veränderten Einschätzungen, mit einem neuen Blick für die verborgenen Kräfte der großen Überlieferung der abendländischen Philosophie« (p. 46). Diese neue Philosophie Husserls sei »nicht bloßes Schema der Weltorientierung, überhaupt nicht Mittel und Werk des menschlichen Daseins, sondern *dieses selbst*, sofern es in Freiheit aus seinem Grunde geschieht« (p. 47). Es sei offen »für die Zwiesprache mit den wirkenden Kräften des ganzen Daseins« (ibid.). Das aber sei »die Haltung des Philosophen: das Hineinhören in den Vorgesang, der in allem wesentlichen Weltgeschehen vernehmbar wird« (ibid.). J muß diese Urteile über Husserl in der damaligen Zeit geradezu als grotesk empfunden haben. Husserl war ihm das Urbild für die Verkehrung der Philosophie in Wissenschaft, ein Mann auch, der »die Gebärde des Sehens« vollzog,

aber meist nur Gleichgültiges sah (cf. Rechenschaft und Ausblick, München 1958, p. 386). Zudem muß er die Anspielung auf das »Schema der Weltorientierung« für eine indirekte Kritik Hs an ihm selbst gehalten haben. Schließlich hätte er wohl die Frage gestellt, was denn »Führerschaft« in der Philosophie überhaupt soll.

87

1 Bezieht sich wahrscheinlich auf einen Brief oder eine Karte von J an H; im Nachlaß nicht vorhanden. Das Zeugnis H betr. H. Arendt.

88

1 Kurt Riezler, 1882–1955; Philosoph und Diplomat; Prof. in Frankfurt a. M. und New York. – Schriften zur politischen Theorie, Geschichtsphilosophie und Ästhetik.
2 Maria Scheler, die dritte Frau, die den Nachlaß verwaltete und bis zu ihrem Tod 1969 alleinige Herausgeberin der Schriften Schelers war.

89

1 Darunter von Hs Hand: »Gartenstr. 28« (= Adresse des Elternhauses von J).
2 Carl Wilhelm Jaspers (1850–1940) und Henriette Jaspers, geb. Tantzen (1862–1941).

90

1 Was ist Metaphysik? Bonn 1929 (13. Auflage, Frankfurt a. M. 1986) und in: GA Bd. 9: Wegmarken. Hrsg. von F.-W. v. Herrmann, Frankfurt a. M. 1976, pp. 103–122.

95

1 Diesen Brief legte J offenbar nach dem Vortrag H auf das Zimmer.

96

1 Am 28. 3. 1930 erhielt H einen Ruf nach Berlin.

97

1 Im Nachlaß J eine Abschrift von Gertrud J mit einer geringfügigen Abweichung.

102

1 J spekuliert bereits über die Nachfolge Rickert.
2 Das Ministerium des Kultus und Unterrichts.
3 Ernst Buschor, 1886–1961, klassischer Archäologe; lehnte die Nachfolge Ludwig Curtius in Heidelberg ab.
4 Erwin Panofsky lehnte die Berufung nach Heidelberg (als Nachfolger Carl Neumanns) ab.
5 Das Zentrum, so genannt nach den Plätzen in der Mitte des Parlamentes, war die Partei des politischen Katholizismus. Sie war während der Weimarer Republik die maßgebende Regierungspartei.

103

1 Hans Rheinfelder, 1898–1971, Romanist, der sich in Freiburg i. Br. habilitierte und 1933 Ordinarius in München wurde.
2 Heinrich Besseler, 1900–1969, Musikwissenschaftler; seit 1928 Prof. in Heidelberg, später in Jena und Leipzig.
3 Leonardo Olschki, 1885–1961, Romanist, Schüler von Karl Vossler; lehrte von 1918–32 an der Universität Heidelberg und danach als Gastdozent an der Königlichen Universität Rom. Wurde 1933 aus rassischen Gründen durch die Universität Heidelberg zur Ruhe gesetzt; er hielt weiterhin Vorlesungen in Rom, bis ihm auch das untersagt wurde; 1938 Emigration in die USA, wo er längere Zeit arbeitslos war; 1944 Lehrauftrag am Department for Oriental Languages in Berkeley, der ihm, obwohl er inzwischen amerikanischer Staatsbürger geworden war, 1950 im Rahmen der McCarthy-Säuberungen wieder entzogen wurde. Ab 1954 lehrte er in Rom und Venedig. – Sein frühes Hauptwerk war die dreibändige »Geschichte der neusprachlichen wissenschaftlichen Literatur«, Heidelberg 1919–27.

106

1 Gôchi Myake, 1895–1982; Philosoph; Prof. an der Tohôku Universität in Sendai, an der Universität Kyôto und an der Gaskushû Universität in Tokyo; 1930–32 Studienaufenthalt in Deutschland. –

Mehrere Publikationen über die Philosophie Hs, Philosophie der Moral, Kunstphilosophie und das Problem der Zeit.
2 Eine ostfriesische Insel, auf der J in seiner Kindheit oft war.

107

1 Dr. Werner Brock war von 1931–33 Assistent Hs und emigrierte dann mit Hs Unterstützung nach England (Cambridge).
2 Heinrich Rickert, Die Heidelberger Tradition in der deutschen Philosophie, Tübingen 1931.

108

1 Im Typoskript: »Nachfolgeschrift«; im Entwurf: »Nachfolgeschaft«. – Zur Vermutung: Rickert gliederte zwar Hermann Glockner, August Faust und Eugen Herrigel in die Heidelberger Tradition ein, aber erwähnte J mit keinem Wort.
2 Gemeint ist das 1000. Göschen-Bändchen »Die geistige Situation der Zeit«, das kurz vor der dreibändigen »Philosophie« erschien.

109

1 Das große Werk, die dreibändige »Philosophie«, Berlin 1932. Bd. I: Philosophische Weltorientierung; Bd. II: Existenzerhellung; Bd. III: Metaphysik.
Der kleine Vorläufer: Die geistige Situation der Zeit, Berlin 1931.
2 Erfolg von »Sein und Zeit«.

110

1 B 102 vom 24. 5. 1930.
2 Cf. B 101 vom 17. 5. 1930; H war offenbar in der Pfingstwoche 1930 bei J zu Besuch.
3 Dolf Sternberger, 1907–1989; studierte sowohl bei J (1927) als auch bei H (1929) und promovierte 1932 bei Paul Tillich in Frankfurt a. M. mit einer »Untersuchung zu Martin Heideggers Existential-Ontologie« (»Der verstandene Tod«, Leipzig 1934). Er hatte bereits 1929 in der Frankfurter Zeitung (29. 9.) eine Kritik von Hs Buch »Kant und das Problem der Metaphysik« veröffentlicht. – In welcher

Weise Sternberger Anlaß zu jener Äußerung Hs war, kann nicht eruiert werden.
4 Cf. B 86 vom 24. 7. 1929.
5 Es handelt sich um die Stellungnahme von J ».... könnte wieder eine Rangordnung im geistigen Leben fühlbar werden« in der Frankfurter Zeitung vom 14. 12. 1931 zu dem Artikel von Paul Tillich »Gibt es noch eine Universität?« in derselben Zeitung vom 22. 11. 1931.

111

1 K. J.: Max Weber. Deutsches Wesen im politischen Denken, im Forschen und Philosophieren, Oldenburg i. O. 1932.
2 Max Weber.

114

1 Ernst Krieck, 1882–1947; Pädagoge; war nach Professuren in Dortmund und Frankfurt a. M. ab 1934 Ordinarius in Heidelberg, wo er ab 1. 4. 1937 durch das Reichserziehungsministerium zum Rektor ernannt wurde. In sein Rektorat fiel die Entlassung von J. – Krieck war an der Gleichschaltung der deutschen Universität maßgeblich beteiligt. Neben Alfred Baeumler war er der einflußreichste Pädagoge des Nationalsozialismus und wirkte auch stark auf die nationalsozialistische Philosophie der Politik. Hs bereits im März 1933 skeptische Einschätzung Kriecks wandelte sich nach grundsätzlichen konzeptionellen Auseinandersetzungen um die von diesem in Frankfurt a. M. gegründete »Kulturpolitische Arbeitsgemeinschaft Deutscher Hochschullehrer« (KADH) und infolge der heftigen Angriffe Kriecks in dessen Zeitschrift »Volk im Werden« (1934) gegen H in ein beiderseits unverhohlen feindseliges Verhältnis. Über Hs Philosophie schrieb Krieck, sie sei »ein Ferment der Zersetzung und Auflösung für das deutsche Volk«. H gehöre zu jenen, die »an einer Zerstörung der nationalsozialistischen Erneuerungsbewegung heimlich arbeiten«. Die Quellen seines Denkens seien »nicht immer gerade germanische gewesen«. Sein Denken spiegele »das artfremde Denken des Juden« wider und erweise sich »ohnehin dem schaffenden deutschen Menschen als artfremd, lebensfeindlich«. (Vgl. Volk im Werden, Heft 2 [1934] und Heft 3 [1935].)
2 Wolfgang Schadewaldt, 1900–1974; Altphilologe; Prof. in Königsberg 1928, Freiburg i. Br. 1929, Leipzig 1934, Berlin 1941 und Tü-

bingen 1950. – Mit H befreundet. Übersetzer von Homer, Aischylos, Sophokles und Platon.
3 Joseph Sauer, 1872–1949; päpstlicher Hausprälat; Prof. für Christliche Archäologie und Kunstgeschichte, Rektor der Freiburger Universität 1932/33.
4 Vgl. die Rektoratsrede Hs, Die Selbstbehauptung der deutschen Universität, Breslau 1933. Jetzt in: Die Selbstbehauptung der deutschen Universität – Das Rektorat 1933/34. Hrsg. von Hermann Heidegger, Frankfurt a. M. 1983. Am 21. 4. 1933 wurde H zum Rektor der Universität Freiburg i. Br. gewählt.

115

1 Cf. dazu: Philosophische Autobiographie, a. a. O., p. 100:
»Ende März 1933 war Heidegger zum letzten Mal zu einem längeren Besuch bei uns. Trotz des in den Märzwahlen siegreichen Nationalsozialismus unterhielten wir uns wie früher. Er kaufte mir eine Platte mit Gregorianischer Kirchenmusik, die wir uns anhörten. Schneller als ursprünglich geplant reiste Heidegger ab. ›Man muß sich einschalten‹, sagte er angesichts der schnellen Entwicklung der nationalsozialistischen Realität. Ich wunderte mich und fragte nicht.«
2 In Berlin-Südende führte Ernst Mayer (1883–1952), der jüdische Schwager von J, eine ärztliche Praxis. Der Arier-Paragraph im Gesetz zur Wiederherstellung des Berufsbeamtentums vom 7. 4. 1933 führte bereits zum teilweisen Boykott seiner Praxis durch »arische« Patienten. – In seinem Nachruf auf Ernst Mayer (Ärztliche Mitteilungen, H. 24, 20. 12. 1952) berichtet J, daß dieser ihm schon 1933 gesagt habe: »Sie werden uns in Barackenlager bringen und diese schließlich anzünden.« J hielt das damals für eine Ausgeburt einer überreizten Phantasie. – Ernst Mayer emigrierte 1938 nach Holland, wo er, während der Okkupation, in einem Versteck seine »Dialektik des Nichtwissens« (Basel 1950 = Studia Philosophica, Supplementum 5) schrieb.

117

1 Am 30. Juni hielt H, auf Einladung der Heidelberger Studentenschaft, an der dortigen Universität einen Vortrag über »Die Universität im neuen Reich«. – Vgl. dazu die Heidelberger Neuesten Nachrichten, Nr. 150 vom 1. Juli 1933, p. 4. – Der Artikel ist abgedruckt

in: Guido Schneeberger: Nachlese zu Heidegger. Dokumente zu seinem Leben und Denken, Bern 1962, pp. 73 ff.

2 Mehr als 20 Jahre danach beschrieb J diesen letzten Besuch wie folgt:

»Im Mai war er noch einmal kurz und zum letzten Mal bei uns, wegen eines Vortrags, den er, nun als Rektor der Universität Freiburg, vor den Heidelberger Studenten und Professoren hielt, als Kamerad Heidegger begrüßt vom Vorsitzenden der Heidelberger Studentenschaft, Scheel. Es war ein in der Form meisterhafter Vortrag, im Inhalt ein Programm der nationalsozialistischen Universitätserneuerung. ... Ihm dankte ein gewaltiger Applaus der Studenten und einiger weniger Professoren. Ich saß vorn am Rande mit weit vorgestreckten Beinen, die Hände in den Taschen, und rührte mich nicht.

Unoffen waren meinerseits die Gespräche nachher. Ich sagte ihm, man habe erwartet, daß er für unsere Universität und ihre große Überlieferung sich einsetzen würde. Keine Antwort. Ich sprach über die Judenfrage, über den bösartigen Unsinn von den Weisen von Zion, worauf er: ›Es gibt doch eine gefährliche internationale Verbindung der Juden.‹ Bei Tisch sagte er in etwas wütigem Ton, daß es so viele Philosophieprofessoren gäbe, sei ein Unfug, man solle in ganz Deutschland nur zwei oder drei behalten. ›Welche denn?‹ fragte ich. Keine Antwort. ›Wie soll ein so ungebildeter Mensch wie Hitler Deutschland regieren?‹ – ›Bildung ist ganz gleichgültig‹, antwortete er, ›sehen Sie nur seine wunderbaren Hände an!‹

Heidegger selbst schien sich verändert zu haben. Schon bei der Ankunft entstand eine uns trennende Stimmung. Der Nationalsozialismus war zu einem Rausch der Bevölkerung geworden. Ich suchte Heidegger zur Begrüßung oben in seinem Zimmer auf. ›Es ist wie 1914...‹ begann ich, und wollte fortfahren: ›wieder dieser trügerische Massenrausch‹, aber angesichts des den ersten Worten strahlend zustimmenden Heideggers blieb mir das Wort im Hals stecken. Dieser radikale Abbruch machte mich außerordentlich betroffen. Mit keinem andern Menschen hatte ich solches erfahren. Es war um so erregender, als es Heidegger gar nicht zu merken schien. Er bezeugte es zwar dadurch, daß er mich seit 1933 nie mehr besuchte, auch bei meiner Entfernung aus dem Amt 1937 kein Wort fand. Aber ich hörte noch 1935, er habe in einer Vorlesung von seinem ›Freunde Jaspers‹ gesprochen. Ich zweifle, ob er jenen Abbruch heute begriffen hat.

Ratlos war ich. Nichts hatte Heidegger mir berichtet von seinen nationalsozialistischen Neigungen vor 1933. Ich hätte meinerseits mit ihm sprechen sollen. In den letzten Jahren vor 1933 waren seine Besuche selten geworden. Jetzt war es zu spät. Angesichts des selber vom Rausche ergriffenen Heidegger habe ich versagt. Ich sagte ihm nicht, daß er auf falschem Wege sei. Ich traute seinem verwandelten Wesen gar nicht mehr. Ich fühlte für mich selbst die Bedrohung angesichts der Gewalt, an der Heidegger nun teilnahm, und dachte, wie schon manchmal in meinem Leben, an Spinozas caute.

Hatte ich mich geirrt durch all das Positive, das zwischen uns gewesen war? War ich selber schuld, daß ich nicht, gegründet auf dies Positive, die radikale Auseinandersetzung mit ihm suchte? War dies vor 1933 mitbestimmt durch meine Schuld, daß ich nicht rechtzeitig die Gefahren gesehen, den ganzen Nationalsozialismus zu harmlos genommen hatte, obgleich Hannah Arendt mir schon 1932 deutlich genug sagte, wohin es gehe?

Im Mai 1933 [sic!, cf. Anm. 1] reiste Heidegger das letzte Mal ab. Wir haben uns nicht wiedergesehen.« (Philosophische Autobiographie, a. a. O., pp. 100 ff.)

119

1 Martin Heidegger: Die Selbstbehauptung der deutschen Universität. Rede, gehalten bei der feierlichen Übernahme des Rektorats der Universität Freiburg i. Br. am 27. 5. 1933, Breslau o. J. (1933). – Versehen mit der handschriftlichen Dedikation: »Mit herzlichem Gruß. Heidegger«.

2 Im Hinblick auf die Rektoratsrede und auf Hs Rede in Heidelberg schrieb J fast dreißig Jahre später (cf. K. J.: Notizen zu Martin Heidegger, Nr. 165): »... noch seine Rektoratsrede suchte ich zum Besten hin zu deuten. – Aber zugleich traute ich ihm nicht mehr. Daß ich dies nicht zum Ausdruck brachte, sondern mich nach dem Grundsatz verhielt: indem man das Beste erwartet, kommt der Andere, sofern man in langjährigen guten Beziehungen steht, entgegen, – während ein Ausdruck von Mißtrauen alles zerstört. ... Der geistige Rang war nicht verloren, obgleich der Inhalt seines Redens und Tuns auf ein unerträglich tiefes und fremdes Niveau gesunken war.

Ich konnte trotzdem nicht aufhören, ihn ernst zu nehmen, nun als substantiellen Gegner, als Medium einer drohend gefährlichen, für das, was mir verstehbar, ruinösen Macht.

Nach Maßstäben, die gewiß subjektiv sind, erschien mir sein Reden, Tun und Habitus so unedel, daß die substantielle Fremdheit in merkwürdigem Kontrast zu dem Fluidum des Philosophierens stand. Auch in diesem war Fremdheit, aber doch eine Verbundenheit in dem Betroffensein von dem, was uns eigentlich Philosophie erschien und worin wir damals einmütig zu sein meinten (ohne bestimmten Inhalt). –«

3 Im Nachlaß H nicht vorhanden. – Es muß sich um einen Antrag von Gustav Adolf Scheel, geb. 1907, handeln. Scheel war als Student der Medizin 1931 von der nationalsozialistischen Mehrheit zum Vorsitzenden der Heidelberger Studentenschaft gewählt worden. Er beteiligte sich maßgeblich an der »Reinigung« der Heidelberger Studentenschaft von Juden, Marxisten und Pazifisten. 1936 wurde er Reichsstudentenführer. Zugleich war er Inspekteur der Sicherheitspolizei und des Sicherheitsdienstes in Stuttgart. Er wurde 1941 Reichsstatthalter und Gauleiter in Salzburg und war gegen Kriegsende vorgesehen als Reichsminister für Wissenschaft, Kunst und Volksbildung. Im Rahmen der Entnazifizierung wurde er zu mehreren Jahren Arbeitslager verurteilt. Danach war er als Arzt tätig. –

1932 war J Beisitzer in einem Disziplinarverfahren gegen Scheel und Konsorten. J berichtete später, Scheel habe es durch seine Lügenhaftigkeit dazu gebracht, daß er freigesprochen werden mußte. Scheel seinerseits soll in den Untersuchungsverfahren der Nachkriegszeit geltend gemacht haben, daß er sich während der nationalsozialistischen Ära mehrmals für J und dessen Frau eingesetzt habe.

4 Die Schrift »Thesen zur Frage der Hochschulerneuerung« ist im Nachlaß als Typoskript (27 mF) vorhanden. Auf dem Titelblatt steht die Notiz: »Geschrieben Juli 1933«. Dann ein späterer Zusatz: »einiges herausgeschnitten für die Universitätsrede 1945«. – Gemeint ist die Rede »Erneuerung der Universität«, die J am 15. 8. 1945 zur Wiedereröffnung der medizinischen Kurse an der Universität Heidelberg gehalten hat.

Den »Thesen« ist ein Blatt, vermutlich ein Briefentwurf an das Ministerium des Kultus und Unterrichts in Karlsruhe, beigelegt, das auf einige Hintergründe hinweist:

»Ungefragt der entscheidenden Regierungsinstanz seine Gedanken mitzuteilen, die als private gelten könnten, hat jederzeit Bedenken. Daß ich es wage, entspringt dem Bewußtsein des über die Zukunft der deutschen Universität entscheidenden Augenblicks. Wer aus eigener Erfahrung der geistigen Möglichkeiten an der Universität etwas zu sagen meint, darf sich wohl ohne Zudringlichkeit in einem solchen Augenblick Gehör erbitten; er fordert nicht, sondern zeigt, was vielleicht an entscheidender Stelle längst bekannt ist, vielleicht aber auch in einigen Zügen anregt.

Diese Aufzeichnungen wurden im Juli gemacht für eine Gesellschaft von Heidelberger Dozenten, die im Austausch entwickeln sollten, was sie für die neue Hochschule zu tun für wesentlich hielten. Die Gesellschaft zersprengte aus persönlichen Gründen, bevor sie ihre Arbeit begann.

Es ist keinerlei Vollständigkeit erstrebt, sondern fragmentarisch aus der Idee des Ganzen mitgeteilt, was mir zur Stunde als wesentlich schien, weil es in den öffentlich ohne Autorität aufgetretenen Erörterungen und Plänen nicht im Vordergrund steht. Es ist nicht im Widerstreit, geht vielmehr in eins mit den bisher von Regierungsseite gehörten Prinzipien, und braucht nicht in Widerstreit zu stehen zu den mir unbekannten Plänen der Regierung.

Da ich eine Ausarbeitung und Veröffentlichung in einer Broschüre im gegenwärtigen Augenblick für sinnwidrig halte, übersende ich diese Thesen mit Vertrauen an die Instanz, welche über unsere Institutionen entscheiden wird.«

Auf dem Blatt ist vermerkt:

»Nicht abgesandt:

1. Heidegger ist informiert – durch Brief von mir – und *kann*, wenn er will, die Regierung darauf hinweisen

2. Ungefragt kann ich nichts tun, da mir gesagt wird, daß ich als nicht zur Partei gehörig und als Gatte einer jüdischen Frau nur geduldet bin und kein Vertrauen haben kann.«

Aus all dem muß geschlossen werden, daß, nachdem J auf eine Übersendung seiner »Thesen« ohne vorherige Aufforderung verzichtet hatte, er eine Weile insgeheim hoffte, H könnte eine solche Aufforderung beim Ministerium des Kultus und Unterrichts veranlassen. Daß er auch H die »Thesen« nicht vorgelegt hat, läßt vermuten, daß er ungewiß war, wie sie in der politischen Situation aufgenommen werden könnten.

An den »Thesen« läßt sich unmittelbarer als an allen späteren retrospektiven Selbstinterpretationen Js Standort in der schnell umsichgreifenden Nazifizierung der Universität ablesen:

Die »Thesen« gehen von der Feststellung aus, daß die deutsche Universität, gemessen an ihrer größten Zeit von 1770–1830, seit 100 Jahren allmählich und in unserem Jahrhundert beschleunigt verfällt. Manifeste Schäden werden genannt: die Zerstückelung des immer sinnloser werdenden Wissens im fast beliebigen Vielerlei des Nichtwissenswerten, die zunehmende Verschulung in einem zerstreuten und zerstreuenden Betrieb, die Überwucherung der Verwaltung mit Kommissionen und Instanzen, das Absinken des Gesamtniveaus auf eine platte Durchschnittlichkeit und der zunehmende

Mißbrauch der Freiheit, weil »das zur Freiheit gehörige Korrelat ausfiel: die Ausschaltung der Versagenden«. Eine Erneuerung der Hochschule ist also dringend notwendig. Sie kann nicht in einer Restauration der universitären Institutionen von 1770–1830 bestehen, sondern muß den Versuch wagen, die Idee der Universität unter neuen Bedingungen in neuer Form lebendig werden zu lassen. Dazu sei »in der gegenwärtigen Situation eine nie wiederkehrende Möglichkeit und Gefahr: die Möglichkeit der Überwindung aller verschleppenden und verwässernden Verhandlungen von Kommissionen und Instanzen durch die entscheidenden Anordnungen eines die Universitäten schrankenlos beherrschenden Mannes, der auf den mächtigen Antrieb einer der Situation bewußten Jugend und die ungewöhnliche Bereitschaft der sonst Lauen und Gleichgültigen sich stützen kann; die Gefahr aber ist, daß die Antriebe sich verwirren... und daß die obrigkeitliche Entscheidung der geistigen Aufgabe nicht gewachsen wäre. Die Möglichkeit einer wahrhaften Erneuerung deutscher Wissenschaft ist zugleich die Gefahr ihres endgültigen Todes.« Weil diese Gefahr droht, sind nach J die Forscher und Lehrer von Rang verpflichtet, ihre Reformgedanken »der entscheidenden Instanz zu Ohren zu bringen«. – J muß also noch im Sommer 33 der Meinung gewesen sein, daß sich mit dem neuen Regime u. U. eine vernünftige Erneuerung der Universität durchführen ließe, sofern es das anordnet, was ihm die Gelehrten von Rang soufflieren, daß aber, ohne deren Gehör, der endgültige Niedergang der Universität droht.

Als substantielle Reformen schlägt J vor: Es sollen weniger Vorlesungen und Übungen angeboten werden. Die »häusliche Einzelarbeit« soll dafür »einen breiteren Raum einnehmen«. Das Studium soll im Prinzip ein Wagnis aus Freiheit und in Freiheit sein. »Hierfür ist notwendig die Abschaffung aller Studienpläne als verpflichtende Zwangseinteilung der Studienfolge und der Tage, die Abschaffung der Scheine und formalen Nachweise.« – Lehrstühle sollen nur noch an »schöpferische Persönlichkeiten von wissenschaftlichem Rang« vergeben werden, sonst genügen, auch in wichtigen Fächern, Extraordinariate oder Lehraufträge. Die Regelung hätte den Vorteil, daß die Fakultäten wieder kleiner werden. – Die Auswahl der Lehrstuhlinhaber ist letztinstanzlich von einem für jede Universität eigens auf Lebenszeit bestimmten Curator zu treffen, also nicht von einer zentralen Instanz für alle Universitäten. – Die »Verwaltung der Universität ist zu vereinfachen«, »möglichst viele der Kommissionen, Kontrollen, Instanzen, Sitzungen sind abzuschaffen, die persönliche verantwortliche Entscheidung zu vermehren: Rektor und Dekane sind in ihrer Freiheit zu stärken gegenüber Senat und Fakultät«. Sie legen ihr Tun offen, aber »sind nicht abhängig von Mehrheitsbeschlüssen außer in bestimmt begrenzten vitalen Fragen«. J stimmt so scheinbar dem inneruniversitären Führerprinzip zu. Aber er macht einen ganz erheblichen Vorbehalt: Der als einzelner Entscheidende muß »innerlich unter Druck gesetzt« werden, damit es nicht zum Mißbrauch der Freiheit kommt. »Nach zu bestimmenden Zeiten hat sich, wer entscheidend war, zu rechtfertigen«, offenbar vor den Universitätsangehörigen. »Rücksichtslose Kritik« muß dann erlaubt sein, ja es muß »eine Instanz geben, die, selber uninteressiert, aus wahrer Einsicht auf Grund des Gehörten strafen kann«. Nur wenn es das Risiko gibt, daß der Führende zur Verantwortung gezogen werden kann, besteht auch die Hoffnung, »daß für führende Ämter sich Männer bereit finden, die ihres Könnens gewiß sind...«

Was den Arbeitsdienst und den Wehrsport betrifft, so sind sie »nicht Teile der Universität, sondern zu erfahrende Wirklichkeit des Übergreifenden«, die »mit den Daseinsgründen und dem Gesamtvolk« verbindet. Sie erwirken eine Disziplin und Gesinnung eigener Art, die »in der wissenschaftlichen Erziehung nicht nachgemacht, wiederholt, sondern ergänzt werden« soll. Auch aus »physischen Gründen« wird eine zeitliche Trennung von der Studienzeit notwendig. »Ein Semester muß, wenn es fruchtbar sein soll, entweder ganz den Studien – in Verbindung mit begrenztem Sport – oder ganz dem Wehrdienst gehören.«

Schließlich wird auf mannigfache Weise der Primat der Politik vor der Wissenschaft zurückgedrängt: »Keine andere Instanz in der Welt« kann der Forschung und Lehre ihre Zielsetzung geben, »als die hervorgebrachte Helligkeit des wahren Wissens selbst«. Die akademische Freiheit bindet sich nicht durch Politik, nicht durch äußeren Zwang und nicht durch Autorität, sondern allein durch die sokratische Beziehung der gemeinsam Lehrenden und Lernenden. Die Reform der Universität kann nicht darin bestehen, »der Zeitströmung entsprechend einige Neuerungen anzubringen«. Innerhalb der Universität ist der Gegner nicht der politisch anders Denkende, sondern das Unwissen, die Routine und die Geistlosigkeit. »Es wäre eine Illusion, zu glauben, daß auf der Hochschule, wo es sich um geistige Hervorbringung handelt, heute durch politischen Kampf noch etwas gewonnen werde. ... Nur der geistige Kampf kann im Geistigen etwas bewirken.« Allein »das ursprüngliche Wahrheitssuchen« hat seinen Ort an der Universität.

Die »Thesen« waren ein Votum für eine platonische elitäre Aristokratie an der Universität, verbunden mit dem Weberschen Gedanken der verantwortungsethischen Rechenschaftspflicht all derer, die Macht innehaben. Sie zielten auf eine fast unbegrenzte Lehr- und Lernfreiheit ab, in der der Rang der Lehrer und Forscher am ungehindertsten zur Geltung kommen und die Persönlichkeit der Studenten am besten sich entfalten sollten. Ihre Illusion liegt im *noch* vorhandenen Glauben, daß auch die politische Führung diese Freiheit wollen oder zu ihr zurückfinden könnte. Sie war immerhin so groß, daß J die neue Universitätsverfassung Badens bejahte, in der andere Forscher von Rang sogleich das Ende der Universität erkannten. Keine Frage, daß er nicht ahnte, mit wem er es zu tun hatte. – Die »Thesen« sind abgedruckt in: Jahrbuch der Österreichischen Karl-Jaspers-Gesellschaft. Hrsg. von Elisabeth Salamun-Hybašek und Kurt Salamun. Jg. 2 (1989), pp. 5–27.

5 Am 21. 8. 1933 erließ der Minister des Kultus, des Unterrichts und der Justiz des Landes Baden eine neue vorläufige Universitätsverfassung, die tags darauf in den badischen Zeitungen (auch in den »Heidelberger Neuesten Nachrichten«, p. 2, und im »Heidelberger Tageblatt«, p. 1) im vollen Wortlaut veröffentlicht wurde.

6 Der »außerordentliche Schritt« bestand in der radikalen Angleichung der universitären Strukturen an das Führerprinzip und in der Unterordnung der Universität unter den politischen Primat. Beides war vereinigt in der sog. »Gleichschaltung«: »Der Rektor sollte ›Führer der Hochschule‹ sein; ihm wurden ›alle Befugnisse des seitherigen (engeren und großen) Senates‹ übertragen. Er wurde nicht mehr gewählt, sondern vom Minister ›aus der Zahl der ordentlichen Professoren ernannt‹; seine Amtszeit war nicht begrenzt«; ihr Ende ›wird vom Ministerium bestimmt‹. »Zu seinem Vertreter konnte« der Rektor »aus dem Lehrkörper einen ›Kanzler‹, ferner für einzelne Angelegenheiten weitere Vertreter ernennen. ›Zur Behandlung der... wissenschaftlichen und erzieherischen Gesamtaufgaben der Hochschule‹ konnte der Rektor die Dekane, ansonsten ›jederzeit den Lehrkörper mit oder ohne Assistenten zusammenrufen‹.

Der Senat durfte nur noch den Rektor beraten. Seine Mitglieder waren der Rektor, der Kanzler, die fünf (seit Juni 1934: sechs) Dekane und ›fünf weitere vom Rektor zu ernennende Senatoren‹, von denen zwei ordentliche Professoren, drei Nichtordinarien sein mußten. Der Rektor war berechtigt, drei weitere Dozenten in den Senat zu berufen. Die Amtsdauer hatte der Rektor zu bestimmen. Zu den Verhandlungen des Senats waren der Führer der Studentenschaft und ein weiterer Student, ferner ein Vertreter der Assistentenschaft oder der Beamtenschaft hinzuzuziehen, wenn Angelegenheiten einer dieser drei Gruppen zur Sprache kamen. Es stand dem Rektor außerdem frei, Angehörige aller Gruppen von Universitätsangehörigen hinzuzuziehen, wann er es für angemessen hielt.

Die Dekane der Fakultäten wurden vom Rektor ernannt, ebenso ihre Stellvertreter; beide mußten ordentliche Professoren sein. Die Amtszeit festzusetzen war Sache des Rektors. Wie dem Rektor in seinem Bereich, so stand auch dem Dekan in ›allen Fakultätsangelegenheiten das alleinige Entscheidungsrecht zu‹. Die Fakultätsmitglieder konnten ›zur Beratung zugezogen werden‹; in wichtigen Angelegenheiten (z. B. Berufungen und Ehrenpromotionen) mußte dies geschehen. Der Dekan war ›allein dem Rektor verantwortlich‹, welcher berechtigt war, an den Fakultätssitzungen teilzunehmen oder einen Vertreter zu entsenden.«

Diese Regelung trat in Baden als erstem Land am 1. 10. 1933 in Kraft.

(Quellen: Die Verfassungen der badischen Universitäten und der Techn. Hochschule in Karlsruhe. Erlaß Nr. A. 22296 [einfache Anführungszeichen]. – Hermann Weisert: Badische Hochschulverfassung vom 21. August 1933. In: H. W.: Die Verfassung der Universität Heidelberg, Heidelberg 1974, p. 127 [doppelte Anführungszeichen].)

7 Angesprochen wird die Bestimmung III./1. der neuen Verfassung: »Dem Dekan (Abteilungsleiter) steht in allen Fakultäts- (Abteilungs-)angelegenheiten das alleinige Entscheidungsrecht zu. Die übrigen Mitglieder der Fakultät (Abteilung) können zur Beratung zugezogen werden. In wichtigen Angelegenheiten ist ihre Ansicht einzuholen und schriftlich niederzulegen. Fakultäts- (Abteilungs-)beschlüsse werden nicht gefaßt.«

120

1 K. J., Vernunft und Existenz, Groningen 1935 (= Aula-Voordrachten der Rijksuniversiteit te Groningen, No. 1).
2 Hs Vorlesung SS 1935: Einführung in die Metaphysik. Veröffentlicht Tübingen 1953, und GA Bd. 40. Hrsg. von Petra Jaeger, Frankfurt a. M. 1983.

121

1 Handschriftlicher Zettel, dem Nietzsche-Buch eingelegt. In das Buch hatte J eingeschrieben: »Mit herzlichem Gruß! 14. 5. 36. Jaspers«

122

1 Hölderlin und das Wesen der Dichtung. In: Das innere Reich 3, 1936, pp. 1065–1078 (Sonderdruck München 1937). Jetzt in: Erläuterungen zu Hölderlins Dichtung, Frankfurt a. M., 5., durchgesehene Auflage 1981, und in: GA Bd. 4. Hrsg. von F.-W. v. Herrmann, Frankfurt a. M. 1981, p. 33–48.

2 K. J., Nietzsche. Einführung in das Verständnis seines Philosophierens, Berlin u. Leipzig 1936.

3 H hielt im WS 1936/37 dann doch eine Nietzsche-Vorlesung: Der Wille zur Macht als Kunst. In: Nietzsche I, Pfullingen 1961, pp. 11–254, und in: GA Bd. 43: Nietzsche. Der Wille zur Macht als Kunst. Hrsg. von Bernd Heimbüchel, Frankfurt a. M. 1985.

In den folgenden Jahren arbeitete H an einer Nietzsche-Deutung. Vgl. die Vorlesung SS 1937: Die ewige Wiederkehr des Gleichen. In: Nietzsche I, Pfullingen 1961, pp. 255–472, und in: GA Bd. 44: Nietzsches metaphysische Grundstellung im abendländischen Denken: Die ewige Wiederkehr des Gleichen. Hrsg. von Marion Heinz, Frankfurt a. M. 1986. Vorlesung SS 1939: Der Wille zur Macht als Erkenntnis. In: Nietzsche I, Pfullingen 1961, pp. 473–658, und in: GA Bd. 47: Nietzsches Lehre vom Willen zur Macht als Erkenntnis. Hrsg. von Eberhard Hanser, Frankfurt a. M. 1989. Vorlesung II. Trimester 1940: Der europäische Nihilismus. In: Nietzsche II, Pfullingen 1961, pp. 31–256, und in: GA Bd. 48: Nietzsche: Der europäische Nihilismus. Hrsg. von Petra Jaeger, Frankfurt a. M. 1986.

4 »das beiliegende Heft«: Mein Leben. Autobiographische Skizze des jungen Nietzsche, Frankfurt a. M. 1936. Dedikation »Mit herzlichem Gruß. Ihr Martin Heidegger, Mai 1936.«

5 Die Schellingvorlesung erschien unter dem Titel: Schellings Abhandlung über das Wesen der menschlichen Freiheit (1809). Hrsg. von Hildegard Feick, Tübingen 1971, und in: GA Bd. 42: Schelling: Vom Wesen der menschlichen Freiheit. Hrsg. von Ingrid Schüßler, Frankfurt a. M. 1988.

6 H erzählte seinem Sohn Hermann nach dem Krieg, daß er auf diesen seinen Brief vom 16. Mai 1936 nie eine Antwort erhalten habe. Deshalb habe er nicht mehr an J geschrieben, sondern nur noch

seine Veröffentlichungen geschickt. Der Antwortentwurf von J trägt seltsamerweise das gleiche Datum: 16. Mai 1936.

123

1 Nur als Entwurf im Nachlaß J vorhanden, aber ohne den Vermerk »nicht abgeschickt«.
2 Im Entwurf folgt ein gestrichener Passus: »Um von mir doch ein Weniges zu erzählen: Körperlich lebe ich auf der Grenze; kleinste Ansprüche – schon Reisen – werfen meinen Körper um. Im Augenblick bin ich gut imstand. Voriges Jahr von Juli bis Oktober und in Nachwochen bis Weihnachten war ich viel krank, hatte Schüttelfrost, Blutungen – aber es machte sich alles wieder. Die Art der Nietzsche-Arbeit erlaubt Fortsetzung auch im Bett, so daß die Ferien nicht verloren waren.«
3 J hielt im SS 1936 das Seminar »Übungen über Nietzsche«.

124

1 Im Nachlaß J als Entwurf vorhanden; mit dem Vermerk versehen: »Nicht abgesandt«.
2 Am 9. 10. überschickte H J seine Abhandlung »Platons Lehre von der Wahrheit« (Sonderdruck aus dem Werk »Geistige Überlieferung«. Das zweite Jahrbuch, Berlin 1942, pp. 96–124). Sie war mit der Widmung versehen: »Mit herzlichem Gruß. M. Heidegger. 9. X. 42.«.
3 Martin Heidegger: Hölderlins Hymne »Wie wenn am Feiertage...«, Halle a. d. S. o. J. (1941). Mit der Widmung versehen: »Mit einem herzlichen Gruß. Ihr Martin Heidegger«.
4 Es muß sich um B 123 vom 16. 5. 1936 von H an J handeln. Eine weitere »freundliche Empfangsbestätigung« ist im Nachlaß J nicht vorhanden. – H formulierte seine damaligen erheblichen Einwände gegen Js Nietzsche-Interpretation bereits im WS 1936/37 in seiner Vorlesung »Nietzsche: Der Wille zur Macht als Kunst« (in: GA, II., Bd. 43, p. 26): »... Jaspers geht zwar ausführlicher [als Alfred Baeumler] auf Nietzsches Lehre [von der Ewigen Wiederkehr] ein, und er sieht, daß hier ein entscheidender Gedanke Nietzsches vorliegt. Aber Jaspers bringt diesen Gedanken nicht in den Bereich der Grundfrage der abendländischen Philosophie, trotz des Redens vom Sein, und damit auch nicht in den wirklichen Zusammenhang mit der Lehre vom Willen zur Macht.

Der Grund für diese nicht ohne weiteres durchsichtige Haltung ist der, daß für Jaspers, um es in aller Schärfe zu sagen, überhaupt eine Philosophie unmöglich ist. Im Grunde ist sie eine ›Illusion‹ zu Zwecken der sittlichen Erhellung der menschlichen Persönlichkeit. Eine eigene oder gar *die* eigentliche Wahrheitskraft des wesentlichen Wissens fehlt den philosophischen Begriffen. Weil Jaspers im innersten Grund das philosophische Wissen nicht mehr ernst nimmt, gibt es kein wirkliches Fragen mehr. Philosophie wird zur moralisierenden Psychologie der Existenz des Menschen. Das ist eine Haltung, der es trotz allen Aufwandes verwehrt bleiben muß, jemals in die Philosophie Nietzsches fragend-auseinandersetzend einzudringen.«

In der Vorlesung von 1940 »Nietzsche: Der europäische Nihilismus« (in: GA II., Bd. 48, p. 28, Anm.) weitete er seine Kritik aus:

»*Die Grundmängel des Nietzschebuches von K. Jaspers:*

1. daß er überhaupt ein solches Buch schreibt;

2. daß er jede geschichtliche Stufung (nicht bloße historische Entwicklung) im Werk Nietzsches übersieht und wahllos Schriften der Frühzeit mit solchen der späteren Zeit auf Stellen absucht und diese zusammenstückt;

3. daß er entscheidende Einsichten Nietzsches, die keine Privatmeinungen sind, sondern Notwendigkeiten der abendländischen Metaphysik, ›relativiert‹ und vorgibt, Nietzsche selbst habe sie nur als bedingt richtig angenommen, vermutlich als Chiffren;

4. daß er all dem einen existentiellen Subjektivismus mit theologisch christlichem Anstrich entgegenhält und so weder eine Entscheidung vorbereitet, noch erkennt, welche Entscheidung Nietzsche selbst in der Geschichte der Wahrheit des Seins ist.«

5 Auf Ende SS 1937 wurde J, weil seine Frau Jüdin war, aufgrund des Gesetzes zur Wiederherstellung des Berufsbeamtentums »zur Vereinfachung der Verwaltung« (§ 6) in den Ruhestand vesetzt. Die Pensionierung war de facto ein Lehrverbot.

6 Karl Jaspers: Descartes und die Philosophie, Berlin u. Leipzig 1937. – Widmung: »Mit herzlichem Gruß! 25. 7. 37 Jaspers«.
Karl Jaspers: Existenzphilosophie. Drei Vorlesungen, gehalten am Freien Deutschen Hochstift in Frankfurt a. M./September 1937, Berlin u. Leipzig 1938. – Widmung: »Mit herzlichem Gruß! K. Jaspers.«

7 Folgt ein gestrichener Passus: »Was ich sonst von Ihnen hörte, war indirekt, spärlich und unerheblich, so daß es schnell dem Gedächtnis entschwand, außer einigen Briefen von Ihrer Hand an andere

Menschen, die 1933 und 1934 sich ratlos damit an mich wandten. Über diese ist nichts zu sagen wegen der gebotenen Diskretion.«

8 Folgt ein gestrichener Passus: »Und der Grundtatbestand unserer heutigen Situation miteinander (fast besser jetzt nicht zu erörtern) ist nicht zu ändern.«

9 Cf. Martin Heidegger: Platons Lehre von der Wahrheit, a. a. O., p. 96: »Die ›Lehre‹ eines Denkers ist das in seinem Sagen Ungesagte, dem der Mensch ausgesetzt wird, auf daß er dafür sich verschwende.«

10 A. a. O.: »Damit wir das Ungesagte eines Denkers, welcher Art es auch sei, erfahren und inskünftig wissen können, müssen wir sein Gesagtes bedenken.«

11 A. a. O.: »Was da ungesagt bleibt, ist eine Wendung in der Bestimmung des Wesens der Wahrheit.«

12 A. a. O., p. 124: »Zuvor bedarf es der Würdigung des ›Positiven‹ im ›privaten‹ Wesen der ἀλήθεια. Zuvor ist dieses Positive als der Grundzug des Seins selbst zu erfahren. Erst muß die Not einbrechen, in der nicht immer nur das Seiende, sondern einstmals das Sein fragwürdig wird. Weil diese Not bevorsteht, deshalb ruht das anfängliche Wesen der Wahrheit noch in seinem verborgenen Anfang.« Dazu bei J am Rand: »Dies wäre auszuführen. So ist es unverständlich.«

Als zusammenfassende Kritik zu Hs Interpretation des Höhlengleichnisses vermerkt J in seinem Handexemplar: »H. behandelt Plato wie einen Mann mit ›Lehren‹ – genau so wie Zeller –, ganz unplatonische Stimmung. Keine Dialektik, – keine Bewegung im wirklichen Nachvollzug, – irgendein Phantasma – nihil – tritt an die Stelle von Existenz-Transzendenz, – Plato falsch charakterisiert. Etwas lächerliche Totalbehauptungen!«

13 Hans von Soden, 1881–1945, Theologe; war seit 1924 Ordinarius für Neues Testament und Kirchengeschichte in Marburg. – Zur Differenzierung des Wahrheitsbegriffs cf. seine Schrift »Was ist Wahrheit?« (Marburger Akademische Reden 46), Marburg 1927.

125

1 1. Blatt überschrieben: »Nicht abgeschickt«. – Dazu das Beiblatt vom 30. 10. 1966:

»Warum ich diesen Brief vom 1. 3. 48 nicht abgeschickt habe, weiß ich nicht mehr.

Ich kann nur *vermuten*:

Weil der Gedanke durchschlug, daß Heidegger niemals *öffentlich* seine politische Haltung und seinen Widerruf kundgegeben hat. Diese Öffentlichkeit war notwendig, weil Heidegger 1933 öffentlich aufgetreten war mit Reden und Schriften.

Daß er nach 1945 einfach kniff, war doch das objektiv und das menschlich Unerträgliche.«

2 J übersiedelte im März 1948 nach Basel, nachdem er die Berufung als Nachfolger von Paul Häberlin für das Sommersemester 1948 angenommen hatte.

3 Auch nach dem letzten Brief vom 16. 5. 1936 schickte H J bis Kriegsende nahezu alle seine Publikationen und versah sie jeweils mit einer Widmung.

4 Eine sog. Bereinigungskommission, bestehend aus den Herren Professoren Constantin von Dietze, Gerhard Ritter, Adolf Lampe und, später, Arthur Allgeier und Friedrich Oehlkers, vertrat die Universität Freiburg in allen Belangen der französischen Militärregierung gegenüber. Ihre Hauptaufgabe war das Erstellen von Gutachten für die politische Reinigung des Lehrkörpers. H, der prominenteste und umstrittenste Begutachtete, war damals nicht suspendiert, sondern von der frz. Militärregierung am 28. 9. 1945 für »disponible« erklärt worden. Daraufhin wurde er im Oktober 1945 in Tübingen mit Zustimmung der frz. Militärregierung an zweiter Stelle auf eine Berufungsliste gesetzt. Einsprüche von einigen Professoren der Freiburger Universität bewirkten, daß der Bereinigungsausschuß erneut über H tagte und sich zu härteren Maßnahmen gegen ihn entschloß. Danach richtete, im Auftrag der Kommission, Friedrich Oehlkers in einem Brief vom 15. 12. 1945 folgende Anfrage an J: »Wir wollen über die Fakten seines Rektorates hinaus zu einem möglichst gerechten Urteil über ihn kommen; denn ein ›Nazi‹ im gewöhnlichen Sinn des Wortes ist er sicherlich nicht. Ich persönlich kann mich der Tragik nicht verschließen, die seine Figur als Rektor überschattet. Er war eben durch und durch unpolitisch, und der Nationalsozialismus, den er sich zurechtgemacht hatte, hatte mit der Wirklichkeit nichts gemein. Aus diesem luftleeren Raume heraus agierte er als Rektor, fügte der Universität entsetzlichen Schaden zu und sah plötzlich überall Scherben um sich herumliegen. Erst heute fängt er an zu begreifen, wie sie zu Stande kamen. Alles das ist sehr leicht zu beurteilen, aber sehr schwer wirklich zu verstehen. So wird ihm auch sein Antisemitismus in seiner Haltung gegen seine Freunde als Willfährigkeit ge-

gen den Nationalsozialismus vorgeworfen. Er selbst antwortet darauf: er habe sich als Rektor, nun er sich einmal dafür entschieden hatte, Zurückhaltung üben (sic!) müssen. Antisemit sei er nie gewesen. Er bittet, daß man Sie gerade über diesen Punkt befragt.

Ich wiederhole: was wir von Ihnen wollen, so Sie Zeit und Neigung dazu haben, ist eine allgemeine Charakterisierung der ganzen Angelegenheit, so wie Sie sie sehen.«

5 »Heidelberg, den 22. XII. 1945

Lieber und verehrter Herr Oehlkers!

Ihr Brief vom 15. Dezember gelangte heute zu mir. ...

Die Hauptfrage Ihres Briefes will ich gleich beantworten. Bei meiner früheren Freundschaft mit Heidegger ist es unumgänglich, daß ich Persönliches berühre, auch um eine eventuelle Befangenheit meines Urteils nicht zu verschleiern. Sie nennen die Sache mit Recht kompliziert. Wie alles Komplizierte muß man versuchen auch dies auf das Einfache und Entscheidende zurückzubringen, damit man sich nicht im Gestrüpp des Komplizierten verfängt. Erlauben Sie, daß ich einige Hauptpunkte gesondert ausspreche:

1) Ich hatte gehofft, schweigen zu können außer zu vertrauten Freunden. So dachte ich seit 1933, als ich nach der furchtbaren Enttäuschung still zu sein beschloß in Treue zu guten Erinnerungen. Das wurde mir leicht, weil Heidegger bei unserem letzten Gespräch 1933 seinerseits auf heikle Fragen schwieg oder ungenau – besonders in der Judenfrage – antwortete, und weil er seine durch ein Jahrzehnt regelmäßigen Besuche nicht fortsetzte, so daß wir uns nicht wiedergesehen haben. Er schickte mir zwar bis zuletzt seine Publikationen, nach meinen Zusendungen hat er 1937 und 1938 nicht mehr den Empfang bestätigt. Jetzt hoffte ich nun erst recht, schweigen zu können. Aber Sie fragen mich nun nicht nur offiziell im Auftrag des Herrn von Dietze, sondern berufen sich auf Heideggers Wunsch, daß meine Meinung gehört werde. Das zwingt mich.

2) Außer dem öffentlich Bekannten, gelangte zu mir die Kenntnis einiger Tatbestände, von denen ich zwei wichtig genug finde, sie mitzuteilen.

Im Auftrag des nationalsozialistischen Regimes gab Heidegger ein Gutachten über Baumgarten an den Dozentenbund Göttingen, das mir vor langen Jahren in Abschrift bekannt wurde. Darin finden sich folgende Sätze: ›Baumgarten war jedenfalls hier alles andere als ein Nationalsozialist. Er stammt verwandtschaftlich und der geistigen Haltung nach aus dem liberal-demokratischen Heidelberger Intellektuellenkreis um Max Weber. Nachdem er bei mir gescheitert war, nahm er rege Verbindungen zu dem früher in Göttingen tätigen, jetzt von hier aus entlassenen Juden Fraenkel auf. Durch ihn ließ er sich in Göttingen unterbringen... Das Urteil über ihn kann natürlich noch nicht abgeschlossen sein. Er könnte sich noch entwickeln. Es müßte aber doch eine gehörige Bewährungsfrist abgewartet werden, ehe man ihn zu einer Gliederung der nationalsozialistischen Partei zuläßt.‹ Wir sind heute an Greuel gewöhnt, an denen gemessen man vielleicht kaum noch versteht, welches Entsetzen mich damals beim Lesen dieser Sätze ergriff.

Der Assistent am philosophischen Seminar bei Heidegger, Dr. Brock, war Jude. Dieser Tatbestand war Heidegger bei der Anstellung nicht bekannt. Brock mußte im Gefolge der nationalsozialistischen Maßnahmen seine Stellung verlassen. Nach Mitteilungen Brocks, die ich damals unmittelbar mündlich erhielt, hat sich Heidegger ihm gegenüber einwandfrei benommen. Er hat ihm durch freundliche Zeugnisse das Fortkommen in England erleichtert.

In den zwanziger Jahren war Heidegger kein Antisemit. Jenes durchaus unnötige Wort vom Juden Fraenkel beweist, daß er 1933 wenigstens in gewissen Zusammenhängen Antisemit geworden ist. Er hat in dieser Frage nicht nur Zurückhaltung geübt. Das schließt nicht aus, daß ihm, wie ich annehmen muß, in anderen Fällen der Antisemitismus gegen sein Gewissen und seinen Geschmack ging.

3) Heidegger ist eine bedeutende Potenz, nicht durch den Gehalt einer philosophischen Weltanschauung, aber in der Handhabung spekulativer Werkzeuge. Er hat ein philosophisches Organ, dessen Wahrnehmungen interessant sind, obgleich er m. E. ungewöhnlich kritiklos ist und der eigentlichen Wissenschaft fern steht. Er wirkt manchmal, als ob sich der Ernst eines Nihilismus verbände mit der Mystagogie eines Zauberers. Im Strom seiner Sprachlichkeit vermag er gelegentlich den Nerv des Philosophierens auf eine verborgene und großartige Weise zu treffen. Hier ist er unter den zeitgenössischen Philosophen in Deutschland, soweit ich sehe, vielleicht der einzige.

Daher ist dringend zu wünschen und zu fordern, daß er in der Lage bleibe, zu arbeiten und zu schreiben, was er vermag.

4) Bei der Behandlung einzelner Menschen muß man heute unausweichlich unsere Gesamtlage im Auge behalten.

So ist es unumgänglich, daß zur Verantwortung gezogen wird, wer mitgewirkt hat, den Nationalsozialismus in den Sattel zu setzen. Heidegger gehört zu den wenigen Professoren, die das getan haben.

Die Härte der Ausschließung zahlloser Menschen, die innerlich nicht Nationalsozialisten gewesen sind, aus ihren Stellungen, geht heute sehr weit. Was sollen, wenn Heidegger uneingeschränkt bleibt, die Kollegen sagen, die gehen müssen, in Not geraten, und die nie nationalsozialistische Handlungen begangen haben! Die ungewöhnliche geistige Leistung kann ein berechtigter Grund sein für die Ermöglichung der Weiterführung dieser Arbeit, nicht aber für die Fortsetzung von Amt und Lehrtätigkeit.

In unserer Lage ist die Erziehung der Jugend mit größter Verantwortung zu behandeln. Eine volle Lehrfreiheit ist zu erstreben, aber nicht unmittelbar herzustellen. Heideggers Denkungsart, die mir ihrem Wesen nach unfrei, diktatorisch, kommunikationslos erscheint, wäre heute in der Lehrwirkung verhängnisvoll. Mir scheint die Denkungsart wichtiger als der Inhalt politischer Urteile, deren Aggressivität leicht die Richtung wechseln kann. Solange in ihm nicht eine echte Wiedergeburt erfolgt, die sichtbar im Werk ist, kann m. E. ein solcher Lehrer nicht vor die heute innerlich fast widerstandslose Jugend gestellt werden. Erst muß die Jugend zu selbständigem Denken kommen.

5) Ich erkenne in einem gewissen Umfang die persönliche Entschuldigung an, Heidegger sei seiner Natur nach unpolitisch; der Nationalsozialismus, den er sich zurechtgemacht habe, hätte mit dem wirklichen wenig gemein. Dazu würde ich jedoch erstens an das Wort Max Webers von 1919 erinnern: Kinder, die in das Rad der Weltgeschichte greifen, werden zerschmettert. Zweitens würde ich einschränken: Heidegger hat gewiß nicht alle realen Kräfte und Ziele der nationalsozialistischen Führer durchschaut. Daß er meinte, einen eigenen Willen haben zu dürfen, beweist es. Aber seine Sprechweise und seine Handlungen haben eine gewisse Verwandtschaft mit nationalsozialistischen Erscheinungen, die seinen Irrtum begreiflich machen. Er und Baeumler und Carl Schmitt sind die unter sich sehr verschiedenen Professoren, die versucht haben, geistig an die Spitze der nationalsozialistischen Bewegung zu kommen. Vergeblich. Sie haben wirkliches geistiges Können eingesetzt, zum Unheil des Rufes der deutschen Philosophie. Daher kommt ein Zug von Tragik des Bösen, den ich mit Ihnen wahrnehme.

Eine Veränderung der Gesinnung durch Hinüberwechseln in das antinationalsozialistische Lager ist nach den Motiven zu beurteilen, die sich zum Teil aus dem Zeitpunkt erschließen lassen. 1934, 1938, 1941 bedeuten grundsätzlich verschiedene Stufen. M. E. ist die Gesinnungsveränderung für die Beurteilung fast bedeutungslos, wenn sie erst seit 1941 erfolgte, und von geringem Wert, wenn sie nicht schon nach dem 30. Juni 1934 mit Radikalität geschehen ist. –

6) Für ungewöhnliche Fälle läßt sich eine ungewöhnliche Ordnung finden, wenn man es will, weil man den Fall wirklich wichtig findet. Daher ist mein Vorschlag:

a) Bereitstellung einer persönlichen Pension für Heidegger zum Zweck der Fortführung seiner philosophischen Arbeit und des Herausbringens seiner Werke, mit der Begründung durch seine anerkannten Leistungen und durch die Erwartung, daß noch Wichtiges entstehen wird.

b) Suspension vom Lehramt für einige Jahre. Dann Nachprüfung auf Grund der inzwischen erfolgten Publikationen und auf Grund der erneuten akademischen Zustände. Es ist dann die Frage zu stellen, ob die volle Wiederherstellung der alten Lehrfreiheit gewagt werden kann, bei der auch das der Universitätsidee Gegnerische und Gefährliche, wenn es mit geistigem Rang vertreten wurde, zur Geltung kommen durfte. Ob ein solcher Zustand erreicht wird, liegt am Gang der politischen Ereignisse und an der Entwicklung unseres öffentlichen Geistes.

Falls eine solche ausdrückliche Sonderregelung für Heidegger verweigert würde, halte ich eine Bevorzugung im Rahmen der allgemeinen Maßnahmen für ungerecht. –

Damit hätte ich in einer Kürze, die gewiß voll möglicher Mißverständnisse ist, meine Meinung gesagt. Falls Sie Heidegger von diesem Briefe Kenntnis geben wollen, ermächtige ich Sie, ihm in Abschrift die Punkte 1, 2, 6 mitzuteilen und dazu aus Punkt 3 den Absatz: ›Daher ist ... er vermag.‹

Entschuldigen Sie die apodiktische Form mit der Kürze. Lieber würde ich im Gespräch mit Ihnen die Sache hin und her diskutieren und weiter klären, wenn ich Ihre Auffassungen hörte. Das geht nun nicht. ...

Meine herzlichsten Grüße für Sie und Ihre verehrte liebe Frau von meiner Frau

und Ihrem
Karl Jaspers

(Handschriftlicher Zusatz):
24/12 Da ein Sonntag dazwischen lag, blieb der Brief noch hier. Ich habe überlegen können, ob ich in Rücksicht auf meine früheren Beziehungen zu Heidegger um Verzicht auf meine Antwort bitten solle. Antwort wie Nichtantwort, beides ist mir in diesem Falle gegen meine

Natur. Schließlich überwiegt die Forderung einer amtlichen Instanz und vor allem auch Heideggers selbst. So geht der Brief ab.«

6 Zur Angelegenheit cf. das Vorwort von H. Saner zu: Karl Jaspers: Notizen zu Martin Heidegger, München/Zürich 1978, pp. 14 f., und H. Ott: Martin Heidegger als Rektor der Universität Freiburg i. Br. 1933/34. II. Die Zeit des Rektorats von Martin Heidegger... (Zeitschrift des Breisgau-Geschichtsvereins [»Schau-ins-Land«], 103. Jahresheft/1984, pp. 118 f.) – und Martin Heidegger. Unterwegs zu seiner Biographie. Frankfurt a. M./New York 1988.

1935 bekam J durch Marianne Weber, eine Verwandte von Eduard Baumgarten, eine Abschrift eines Gutachtens von H über Baumgarten zu lesen, die Baumgarten selber besorgt hatte. J fertigte sich damals keine Kopie an. 1945 diktierte Baumgarten J ein Gedächtnisprotokoll über das Gutachten, und erst sehr viel später, 1961, überschickte Baumgarten J eine wörtliche Abschrift aus seinem Tagebuch von 1935. Der Text von 1945 ist dem Sinn nach mit der Abschrift von 1961 identisch, differiert aber im Wortlaut. Für Js Gedächtnis war das Protokoll von 1945 dem Sinn nach auch identisch mit der Abschrift, die er 1935 gelesen hatte. Eine weitere Abschrift fand H. Ott im Nachlaß von Clemens Bauer (Martin Heidegger als Rektor..., a. a. O., p. 129). –

Daß Baumgarten 1935 ein Gutachten von H über ihn im Büro des Dozentenbundsführers Dr. Blume vorgelegt worden ist, hat später die damalige Sekretärin von Dr. Blume, Frau Grete Paquin, in einem Schriftstück, das im Nachlaß J ist, bestätigt. – J hat in der Angelegenheit den Aussagen und Schriftstücken Baumgartens vertraut, obwohl er das Originalgutachen, das wahrscheinlich mit dem übrigen Bestand des NS-Dozentenbundes in Göttingen vernichtet worden ist, nie zu Gesicht bekam. Man muß daraus schließen, daß er H das Vorgehen zutraute.

7 »Caute« war in das Siegel Spinozas eingeprägt.

8 Cf. Plato, Politeia, 496 d.

9 Mitte Mai 1945 wurde das Haus von H durch eine kommissarische Stadtverwaltung auf eine »Schwarze Liste« gesetzt. Es war damit zur Beschlagnahme vorgesehen. Eine Berufung gegen den Entscheid der Beschlagnahme wurde abgewiesen. Das Haus galt als sog. Parteiwohnung, die für die Bedürfnisse der französischen Besatzungsmacht verfügbar war. Ebenfalls sollte Hs Bibliothek beschlagnahmt werden. H konnte schließlich in seinem Haus bleiben, aber unter sehr eingeengten Wohnungsverhältnissen; es wurden zeitweise zwei zusätzliche Familien einquartiert. –

Zu den langwierigen und komplizierten Verhandlungen über Hs Status an der Universität cf. H. Ott: Martin Heidegger und die Universität Freiburg nach 1945, a. a. O., pp. 101 ff. – Am 19. 1. 1946 beschloß der Senat der Universität Freiburg die Emeritierung Hs unter Versagung der Lehrbefugnis, die Weigerung, den Fall nach einer bestimmten Frist neu aufzugreifen, die Bitte an den Rektor, H mitzuteilen, daß von ihm in Zukunft bei öffentlichen Veranstaltungen der Universität Zurückhaltung erwartet werde. Die Militärregierung verschärfte insofern, als sie H die Emeritierung nicht zugestand, sondern die Pensionierung verfügte.

10 Da diese mündlichen Empfehlungen keine Früchte trugen, verabredete J 1949 mit dem Rektor der Universität Freiburg, Professor Gerd Tellenbach, einen Brief, mit dem er dazu beitragen wollte, daß H wiederum in die Rechte eines emeritierten Professors eingesetzt werde:

»Basel, den 5. Juni 1949

An den Rektor der Universität Freiburg
Herrn Professor Dr. Tellenbach

Magnifizenz!

Herr Professor Martin Heidegger ist durch seine Leistungen in der Philosophie als einer der bedeutendsten Philosophen der Gegenwart in der ganzen Welt anerkannt. In Deutschland ist niemand, der ihn überträfe. Sein fast verborgenes, mit den tiefsten Fragen in Fühlung stehendes, in seinen Schriften nur indirekt erkennbares Philosophieren macht ihn vielleicht heute in einer philosophisch armen Welt zu einer einzigartigen Gestalt.

Es ist für Europa und für Deutschland eine Pflicht, die aus der Bejahung geistigen Rangs und geistigen Könnens folgt, dafür zu sorgen, daß ein Mann wie Heidegger ruhig arbeiten, sein Werk fortsetzen und zum Druck bringen kann.

Dies ist gesichert nur, wenn Heidegger in den status der Emeritierung als ordentlicher Professor eintritt. Damit gewinnt er das Recht, nicht die Pflicht, Vorlesungen zu halten. Er würde also auch als Dozent wieder zur Geltung kommen. Ich halte dies für tragbar und sogar für erwünscht. Zwar habe ich in meinem Gutachten 1945 das Prinzip ausgesprochen, man müsse vorübergehend von der Idee der Universität abweichen, nach der an der Hochschule alles, was geistigen Rang hat, auch wenn es ihrer Liberalität fremd ist, zur Geltung kommen soll. Denn die Erziehung der durch den Nationalsozialismus in ihrem kritischen Denken geschwächten Jugend fordere es, daß man sie nicht gleich jeder Möglichkeit unkritischen Denkens aussetze. Nach der bisherigen Entwicklung in Deutschland kann ich dies Prinzip nicht mehr festhalten. Wie mein damaliges Gutachten vorsah, sollte die Wiedereinsetzung Heideggers nach einigen Jahren nachgeprüft werden. Die Zeit scheint mir jetzt reif. Die deutsche Universität kann meines Erachtens Heidegger nicht mehr abseits lassen.

Ich unterstütze daher wärmstens den Antrag, Heidegger in die Rechte eines emeritierten Professors einzusetzen.

In ausgezeichneter Hochachtung
Ihr ergebener
Karl Jaspers«

11 Folgt ein gestrichener Passus: »Mein Brief auf die Anfrage über Sie nach Freiburg ist nur einer der fast zahllosen privaten und öffentlichen Äußerungen, die ich in dem ersten Impuls für eine sittliche Erneuerung gewagt habe. Ich entzog mich nicht, wo ich gefragt wurde. Mich zu irren, schien mir dabei schlimmer als je, wie für jeden Deutschen, der ein Wort sagt. Und Irrtum ist fast unvermeidlich. Ich bin ängstlich darum. Denn an Wahrheit liegt alles. Hier liegt das Einzige, was uns in der Ohnmacht noch möglich ist. Schlimm ist die Verschleierung. Wenn durch meine Irrtümer wenigstens Klarheit erwächst und sie dann zurecht gebracht werden können, so muß es gewagt werden. Bald werde ich so nicht fortfahren, sondern mich, wenigstens in der Hauptsache, in die reine Philosophie zurückziehen.«

12 Karl Jaspers: Geleitwort. – In: Die Wandlung. Eine Monatsschrift. Unter Mitwirkung von Karl Jaspers, Werner Krauss und Alfred Weber, hrsg. von Dolf Sternberger, Jg. I/1945–46, H. 1, pp. 3–6.

Karl Jaspers: Erneuerung der Universität. Eine Rede, a. a. O., pp. 66–74.

126

1 Die Kopie im Nachlaß H mit der Notiz in der Handschrift von J versehen »Abschrift eines handschriftlichen Briefes«; dieser ist nicht vorhanden; cf. dazu den nächstfolgenden Brief von H.

2 Cf. B 125 vom 1. 3. 1948, Anm. 12.

3 Ibid., Anm. 4 und 5.

4 Ibid., Anm. 6.

5 Die näheren Umstände konnten nicht eruiert werden.

6 Ibid., Anm. 5.
7 Auf dem Höhepunkt der Judenverfolgungen mußte Gertrud J, die als Jüdin besonders gefährdet war, gelegentlich versteckt werden. Vor allem zu ihr wurde der gesellschaftliche Kontakt fast ganz abgebrochen.
8 Im März 1933; cf. B 113 vom 16. 3. 1933 von H an J.
9 Jean Wahl, 1888–1974, französischer Philosoph; seit 1927 Professor an der Sorbonne; hat als einer der ersten die deutsche Existenzphilosophie in Frankreich durch mehrere Veröffentlichungen bekanntgemacht; cf. insbesondere: J. W.: Etudes Kierkegaardiennes, Paris 1938; J. W.: La pensée de l'existence, Paris 1951.
10 Lettre de M. M. Heidegger. Réponse à M. J. Wahl. (Société française de Philosophie, séance du 4 décembre 1937. Subjectivité et transcendance.) – In: Bulletin de la Société française de Philosophie, 37, Paris 1937, p. 193.
   Lettre de M. Karl Jaspers, a. a. O., pp. 195–198. – Auch im Anhang zu J. Wahl: Existence humaine et transcendance, Neuchâtel 1944, pp. 134 f.; 138–142.
11 In seinem kurzen Brief betonte H, daß seine philosophischen Bemühungen, obwohl in »Sein und Zeit« von »Existenz« und von »Kierkegaard« die Rede sei, nicht unter dem Begriff »Existenzphilosophie« zu fassen seien. Er sei ganz mit Jean Wahl der Meinung, daß die Existenzphilosophie in der doppelten Gefahr stehe, entweder der Theologie oder der Abstraktion zu verfallen. Ihn beschäftige nicht die Frage nach der Existenz des Menschen, sondern die nach dem Sein im Ganzen und als solchem. Die Frage, die in »Sein und Zeit« gestellt werde, sei zuvor nirgends behandelt worden, weder durch Kierkegaard noch durch Nietzsche, und J gehe völlig daran vorbei. –
   J betonte in seiner weit längeren Antwort vom 30. 1. 1938, daß »ich nirgends ein Wissen von allem Sein« behaupte, »sondern nur ein Wissen von den ›Weisen des Umgreifenden‹«. Jede Weise des Umgreifenden stoße auf die Grenze, die zu ihr gehöre, und gelange damit an den Punkt, »wo die Grenze durchbrochen werden kann in einen anderen Raum, bis erst in der Transzendenz Ruhe möglich wird«. Diese Ruhe könne in keiner Weise gewußt werden. Von verschiedenem Sinn sei auch Ganzheit; denn auch sie sei nur jeweils in bezug auf eine Weise des Umgreifenden. – Im Gegensatz zu Kierkegaard leugne er, J, »den Glauben an eine Transzendenz, der sich nicht in unserer Welt bekundet, vergewissert und bewährt«; aber er leugne nicht die Transzendenz. Er würde »jeden

›Ersatz‹ der Ewigkeit durch verweltlichende Gedanken als Täuschung verwerfen«. – »Daß in meiner Philosophie ein Heimweh spreche nach einem Verlorenen, daß in ihr ein Echo wiederklinge der Religion, würde ich nicht leugnen.« Aber er glaube dieses Heimweh in aller Philosophie zu spüren, die im Schatten Platos und Kants stehe. – Eine »Theorie« der Existenz müßte die Existenz ausschalten. »Der Existentialismus wäre der Tod der Existenzphilosophie...« Philosophie könne nur erwecken. – Wer sich philosophierend mitteile, »muß das Gegenteil des Diktatorischen gewinnen, indem er in einer scheinbaren Biegsamkeit und Weichheit fast verschwindet und dadurch dem, der hört, den Raum ganz für sich selbst öffnet«. Die Konkretheit des Psychologisierens müsse »überwunden werden«; das »Philosophieren muß jene Abstraktheit suchen, die durch ihre Form tiefste Wirklichkeit zu bewegen vermag«. Philosophie sei nicht wie Wissenschaft eine »ablösbare Wahrheit«. Die »konkreten« Analysen seiner Philosophie möchten das Psychologische jeweils durchschreiten, um intensive Vergegenwärtigung der möglichen Existenz zu sein. – »Daß eine Philosophie existentiell sei, ist ... eine Unmöglichkeit. Nur ein Mensch ist im Zeitdasein mögliche Existenz.« – »Daß Heidegger mit mir zusammen genannt wird, als ob wir dasselbe täten, ist, wie mir scheint, für beide ein Anlaß zum Mißverstandenwerden. Gemeinsam war uns vielleicht eine kritisch-negative Haltung zur traditionellen Universitätsphilosophie und unsere Abhängigkeit von Gedanken Kierkegaards. Aber wir sind geschieden durch die Gehalte, aus denen wir philosophieren.«

127

1 S. Anm. 2 zu B 22 vom 18. 6. 1924.

128

1 Am 22. Juni 1949.
2 Frank wurde 1928 Ordinarius in Marburg.

129

1 Erich Frank, Die Philosophie von Jaspers. In: Theologische Rundschau, Neue Folge 5, Jg. 1933, Heft 5, pp. 301–318.

1 Im Nachlaß J; im Nachlaß J befindet sich überdem ein Entwurf-Fragment, das nur zum Teil in den Brief aufgenommen worden ist.
2 Die Vorfahren mütterlicherseits (Familie Tantzen) waren meist Bauern in Butjadingen und Jeverland, die Vorfahren väterlicherseits Bauern, Kaufleute und Pastoren.
3 Das Entwurfs-Fragment führt dazu weiter aus:
»Eine gemeinsame sittliche Wiedergeburt habe ich auch in Keimen nicht entdecken können. Mit Philosophie hatte das, was man aus mir machte, nichts zu tun. Als ich Anfang 1946 gegen die zu tollen Reden über mich – damals vom Rundfunk an die deutsche Jugend: ich sei eine Eiche... und anderen Unsinn – in einer Zeitungsnotiz abwehrte mit dem Schlußsatz: ich bin kein Held und möchte nicht als solcher gelten*, – da hat die große Zeitung, die diese Rede gedruckt hatte, meine Abwehr nicht abgedruckt (diese paßte nicht in den Stil, der eben nicht wirklich redlich wurde), – und nur kleinere Blätter gaben meine Notiz, – und wer dann davon Kenntnis erhielt, verwunderte sich und begriff mich nicht. Dies nur als ein Symptom unter vielen für das, was mich nicht festhalten konnte. Und schon sah ich die Anzeichen, daß ich bei meinem Bleiben in Heidelberg als ein nationaler Heros gefeiert würde. Die Schiefheit meiner Lage wäre grotesk geworden, – schief bleibt sie allerdings für einen Deutschen wohl in jedem Falle. Hier in Basel fühle ich mich wohl unter fremden Menschen, die klug, gebildet, menschlich und von gesundem Verstand sind, – wo jeder J. Burckhardt kennt und einige ihn wohl auch verstehen, einer eine wertvolle Biographie** von ihm schreibt mit neuen Aufschlüssen. Jugend aus aller Welt, Besuch der Freunde und Verwandten, die nicht nach Heidelberg durften, Freiheit von dem Leben, unter einer Besatzungsmacht, bei deren Abzug ein Mensch wie ich zudem auch jeder Ungewißheit preisgegeben wäre, – all das und noch manches Andere durfte ich als ein bescheidenes, vom Schicksal angebotenes Glück ergreifen. Meine Krankheit ist, seit wir uns trafen, nicht besser geworden. Aber die Lebensbedingungen hier haben mich seit einem Jahre in einen unerwartet guten vitalen Zustand gebracht (trotz vie-

---

* Gemeint ist die Erklärung »Gegen falsche Heroisierung«, die J in der Rhein-Neckar-Zeitung vom 25. 1. 1946 veröffentlichte.
** Gemeint ist die 7bändige Burckhardt-Biographie des Basler Historikers Werner Kaegi, deren erster Band 1947 in Basel erschienen war.

ler Unterbrechungen durch Krankheit). Ich arbeite gern und tue nichts anderes.«

4 Fünfte durch Einleitung und Nachwort vermehrte Auflage, Frankfurt a. M. 1949.

131

1 Martin Heidegger: Was ist Metaphysik?, 5., durch Einleitung und Nachwort vermehrte Auflage, Frankfurt a. M. 1949.
Martin Heidegger: Vom Wesen der Wahrheit, Frankfurt a. M., 2. Aufl. 1949.
Martin Heidegger: Über den Humanismus, Frankfurt a. M. 1949.

2 J verbrachte während mehrerer Jahre den Sommerurlaub im Haus des befreundeten Heidelberger Arztes Dr. Hans Waltz in St. Moritz.

3 Martin Heidegger: Platons Lehre von der Wahrheit. Mit einem Brief über den »Humanismus«, Bern 1947.

4 Über den Humanismus, ed. Frankfurt a. M., a. a. O., pp. 15 ff.

5 Über den Humanismus, a. a. O., p. 5.

132

1 Unsere Zukunft und Goethe, Zürich 1948.
Goethes Menschlichkeit, Basel 1949.
Philosophie und Wissenschaft (Antrittsvorlesung an der Universität Basel). – In: Die Wandlung 3/1948, pp. 721–733.

2 Ernst Robert Curtius, 1886–1956; Romanist in Marburg, Heidelberg und Bonn. – Veröffentlichte u. a.: Europäische Literatur und lateinisches Mittelalter, Bern 1948; Kritische Essays zur europäischen Literatur, Bern 1950. Besaß eine große Autorität unter den Romanisten. – Hs Anspielung bezieht sich auf drei Pamphlete von Curtius gegen Js Goethe-Kritik: »Goethe oder Jaspers?« (Die Tat, 2. 4. 1949); »Darf man Jaspers angreifen?« (Rhein-Neckar-Zeitung, 17. 5. 1949); »Goethe, Jaspers, Curtius« (Die Zeit, 2. 7. 1949).

3 Georg Lukács, 1885–1971; ungarischer Philosoph und Marxist; Prof. in Budapest, der sich auch politisch sehr engagierte. – Veröffentlichte u. a.: Geschichte und Klassenbewußtsein, Berlin 1923. Griff H nach dem Krieg vehement an in dem Artikel: Heidegger redivivus. In: Sinn und Form, Jg. 1, H. 3, 1949, pp. 37–62.

4 Lessing über die Windmühlen. In: Hamburger Dramaturgie, 77. Stück (Bd. 5, p. 223 der Ausgabe Petersen/Olshausen Berlin, Leip-

zig, Wien u. Stuttgart 1925). »so haben die herren gut streiten; ihre einbildung verwandelt windmühlen in riesen«.

5 Paul Shih-Yi Hsiao, 1911–1986; arbeitete an der Herder-Enzyklopädie und nahm an Hs Vorlesungen in den 40er Jahren teil; ab 1974 bis zu seinem Tod Prof. an der FU-Jen Universität in Taipei.

6 GA Bd. 54: Parmenides. Hrsg. von Manfred S. Frings, Frankfurt a. M. 1982, und GA Bd. 55: Heraklit. Hrsg. von Manfred S. Frings, Frankfurt a. M. 2., durchgesehene Auflage 1987.

7 Platons Lehre von der Wahrheit. Mit einem Brief über den »Humanismus«, Bern 1947, und in: GA Bd. 9: Wegmarken. Hrsg. von F.-W. v. Herrmann, Frankfurt a. M. 1976, pp. 203–238 und pp. 313–364.

133

1 Cf. B 129 vom 5. 7. 1949 von H an J.

2 Lukács wirft gegen Schluß seiner Kritik H vor, daß er im allgemeinen »Weltbild des Existentialismus« befangen bleibe, »aus welchem Sartre und seine Schüler krampfhaft einen Weg in die soziale Realität suchen, in welches sich Jaspers in eitler Selbstbespiegelung einspinnt« (Georg Lukács: Heidegger redivivus, a. a. O., p. 61). – Ein detaillierterer Vergleich ist in der Kritik nicht vorhanden.

3 Sergej I. Tjulpanow war 1945–49 Chef der Informationsverwaltung der Sowjetischen Militäradministration in Deutschland. Er hatte den Auftrag, die Interessen der Sowjetunion im Bereich des politischen Lebens der sowjetischen Besatzungszone zu vertreten. Sein Amt war faktisch die sowjetische Zensurstelle für Presse, Rundfunk und das kulturelle Leben. – Die Bemerkung über den persönlichen Angriff spielt möglicherweise auf das Heft 7 (Juli 1949) der Zeitschrift »Einheit« (= »Theoretische Zeitschrift des wissenschaftlichen Sozialismus«, hrsg. vom Parteivorstand der Sozialistischen Einheitspartei) an, wo pp. 664 ff. ein Bericht unter dem Titel »Ideologische Offensive« zu finden ist. Darin ist u. a. zu lesen: »... ein Initiativkomitee aus sowjetischen und deutschen Genossen beschloß, den 40. Jahrestag des Erscheinens von Lenins ›Materialismus und Empiriokritizismus‹ zum Anlaß zu nehmen, um eine breite Öffentlichkeit zu einer fünftägigen philosophischen Diskussion ins Haus der Sowjetkultur einzuladen... Die Tagung war ihrem Wesen nach eine von allen Seiten vorgetragene Generaloffensive des dialektischen Materialismus gegen die fortschritts-

feindlichsten unter den heutigen Erscheinungsformen des Idealismus. Nach einer Einleitung durch Genossen Prof. Tulpanow, der das Kampfprogramm der ganzen Tagung umriß, ... charakterisierten die Genossen Dr. Georg Mende und Prof. Peter Steiniger die existentialistische Angstphilosophie des entwurzelten Kleinbürgertums, der erste in ihren deutschen, der zweite in ihren französischen Spielarten...« – (Diese Informationen verdankt der Hrsg. Herrn Dr. Vincent von Wroblewsky, Berlin/Ost.)

4 Karl Jaspers: Die Idee der Universität, Berlin u. Heidelberg 1946 (Schriften der Universität Heidelberg, H. 1).

5 Es dürfte sich um den Romanisten Werner Krauss (geb. 1900) handeln, den Mitherausgeber der Zeitschrift »Die Wandlung«, der sich 1947 in Leipzig und Berlin niederließ.

6 Im Anschluß an mehrere Vorträge der ersten Rencontres Internationales de Genève von 1946 fand jeweils eine Auseinandersetzung zwischen Lukács und J statt. Cf. Benda et al., L'Esprit Européen. Textes in-extenso des conférences et des entretiens organisés par les Rencontres Internationales de Genève, Neuchâtel 1946, pp. 198 ff., 249 ff., 325 ff.

7 Cf. Karl Jaspers: Heidelberger Erinnerungen. – In: Heidelberger Jahrbücher V. Hrsg. von der Universitäts-Gesellschaft Heidelberg, Berlin, Göttingen, Heidelberg 1961, pp. 1–10, bes. p. 5.

8 Cf. Martin Heidegger: Über den Humanismus, Frankfurt a. M. 1949, pp. 22 ff.

9 Cf. insbesondere das V. Kapitel aus den »Weltgeschichtlichen Betrachtungen« von Jacob Burckhardt: »Das Individuum und das Allgemeine. (Die historische Größe)«.

10 Karl Jaspers: Vom europäischen Geist. Vortrag, gehalten bei den Rencontres Internationales de Genève September 1946, München 1947.

11 Karl Jaspers: Vom Ursprung und Ziel der Geschichte, Zürich (Artemis) 1949 und München (Piper) 1949.

12 Vom Ursprung und Ziel der Geschichte, ed. Zürich, pp. 126 ff.

13 A. a. O., pp. 108 ff.

14 Gemeint ist das Oberengadin, wo sich Nietzsche ab 1879 öfters in den Sommermonaten aufhielt.

15 Anspielung auf Franz Josef Brechts in Deutschland 1948 und ein Jahr danach in Basel erschienenes Buch »Schicksal und Auftrag des Menschen. Philosophische Interpretationen zu Rainer Maria

Rilkes Duineser Elegien«. Brecht ließ J über den Basler Verleger ein Exemplar zukommen.
16 Otto Friedrich Bollnow: Existenzphilosophie. – In: Systematische Philosophie. Hrsg. von Nicolai Hartmann, Stuttgart u. Berlin 1942, pp. 313–430, bes. 382.

134

1 J, Vom Ursprung und Ziel der Geschichte, Zürich u. München 1949, und Vom europäischen Geist. Vortrag, gehalten bei den »Rencontres Internationales de Genève« September 1946, München 1947.
2 Martin Heidegger – Herzlich K. J.
3 Cf. J: Vom Ursprung und Ziel der Geschichte, Zürich u. München 1949, pp. 18 ff.
4 Zu »Wesen der Technik« cf. Brief über den Humanismus in: GA Bd. 9: Wegmarken. Hrsg. von F.-W. v. Herrmann, Frankfurt a. M. 1976, pp. 340 ff.

135

1 Am 26. 9. 1949.
2 An Käthe Victorius, eine ehemalige Schülerin von H, schrieb J am 26. 3. 1949 einen Brief über H, der sein Verhältnis zu ihm nuanciert. Wir zitieren aus ihm den H betreffenden Passus:
»Das Vorwort Heideggers* habe ich gleich gelesen. Mit wehmütiger Erinnerung: es ist noch derselbe Impetus auf das im Philosophieren Entscheidende da, den ich in ihm vor bald dreißig Jahren wahrnahm. Aber dieses Vorwort ist als ein Gegenwärtiges nicht ohne einen leisen Unwillen zu lesen, der wenigstens bei mir mitschwang. Gegenüber früheren Jahren ist zweierlei anders: während er ›Sein und Zeit‹ früher ›umging‹ und nicht las, wird es jetzt wie ein kanonisches Buch behandelt, interpretiert, vor Mißverständnis geschützt, – und dann ergeht er sich mehr als je in dem von ihm so verworfenen ›Darüberreden‹, statt dieses Denken zu vollziehen. Es ist ein Erwekken von Erwartungen, die nicht erfüllt werden. Es ist ein Jünglings-Versprechen, das jemand immer noch macht, wo er längst kein Jüngling mehr ist. – Aber die Hauptsache bleibt doch: er ist bei einem Wesentlichen. Auf diesem Wege käme es darauf an: ›Vorstellen‹ und ›Andenken‹, mit welchen Worten er den Unterschied von ›Metaphysik‹ und eigentlicher Philosophie trifft, klarer zu fassen.

Dazu hat man längst viel Eindringlicheres gesagt, z. B. Schelling. Ich wünschte, Heidegger publizierte seine größeren Manuskripte, dann würde man sehen, was los ist. Aber auch jetzt bin ich zufrieden wie in früheren Jahren: daß einer da ist, der um etwas weiß, was heute wenige oder kaum einer ahnt. Bei allen tiefen Differenzen klingt mir seine Stimme in aller Wunderlichkeit seiner Diktion wie eine befreundete. Wenn er recht hat, daß das Philosophieren solchen Charakters ›sich ereignet‹ und nicht bloß als eine Sache gedacht wird – und ganz und gar stimme ich ihm darin zu –, so muß es sich auch im persönlichen Tun und Verhalten zeigen. Ich meine nicht den alten Unsinn ›nach seiner Lehre leben‹, sondern die Niveauangemessenheit. Wo wir unsere Sache nicht durch wissenschaftlich zwingende Argumente beweisen oder widerlegen, sondern mit unserem Wesen selber, da ist dieses die vom gesprochenen Philosophieren unablösbare menschliche Sprache.«

* Gemeint ist die Einleitung zur 5. Auflage (Frankfurt a. M. 1949) von »Was ist Metaphysik?«.

136

1 Anm. von J zu B 136 vom 23. 11. 49: »sogleich beantwortet(,) außerdem an Tellenbach geschrieben«.
2 Der Feldweg, Frankfurt a. M. 1949 (8. Auflage 1986).
3 Holzwege, Frankfurt a. M. 1950 (6. Auflage 1980), und in: GA Bd. 5. Hrsg. von F.-W. v. Herrmann, Frankfurt a. M. 1977.
4 Es handelt sich um die »Initiative« von Gerd Tellenbach, dem Rektor der Universität Freiburg i. Br., zur Wiedereinsetzung von H. J schrieb dafür den im nicht abgeschickten B 125 vom 1. 3. 48, Anm. 10, zitierten Brief.

137

1 Das Exemplar ist mit der Widmung versehen »Karl Jaspers herzlich grüßend. Martin Heidegger. Nov. 1949«.

138

1 Paul Hühnerfeld: Philosophen prägen das Bild der Zeit. Sartre und Jaspers in neuen Büchern (S. 9). – In diesem Artikel rezensierte Hühnerfeld Js im gleichen Jahr sowohl in München als in Zürich erschienene Werk »Vom Ursprung und Ziel der Geschichte«.

2 Es handelt sich um den folgenden Passus:

»Die Frage aber nach der Bedeutung des Ganzen der Geschichte läßt die endgültige Antwort ausbleiben. Doch die Frage schon und die kritisch sich steigernden Versuche einer Antwort helfen uns gegen die Kurzschlüsse des schnellen Scheinwissens, das sogleich wieder verschwindet, – gegen die Neigung zum bloßen Schlechtmachen des eigenen Zeitalters, das sich so leicht verunglimpfen läßt, – gegen die totalen Bankrotterklärungen, die heute schon fast altmodisch wirken, – gegen die Ansprüche, das ganz Neue, Gründende zu bringen, das uns nunmehr rettet und das der gesamten Entwicklung von Plato bis Hegel oder Nietzsche als Überwindung entgegengestellt wird. Der Bedeutung des eigenen Denkens wird dann eine wunderliche Steigerung bei dürftigem Gehalt gegeben (in Mimikry einer extremen, aber begründeten Bewußtseinsverfassung bei Nietzsche). Die pompöse Gebärde des Nein und das Beschwören des Nichts ist aber keine eigene Wirklichkeit. Aus der Sensation des Bekämpfens kann man nur so lange ein geistiges Scheinleben führen, bis das Kapital vergeudet ist.«

3 »Basel, den 2. Dezember 1949

Sehr geehrte Redaktion!

In der ›Zeit‹ vom 1. Dezember 1949 rezensiert Paul Hühnerfeld mein Buch ›Vom Ursprung und Ziel der Geschichte‹. Er spricht von zwei Schwächen... ›die zweite ist noch bedenklicher; sie besteht in einem wütenden Ausfall auf Heidegger (ohne den Namen zu nennen) und bezeichnet sein Denken als Denken mit dürftigem Gehalt‹. Ich erkläre, daß ich in diesem Buche nirgends von Heidegger gesprochen habe.

Aber wie ist ein solches, offenbar gutgläubiges Mißverständnis möglich? Die angezogene Stelle war für mich schwer zu finden, da nur die Worte ›Denken mit dürftigem Gehalt‹ zitiert waren. Der Absatz, in dem sie stehen, charakterisiert eine Haltung des Nein zum Zeitalter, die verbunden ist mit gesteigertem Gründungsbewußtsein. Solche Schilderung erwächst aus Beobachtungen, ergänzt sie durch Phantasie, läßt aus, was nicht dazu paßt und ist dann ihrem Sinne nach keine Gattung, unter die ein Mensch fällt, sondern ein Idealtypus, an dem sich einzelne Menschen messen lassen und jeder sich selbst messen kann, wie weit er dem Typus entspricht, wie weit nicht. Als Erfahrungen für solche Schematisierung lagen heute Erscheinungen des Redens und Schreibens vor allem des Nationalsozialismus, aber auch des sogenannten Existentialismus vor, zumal bei Nachredenden. Der Rezensent hat ein idealtypisches

Schema verwechselt mit der Beurteilung einer Persönlichkeit. Er hat gegen meinen Sinn die Anwendung meiner Sätze auf Heidegger vollzogen.

Will ich mit Heidegger – von dem hier überhaupt nicht die Rede war – öffentlich eine kritische Auseinandersetzung suchen, dann werde ich es auch offen tun. Meine Beziehung zu diesem bedeutenden Denker, bisher und seit langem in der Hauptsache eine private, kann durch eine solche Äußerung nicht verwirrt werden. Aber eine Berichtigung scheint mir notwendig zur Verhinderung falscher Gerüchte.

Karl Jaspers«

4 Der ganze kritische Passus in der »Zeit« lautet:
»Das fesselnde Buch hat zwei Schwächen: die eine ist der Stil, der sich leider von falschen Bildern nicht freihält und dadurch einfache Dinge schwer verständlich und die Wahrheit der Aussage verdächtig macht. Die zweite ist noch bedenklicher: sie besteht in einem wütenden Ausfall auf Heidegger (ohne dessen Namen zu nennen) und bezeichnet sein Denken als Denken ›mit dürftigem Gehalt‹. Eine solche Verirrung ist ohne Zweifel eines Autors vom Range Karl Jaspers ebensowenig würdig wie sie der Philosophie des Freiburger Denkers oder dem Adel einer echten philosophischen Aussage entspricht.«

5 Der Brief an die »Zeit« wurde am 22. 12. 1949 (p. 16) unter dem Titel »Heidegger war nicht gemeint« abgedruckt.

139

1 Gemeint ist J: Vom Ursprung und Ziel der Geschichte.
2 José Ortega y Gasset, 1883–1955; spanischer Philosoph; Prof. in Madrid. – Vertrat einen Perspektivismus in bezug auf die Möglichkeit des Erfassens der Wahrheit. Veröffentlichte u. a.: Der Aufstand der Massen (La rebelión de las masas, Madrid 1929), Stuttgart u. Berlin 1931; Europäische Kultur und europäische Völker, Stuttgart 1954; Vergangenheit und Zukunft im heutigen Menschen, Stuttgart 1955.
3 Vom Wesen der Wahrheit, Frankfurt a. M. 1943 (7. Auflage 1986), und in: GA Bd. 9: Wegmarken. Hrsg. von F.-W. v. Herrmann, Frankfurt a. M. 1976, pp. 177 ff.
4 »Einblick in das was ist« war der Gesamttitel der Bremer Vorträge: Das Ding, Das Gestell, Die Gefahr, Die Kehre. Das Ding, cf. Vorträ-

ge und Aufsätze, Pfullingen 1954, pp. 163–185; Das Gestell, unter dem Titel: Die Frage nach der Technik, im selben Band pp. 13–44; Die Gefahr, ist noch nicht veröffentlicht; Die Kehre, in: Die Technik und die Kehre, Pfullingen 1962, pp. 37–47.

5 Der aus Danzig stammende Günther Sawatzki studierte im WS 1927/28 bei J. Er promovierte an der Technischen Hochschule Danzig-Langfuhr mit der Arbeit: Das Problem des Dichters als Motiv in der Entwicklung Sören Kierkegaards bis 1841, Borna-Leipzig 1935.

140

1 Cf. B 138 vom 2. 12. 1949, Anm. 5.
2 Gemeint ist vermutlich der Lagebericht in B 136 vom 23. 11. 1949.
3 Cf. B 102 vom 24. 5. 1930 und B 110 vom 24. 12. 1931.
4 Samuel Clarke, 1675–1729, englischer Moralphilosoph, Mathematiker und Theologe; seit 1707 Pfarrer in London. – Mit ihm wechselte Leibniz in den Jahren 1715–16 eine Reihe polemischer Briefe. Zum näheren Anlaß und zum Themenbereich cf. Die philosophischen Schriften von Gottfried Wilhelm Leibniz. Hrsg. von C. J. Gerhardt, Siebenter Band, Berlin 1890, pp. 347–351.
5 Das Exemplar war mit der Widmung versehen »Karl Jaspers mit herzlichem Gruß. Martin Heidegger. 12. XII. 49«.
6 Nietzsches Wort »Gott ist tot«, pp. 193–247.
7 Die Zeit des Weltbildes, pp. 69–104.
8 Wozu Dichter?, pp. 248–295.
9 Dazu auf dem Vorsatzblatt: »Merkwürdige Koinzidenzen mit mir, ohne Einfluß, wenn H. diese Schriften nicht nach Lektüre meiner seit 45 ergänzt hat. Das letztere ist doch unwahrscheinlich.«
10 Unter Hs Erklärung des Titels »Holzwege« setzte J im Dedikationsexemplar die Bemerkung: »›Holzwege‹ heißen die Wege, die zum Abtransport von *geschlagenem* Holz, *nicht* zum Durchgangsverkehr dienen. *Holz*wege sind *nicht Wald*wege.«
11 J hat die »Holzwege« intensiv gelesen (Ausnahme: Der Ursprung des Kunstwerkes und z. T. Hegels Begriff der Erfahrung) und mit vielen Glossen versehen.

141

1 Bezieht sich auf die Aufhebung des Lehrverbots und die Pensionierung mit Zusage der späteren Emeritierung.
2 Besuch von Hannah Arendt in Freiburg Anfang Februar 1950.
3 Cf. B 127 vom 22. 6. 49.
4 Julius Wilser, 1888–1949; Prof. in Freiburg i. Br.; ab 1934 Ordinarius für Paläontologie in Heidelberg. – War während des Rektorats von H Kanzler der Universität.

142

1 Abkürzung für Sicherheitsdienst.
2 Rektor war vom 1. 11. 1938 bis März 1945 der Historiker Paul Schmitthenner, der von 1940–45 zugleich Minister für Kultus und Erziehung in Karlsruhe war.

143

1 Die Idee der Universität, Berlin u. Heidelberg 1946. – Nietzsche und das Christentum, Hameln o. J. (1946). – Die Schuldfrage, Heidelberg 1946 und Zürich (Schweizerische Lizenzausgabe) 1946.
2 Die deutsche Originalausgabe konnte nur sehr schwer verkauft werden, während die schweizerische Lizenzausgabe innerhalb eines Jahres vier Auflagen erreichte.
3 Der Titel der Vorlesung lautete »Die geistige Situation in Deutschland«.

144

1 Cf. Anm. 1 zu J B 143 vom 25. 3. 1950. Die Bemerkung bezieht sich wohl auf: Die Schuldfrage, Heidelberg 1946.
2 Wilhelm v. Möllendorff, 1887–1944; Prof. für Anatomie. S. auch: Das Rektorat 1933/34. Tatsachen und Gedanken. In: Die Selbstbehauptung der deutschen Universität. Das Rektorat 1933/34. Hrsg. von Hermann Heidegger, Frankfurt a. M. 1983, pp. 21 ff.
3 Prälat Josef Sauer, cf. B 114, Anm. 3.
4 Paul Günther, 1892–1969; Prof. für physikalische Chemie und Elektrochemie. – War 1949 Rektor der TH Karlsruhe.

5 Eduard Kern, 1887–1972; Jurist. – War 1934 Nachfolger Hs als Rektor. Er konnte bereits 1946 in Tübingen seinen Lehrstuhl wieder wahrnehmen.
6 Nietzsches Wort ›Gott ist tot‹ in: Holzwege, Frankfurt a. M. 1950, pp. 193–247, und in: GA Bd. 5. Hrsg. von F.-W. v. Herrmann, Frankfurt a. M. 1977, pp. 209–267.

145

1 Kant und das Problem der Metaphysik, Frankfurt a. M., 2. Aufl. 1951; 4., erweiterte Aufl. 1973.
2 K. J., Einführung in die Philosophie. Zwölf Radio-Vorträge, Zürich 1950. Jetzt Serie Piper 13.
3 Frage an »Psychologie der Weltanschauungen« – Grenzsituation als Zentrum der Philosophie, auch Frage an die Methode bei J.

146

1 Als Entwurf im Nachlaß J mit der Notiz vom Juli 1952 versehen: »*Vielleicht* habe ich nicht diesen Brief, sondern einen *gekürzten* geschrieben.« – Im Nachlaß H nicht vorhanden. Höchstwahrscheinlich hat J nur den B 147 geschickt.
2 J war vom Asta der Universität Heidelberg zu drei Gastvorlesungen eingeladen, die er am Ende des Sommersemesters 1950 hielt. – Sie sind unter dem Titel »Vernunft und Widervernunft in unserer Zeit« noch im gleichen Jahr in München erschienen. – Zum beabsichtigten Treffen mit H kam es nicht.
3 Karl Jaspers: Von der Wahrheit, München 1947.
4 A. a. O., pp. 834 ff.
5 Karl Jaspers: Existenzerhellung, Berlin 1932, pp. 24 ff.

149

1 Zum Grenzübertritt in die Bundesrepublik.
2 Gemeint sind der Kernphysiker Wolfgang Gentner, 1906–1980, und dessen Frau Alice, geb. Pfaehler. Gentner war damals Ordinarius für Physik in Freiburg i. Br.; 1958 wurde er zum Direktor des Max-Planck-Instituts für Kernphysik in Heidelberg ernannt.
3 Cf. B 131 vom 6. 8. 1949 von J an H, Anm. 2.

4 J litt seit der frühen Jugend an Bronchiektasie, die schon bei kleinen Erkältungen zu Pneumonien führen konnte.
5 Cf. B 132 vom 12. 8. 1949 von H an J.
6 Es handelte sich um das Gerücht, daß H im Herbst 1949 dem Heidelberger Literarhistoriker Paul Böckmann gesagt haben soll, J hätte früh seine Gedanken plagiiert, weshalb er 1933 die Verbindung mit ihm abgebrochen habe; darauf habe J ihm 1945 mit seinem Schreiben an die Freiburger Bereinigungskommission schweren Schaden zugefügt (zugetragen in einem Brief von Kurt Rossmann an J vom 29. 3. 1950).
7 Gemeint ist Hannah Arendt, die während ihrer Aufenthalte in Europa von Basel aus jeweils auch H besuchte. – In welcher Weise sie die Zwischenträgereien »erledigt« hat, ist nicht bekannt.
8 B 141 vom 7. 3. 1950 von H an J.
9 Hannah Arendt: The Origins of Totalitarianism, New York 1951; dt.: Elemente und Ursprünge totaler Herrschaft, Frankfurt a. M. 1955.
10 Martin Heidegger: Über den Humanismus, Frankfurt a. M. 1949, pp. 27 f.: »Weil Marx, indem er die Entfremdung erfährt, in eine wesentliche Dimension der Geschichte hineinreicht, deshalb ist die marxistische Anschauung von der Geschichte der übrigen Historie überlegen. ... Man mag zu den Lehren des Kommunismus und zu deren Begründung in verschiedener Weise Stellung nehmen, seinsgeschichtlich steht fest, daß sich in ihm eine elementare Erfahrung dessen ausspricht, was weltgeschichtlich ist.«
11 B 122 vom 16. 5. 1936 von J an H.

150

1 Der 70. Geburtstag von J.

151

1 »Von Freunden und Bekannten, von Hörern aus allen Zeiten meiner Lehrtätigkeit, von Behörden und Institutionen habe ich zu meinem siebzigsten Geburtstag sehr viel Wohlwollen erfahren. Briefe, Telegramme, Blumen und Gaben empfing ich in so großer Zahl, daß ich nun in großer Dankbarkeit ratlos bin: Jedem möchte ich ausdrücklich und herzlich schreiben; dies auszuführen aber ist physisch nicht möglich. Darum bitte ich Sie, Ihre Güte noch einmal mir zu gewäh-

ren und meinen Dank in dieser Form zu gestatten. Ich habe jedes mir zugegangene Zeichen der Wertschätzung und der Neigung vergegenwärtigt und in besinnlicher Stille mit dankbarer Neigung innerlich erwidert.

Karl Jaspers.

Basel, Februar 1953.«

2 Cf. dazu: Emil Dürr: Jacob Burckhardt als politischer Publizist. Mit seinen Zeitungsberichten aus den Jahren 1844/45. Aus dem Nachlaß E. Dürrs hrsg. von Werner Kaegi, Zürich 1937, bes. die Kolumne vom 3. Mai 1845, pp. 115 ff.

3 Cf. in der obgenannten Schrift das Nachwort von Werner Kaegi, bes. pp. 178–182.

4 J plante seit Jahren ein Deutschlandbuch, dem er den Titel »Deutsches Selbstbewußtsein« geben wollte.

5 Konnte nicht eruiert werden.

6 Gemeint sind die »Großen Philosophen«, deren erster Band 1957 erschien.

152

1 Nur im Nachlaß J vorhanden; mit dem Vermerk: »Duplikat«.

2 J verbrachte damals seinen Urlaub in Cannes, im Haus des befreundeten Arztes Dr. Hans Waltz.

3 Am 26. September.

4 In Nr. 155 der »Notizen« erwägt J, was er »vielleicht zum 70. Geburtstag Heideggers« schreiben könnte:

»Es ist mir eine erwünschte Gelegenheit, Ihnen mit meinen guten Wünschen auch meine Huldigung auszusprechen. Zwar habe ich unter den Zeitgenossen nur einen gekannt, der mir als ein wirklich großer Philosoph erschien, Max Weber. Wenn ich aber von ihm absehe, so sehe ich niemanden, unter den ›Fachgenossen‹, der mich außer durch brauchbare Leistungen als er selbst, das heißt als Philosoph bewegt hätte außer Ihnen. Sie waren mir von früh an ein Mann, der um das weiß, was Philosophie ist. Sie haben mich einst durch Ihr Dasein in der akademischen Welt ermutigt. Ich danke Ihnen, was ich im Einzelnen aussprechen kann. Aber gegen all mein anfängliches Erwarten sind Sie, scheint mir, der Repräsentant einer Macht geworden, der ich, zögernd und nie endgültig klar über Sie, mit meinen Bemühungen kämpfend begegne. Wenn das Geschick es vergönnt, will ich meine Kritik gegen Sie noch zu entwickeln versuchen, nach dem Satze Nietzsches: Was ich angreife, ehre ich. Das ist schwer, weil für eine solche Polemik [es] kein Vorbild hat. Was sie sein könnte, habe ich manchmal bedacht. Aber die Ausführung ist etwas Anderes als das Wissen von den Grundsätzen, denen dabei zu folgen wäre. Ich müßte alle Ihre Sachen lesen, von denen ich immer nur bruchstückweise Kenntnis nahm und sie alsbald fortlegte, weil sie mich nicht nährten. Was Sie mir im mündlichen Umgang bedeuteten, kehrt in Ihren gedruckten Werken nicht wieder.

Daß wir uns nach 1945 nicht wiedergesehen haben, ist vielleicht gehörig. Ich habe es nicht absichtlich gemieden und auch nicht gesucht. Was mir seitdem zu Ohren und zu Gesicht kam, hat mir das, was ich in Ihnen als Nationalsozialisten – ach, was für einer, der zugleich keiner war! – sehen mußte, vertieft und die unumgängliche, öffentlich noch anonyme Gegnerschaft deutlich gemacht hat. Diese auf eine philosophische, das heißt die sogenannte Sache und persönliche Existenz ineins sehende Weise zur Aussprache zu bringen, ist eine vielleicht für meine Begabung unerfüllbare Aufgabe.

Würde ich sie versuchen, so zugleich mit der persönlichen Tendenz, am Ende doch noch zwischen uns eine Verbindung zu ermöglichen, die bisher nicht war oder ein Schein war. Als ich in meiner Autobiographie für den Schilpp-Band das berichtet hatte, sah ich, daß es so, wie damals geschrieben, nicht ging. Dann nahm ich den Abschnitt heraus und nannte überhaupt Ihren Namen nicht. Dies Schweigen mußte für den auch nur von fern orientierten Leser auffällig und fühlbar sein.

Solche Polemik würde, so halte ich es für möglich, durch unsere Personen der Philosophie dienen, besonders wenn Sie antworteten und sich eine Einigung zwischen uns ergäbe, die wir etwa 1949 als Möglichkeit ins Auge faßten.«

153

1 23. Februar 1963.

155

1 Nur im Nachlaß J als Entwurf vorhanden, mit dem Vermerk: »Nicht abgesandt, statt dessen ein kürzerer Brief.«

2 Der Entwurf enthält einige Transkriptionshilfen sowie einige Korrekturen in der Handschrift von Hannah Arendt, die zum 80. Ge-

burtstag von J in Basel war und dann die Zeit bis zum Juli in Europa verbrachte.
3 Cf. B 111 vom 8. 12. 1932: »Das bringt mich auf den Gedanken: Sie müßten jetzt neben die ›Philosophie‹ das Werk stellen, das hieße: ›Philosophen‹.«
4 Karl Jaspers: Lebensfragen der deutschen Politik, München 1963.
5 Am 30. 10. 1966 schrieb J die folgenden Erläuterungen nieder und legte sie zu den Briefen von und an H:

»Heidegger-Briefe

Vielfach ergänzt durch andere Briefe, die mir für mich wichtig schienen zur Erinnerung.

Der genannte Briefwechsel ist kaum recht verständlich ohne den Hintergrund der je gleichzeitigen faktischen Beziehungen und Stimmungen zwischen uns. Es ist mir bei der Lektüre nachträglich, als gehe manchmal ein Zug von Unaufrichtigkeit hinein. Bei mir aus vielleicht falschen Erwartungen, bei Heidegger ebenfalls, aber vor allem durch Schweigen oder durch ein Hineindenken in Möglichkeiten, an die er im Augenblick selber glaubt.

Was wahr daran ist, ist schwer zu klären. Das ist das Bedrückende. Es ist für mich nicht zweifelhaft, daß zuweilen wirklicher Ernst darin ist.

Mir sind zwei Wendepunkte in Erinnerung. Im Winter 1923/24 war Heidegger bei uns. Ich hatte über Löwith – Afra Geiger [eine Schülerin von J und H] gehört, daß Heidegger sich über meine ›Universitätsidee‹ sehr abfällig geäußert habe und dabei den Satz brauchte: ›Wir können keine Kampfgenossen sein.‹ Ich erzählte das Heidegger: Bei unseren freundschaftlichen Beziehungen hatte ich erwartet, daß er solches Urteil mir selbst mitgeteilt hätte; jede heftigste Kritik sei erwünscht, aber zwischen uns direkt; über unsere Beziehungen zu anderen zu reden, bedeute eine Aufhebung der Freundschaft. Heidegger: Was man Ihnen berichtet, ist nicht wahr, dergleichen habe ich nicht gesagt. Ich: Dann ist die Sache für mich erledigt. Ich glaube Ihnen. Worauf Heidegger anscheinend erregt (ich sehe es noch und fühle es noch): Das ist mir noch nie geschehen. Es war ein Augenblick, als ob nun erst die Freundschaft gestiftet würde. Ich glaubte ihm wirklich! Ich habe mich geirrt. In der Folge wurde ich unsicher.

Der zweite Wendepunkt war im Mai [am 30. Juni; Hrsg.] 1933. Heidegger war zu einer Rede in Heidelberg als Nationalsozialist, vor ihr begrüßt von NS-Studentenführer Scheel als Kamerad Heidegger. Er wohnte wie immer bei uns. Als ich hinaufging in sein Zimmer, um ihn nach seiner Ankunft zu begrüßen, sagte ich: Das ist ja heute wie 1914... Ich wollte fortfahren: die Massenpsychose, die damals höchstens drei Monate dauerte... Aber ich sagte es nicht, weil ich Heidegger in seiner Begeisterung schon in ganz anderem Sinne zustimmen sah. Da fuhr es in mich: Ich traute ihm nicht und schwieg. Das längst gewachsene Mißtrauen gegen seinen Charakter ließ mich versagen. Ich erklärte ihm nicht, was für eine Katastrophe eingetreten sei. Ich war vorsichtig. Zwar habe ich über die Judenfrage am nächsten Tag mit ihm gesprochen. Er redete die üblichen Clichés, von ›Internationale‹ und dergl., aber ohne innere Beteiligung. Ein ›Antisemit‹ war er nicht. Meiner Vorsicht halber unterließ [ich] das Wagnis. Daß ich radikaler Gegner war, wußte er. Aber die Auseinandersetzung fand nicht statt. Sie hätte ihn wahrscheinlich damals schon gar nicht mehr interessiert. Auch war es das letzte Mal, daß wir uns gesehen haben.«

In den »Notizen zu Martin Heidegger« sind mehrere Passagen in Briefform (cf. Nrn. 93, 95, 155) oder in direkter Anrede (cf. Nrn. 61, 64, 65, 76, 99, 103, 158, 169, 247) enthalten. Man muß davon ausgehen, daß J diese Passagen mit Bedacht nicht in den Briefwechsel (z. B. als »nicht abgeschickte« Briefe) eingeordnet hat. Während einiger Zeit beabsichtigte er, seine Heidegger-Kritik in Briefform zu schreiben, damit sie lebendiger und vor allem kommunikativer ausfalle. Die Form dieser Stellen hat somit einen literarischen, fiktiven Charakter, was von den Briefen nicht gilt, die von ihm ausdrücklich als nicht abgeschickte *Briefe* gekennzeichnet sind. In unserer Edition hielten wir uns also an die von J selber getroffene Zuordnung.

Der Briefwechsel und die »Notizen« sind als *gegenseitige Ergänzung* und als *gegenseitiges Korrektiv* zu lesen.

PERSONENREGISTER

(Kursiv gesetzte Zahlen verweisen auf erläuternde Angaben zu den erwähnten Personen)

Aischylos 256
Allgeier, A. 269
Altmann, S. 243
Andreas, W. 251
Arendt, H. 121 f., 208 f., *250*, 252, 258, 288, 290, 292
Aristoteles 18, 21, 27, 29, 30, 33 ff., 48, 59, 71, 74, 86, 161, 223, 227, 229, 231, 234, 235, 238, 244
Augustinus, A. 18

Baeumler, A. 95, 101, 108, 112, 121, 151, *244*, 245, 255, 266, 272
Bauch, B. 50, 74, 91, *232*
Bauer, C. 274
Baumgarten, E. 167, 169, 270, 274
Baumgarten, W. 244
Becher, E. 74, 91, *238*
Becker, C. H. 36, 66, *228*, 232, 236, 237
Becker, O. 95, 98, 101, 107, 108 f., 112, 121, 140, 141, *244*
Benda, J. 282
Berg, B. 94, *244*
Bergson, H. 104, *246*
Bernoulli, C. A. 228
Besseler, H. 137, *253*
Biemel, H. 12
Biemel, M. 222
Biemel, W. 11, 12, 223, 236
Birt, Th. 234
Dr. Blume 274

Böckmann, P. 290
Bollnow, O. F. 185, 283
Born, M. 221
Brecht, F. J. 185, 282
Brinkmann, Th. 243
Brock, W. 140, 141 f., 145, 147, *254*, 271
Bröcker, W. 223
Bröcker-Oltmanns, K. 223, 229
Bücher, K. 243
Bultmann, R. 49, *231*, 244, 245
Burckhardt, J. 37, 101, 185, 214, 279, 282, 291
Buschor, E. 135, *253*

Cassirer, E. 50, 52, 74, 102, 133, 134, 142, *232*, 246, 249
Clarke, S. 194, *287*
Cohen, H. 226
Conrad-Martius, H. 38, *228*
Curtius, E. R. 180, 182, *280*
Curtius, L. 40, 95, *229*, 253

Descartes, R. 17, 230
Dietze, C. von 269
Dilthey, W. 18, 84 f., 104, *222*, 227, 241
Driesch, H. 74, 224, *238*
Dürer, A. 249
Dürr, E. 291
Dyroff, A. 109, *244*

295

Ebbinghaus, J. 52, 101, 121, 229, *233*
Eckardt, H. F. von 87 f., *242*
Eckehart 182
Erdmann, J. E. 78, *239*

Fabricius, E. 118, *249*
Faust, A. 253
Feick, H. 265
Fichte, J. G. 123, 250
Ficino, M. 235, 236
Finke, H. 18, 20, *223*
Fischer, K. 76, 78, *238*, 239
Frank, E. 52, 56, 95, 98, 100, 101, 102, 107, 108, 112, 172, 174, *233*, 278
Fraenkel, E. 170, 271
Freytag-Löringhoff, B. von 91, *244*
Friedländer, P. 234
Friedrich I. von Baden 76, *238*
Frings, M. S. 281

Gasset, J. O. y 193, *286*
Geiger, A. 18, 20, 22 f., 25, 55, 222, *223*, 234, 293
Geiger, M. 34, *227*
Gentner, W. 208, *289*
Gentner-Pfaehler, A. 208, *289*
George, St. 87 f., 210
Gerhardt, C. J. 287
Glockner, H. 254
Gogh, V. van 26
Göring, H. 198
Görland, I. 241, 250
Goethe, J. W. von 179 f., 188, *233*, 280
Gotschlich, E. 251
Grassi, E. 85, 86, 88 f., *242*

Grisebach, E. 110, *247*
Gundolf, F. 88, 135, *243*
Günther, P. 200, *288*

Haber, F. 234
Häberlin, P. 269
Hänggi, M. 12
Dr. Hanke 201
Hanser, E. 265
Hartmann, N. 41, 50, 56, 94, 95 f., 133, 201, *229*, 231
Hasenjaeger, G. 232
Hegel, G. W. F. 27, 57, 58 f., 61, 62, 65, 70, 77, 100, 102, 123, 202, 218, 231, 234, 237, 238, 241, 242, 246, 250, 285
Heidegger, E. 21, 43, 45, 46, 51, 56, 58, *223*
Heidegger, Friedrich 44, 47, *230*
Heidegger, Fritz 54, *233*
Heidegger, H. 11, 12, 161, 175, 192, 256, 265, 288
Heidegger, Johanna 67, 73, 75 f., 239
Heidegger, Jörg 158, 161, 175, 189, 193
Heiler, F. 244
Heimbüchel, B. 265
Heimsoeth, H. 100, *245*
Heinsheimer, K. 251
Heinz, M. 265
Heiss, R. 49, 171, *231*
Held, K. 242, 246
Heraklit 181, 281
Hermelink, H. 244
Herrigel, E. 124, *251*, 254
Herrmann, F.-W. von 221, 230, 235, 236, 238, 252, 265, 281, 283, 284, 286, 289
Hitler, A. 191, 198, 210, 257

Hochhuth, D. 12
Hoffmann, E. 50, 64, 68, 134, 142, *232*
Hoffmann-Erfurt, A. 241
Hofmannsthal, H. von 210
Hölderlin, F. 160, 162, 164, 185, 265, 266
Homer 256
Hsiao, P. Shih-Yi 181, *281*
Huch, R. 38, *228*
Hühnerfeld, P. 284, 285
Husserl, E. 16 f., 21, 24, 33 f., 38, 42 f., 64, 66, 71, 85, 104, 118, 124 f., *222*, 227, *228*, *229*, *230*, *232*, *235*, *236*, 241, 245, *250*, *251*
Husserl, M. Ch. 222

Jacobsthal, P. 244, 247
Jaeger, P. 222, 223, 231, 264, 265
Jaeger, W. 62, 115, 133, *235*, 248
Jaensch, E. R. 50, 69, 74, 94, *231*
Jantzen, H. 116, 117, 118, 122, *249*
Jaspers, C. W. 126, *252*
Jaspers, Enno E. 236
Jaspers, G. 39, 53, 80, 119, 223, 240, 253, 276
Jaspers, H. 126, *252*
Johannes 231
Jonas, H. 99, 100, 102, *245*

Kaegi, W. 279, 291
Kant, I. 27, 46, 52, 57, 59, 71 f., 81, 86, 89, 106, 118, 120, 124, 147, 161, 177, 203, 213, 229, 230, 233, 234, 243, 245, 249, 278

Kern, E. 289
Kierkegaard, S. 38, 104, 106, 231, 247, 277, 278, 287
Kisiel, T. 232
Knapp, G. F. 87, *242*
Köhler, L. 250
Kraepelin, E. 31, *226*
Krauss, W. 276, 282
Krieck, E. 151, 191, *255*
Kristeller, P.-O. 64, 65 f., 68, *235*, 236
Kroner, R. 22, 34, 40 f., 61, 100, 110, *224*, 227

Lampe, A. 269
Laotse 181, 183
Lederer, E. 48, 88, *231*
Leibniz, G. W. 194, 238, 287
Lenin, W. I. 281
Lenz, F. 88, *243*
Lessing, G. E. 181, 280
Litt, Th. 91, *243*
Lommatzsch, E. 234
Lotze, R. H. 237
Löwith, K. 18, 25, 34, 47, 60 f., *223*
Luer 122
Lukács, G. 180, 183, *280*, 281, 282
Luther, M. 215, 222

Maaß, E. 234
Mahnke, D. 74, 82, 84, *238*, 241
Maier, H. 60 f., 62, *234*
Mannheim, K. 25, 142, *225*
Marcuse, H. 246
Marseille, W. 47, 230
Marx, K. 218, 231, 290

Mayer, David 80, *240*
Mayer, Dodo 80, *240*
Mayer, E. 256
McCarthy, J. R. 253
Meister, K. 251
Mende, G. 282
Michalski, M. 12
Michelangelo 161, 188
Misch, G. 34f., 36, *227*
Möllendorff, W. von 200, *288*
Müller, L. 12
Myake, G. 139, *253*

Natorp, P. 33f., *226*
Nebel, G. 51, 60, *232*
Neumann, C. *249*, 253
Neumann, F. 15, *16ff.*, 221, 222
Nietzsche, F. 37, 155, 157, 160, 162f., 181, 185, 191, 195, 199, 201, 218, 219, 228, 265, 266, 267, 277, 282, 285, 287, 289, 292

Oehlkers, F. 269, 270
Olschki, L. 137, *253*
Oncken, H. 39, 221, *229*
Ott, H. 274, 275
Otto, W. F. 62, *235*
Overbeck, F. 37, *228*

Panofsky, E. 116, 118, 135, *249*, 253
Paquin, G. 274
Parmenides 152, 153, 181f., 184
Pascal, B. 138
Pfänder, A. 228

Pichler, H. 74, 99, *238*
Plato 27, 29, 59, 71, 87, 164f., 167, 176, 187, 188, 191, 213, 244, 256, 266, 268, 274, 278, 285

Radbruch, G. 248
Rathenau, W. 36, *227*, 228
Rembrandt, H. van Rijn 188
Rheinfelder, H. 136f., 138f., *253*
Richter, W. 40, 56, 92, 99, 100, 107, 133, *229*, 244, 245
Rickert, H. 21, 70, 71f., 107, 140, 142, *223*, 224, 232, 235, 237, 247, 251, 253, 254
Riezler, K. 125, *252*
Rilke, R. M. 185, 195, 210, 282f.
Ritschl, A. 243
Ritschl, H. 88, *243*
Ritschl, O. 243
Ritter, G. 269
Rosenkranz, K. 77, 78, *239*
Rossmann, K. 290
Rothacker, E. 68, 91, 99, 107, 109, *237*, 244, 247

Salamun, K. 263
Salamun-Hybašek, E. 263
Salditt, M. 83, 84, *241*
Salz, A. 88, *243*
Saner, H. 11, 12, 221, 246, 250, 274
Sartre, J.-P. 281, 284
Sauer, J. 200, *256*, 288
Saussure, H. B. de 105, *247*
Sawatzki, G. 193, *287*
Schadewaldt, W. 151, *255*
Scheel, G. A. 257, *259*, 293

Scheler, Maria 125, 252
Scheler, M. 35, 36 f., 98 f., 110, 125, *227*, 229, *245*, *247*, 248, 249, 252
Schelling, F. W. J. 62, 80, 83, 86, 123, 161 f., 184, 202, 235, 248, 250, 265, 285
Scheyer 18, 223
Schirmer, W. F. 109, *247*
Schmidt-Ott, Fr. 234
Schmitt, C. 272
Schmitthenner, P. 198, *288*
Schneeberger, G. 257
Scholz, H. 50, 109, *232*
Schuhmann, K. 236
Schüssler, I. 265
Schwarz, J. 100, 245
Schwoerer, V. 90, 92, 94, *243*, 244
Shakespeare, W. 241
Singer, K. 87 f., *242*
Soden, H. von 165, 244, *268*
Sokrates 244
Sophokles 158, 256
Spengler, O. 15, 221
Spinoza, B. de 167, 183, 258, 274
Stalin, J. 202, 209 f.
Steiniger, P. 282
Stenzel, J. 95, 101, *244*
Sternberger, D. 147, *254f.*, 276
Störring, G. 68, *236*
Strindberg, A. 26
Szilasi, W. 44, *230*

Tellenbach, G. 189, 275, 284
Tillich, P. 110, *247*, 248, 254, 255
Tjulpanow, S. I. 183, *281f.*
Troeltsch, E. 230

Varnhagen, R. 122, 250
Victorius, K. 188, 283
Virchow, R. 89, *243*
Vossler, K. 253

Wahl, J. 170, 277
Walther, G. 38, *228*
Waltz, H. 280, 291
Weber, A. 86, 87 f., 135, *242*, 251, 276
Weber, Marianne 53, *233*, 240, 274
Weber, M. 36, 88, 102, 114, 148, 150, 167, 170, *227*, 228, *233*, 255, 263, 271, 272, 291
Wedekind 231
Weisert, H. 264
Weiss, H. 63 ff., 73 f., *235*
Wende, E. 36, *228*
Wentscher, M. 68, 109, *237*
Wertheimer, M. 110, 111, *248*
Wilser, J. 197, 198, *288*
Windelband, Wilhelm 71, 74, 223, 233, 236, *237*
Windelband, Wolfgang 61, 99, 112, *234*, 248
Winter, St. 12
Witkop, Ph. 227
Wolzendorff, K. 221
Wroblewsky, V. von 282
Wundt, M. 50, 74, *232*

Zeller, E. 268

Karl Jaspers

Der Arzt im technischen Zeitalter
Technik und Medizin, Arzt und Patient, Kritik der Psychotherapie.
122 Seiten. Serie Piper 441

Die Atombombe und die Zukunft des Menschen
Politisches Bewußtsein in unserer Zeit.
505 Seiten. Serie Piper 237

Augustin
86 Seiten. Serie Piper 143

Denkwege
Ein Lesebuch.
Auswahl und Zusammenstellung der Texte von Hans Saner.
157 Seiten. Serie Piper 385

Einführung in die Philosophie
Zwölf Radiovorträge. 128 Seiten. Serie Piper 13

Freiheit und Wiedervereinigung
Über Aufgaben deutscher Politik. Vorwort von Willy Brandt.
Mit einer Nachbemerkung zur Neuausgabe von Hans Saner.
126 Seiten. Serie Piper 1110

Die großen Philosophen
968 Seiten. Serie Piper 1002

Die großen Philosophen
Nachlaß. 2 Bde. Hrsg. von Hans Saner unter Mitarbeit von Raphael Bielander.
Zus. 1246 Seiten. Leinen

Kleine Schule des philosophischen Denkens
183 Seiten. Serie Piper 54

PIPER

Karl Jaspers

Die maßgebenden Menschen
Sokrates, Buddha, Konfuzius, Jesus. 210 Seiten. Serie Piper 126

Nicolaus Cusanus
271 Seiten. Serie Piper 660

Notizen zu Martin Heidegger
Hrsg. von Hans Saner. 351 Seiten. Serie Piper 1048

Philosophische Autobiographie
136 Seiten. Serie Piper 150

Der philosophische Glaube
136 Seiten. Serie Piper 69

Der philosophische Glaube angesichts der Offenbarung
576 Seiten. Leinen

Plato
96 Seiten. Serie Piper 47

Die Schuldfrage
Zur politischen Haftung Deutschlands.
89 Seiten. Serie Piper 698

Spinoza
154 Seiten. Serie Piper 172

Die Sprache · Über das Tragische
143 Seiten. Serie Piper 1129

PIPER

Karl Jaspers

Vernunft und Existenz
Fünf Vorlesungen.
127 Seiten. Serie Piper 57

Vernunft und Widervernunft in unserer Zeit
Drei Vorlesungen. 71 Seiten. Serie Piper 1199

Vom Ursprung und Ziel der Geschichte
349 Seiten. Serie Piper 198

Von der Wahrheit
Philosophische Logik.
Erster Band. XXIII, 1103 Seiten. Leinen

Wahrheit und Bewährung
Philosophieren für die Praxis. 244 Seiten. Serie Piper 268

Was ist Erziehung?
Ein Lesebuch. Textauswahl und Zusammenstellung von Hermann Horn.
388 Seiten. Serie Piper 1513

Max Weber
Gesammelte Schriften. Mit einer Einführung von Dieter Henrich.
128 Seiten. Serie Piper 799

Weltgeschichte der Philosophie
Einleitung. Aus dem Nachlaß herausgegeben von Hans Saner.
192 Seiten. Leinen

Wohin treibt die Bundesrepublik?
Tatsachen, Gefahren, Chancen. Einführung von Kurt Sontheimer.
281 Seiten. Serie Piper 849

PIPER